한국경제, 벽을 넘어서

한국경제, 벽을 넘어서

2014 경제 회복의 분수령

· NEAR재단 편저 ·

21세기북스

한국경제,
벽을 넘어서

정덕구(NEAR재단 이사장)

> 지난 50여 년간 우리 경제는 압축 성장과 압축 고도화, 압축 근대화, 압축 민주화 그리고 압축 고령화로 농축돼왔다. 그 과정에서 거의 10년 주기로 구조적이고 현실적인 벽에 직면했다. 그때마다 우리는 새로운 돌파구를 통하여 그 벽을 돌파해왔다. 단편적이지 않은 큰 틀의 시각 정리를 통하여 현실의 벽을 돌파한 것이다. 그리고 지금이 또 하나의 국면 돌파의 시기라 생각한다.

2014년 한국경제는 어떻게 흘러갈 것인가? 대한민국 모든 경제주체가 촉각을 곤두세우고 있는 대목이다. 큰 흐름을 전망해보자면 여러 측면에서 분수령을 이루는 2014년이 될 것이다. IMF를 비롯한 여러 기관은 세계경제가 회복될 것이라는 예측에 비중을 두고 있다. 그 흐름은 선진국 경제가 이끌 것이라 본다. 이에 따라 한국경제도 수출산업 중심으로 도약의 기지개를 켤 것이라 예상할 수 있다.

그러나 낙관은 섣부르다. 세계경제 기상도는 아직 먹구름이 짙게 드리운 채 2014년을 굽어보고 있다. 게다가 2014년 하반기에는 경기가 추락하는 하방 위험downside risk까지 예고되어 있다.

이런 상황에서는 막연한 희망과 불안, 모두 도움되지 않는다. 합리적 희망과 의심을 함께 품고 2014년 한국경제를 전망해야 할 것이다. 경제운용의 방향을 결정하는 정책 당국자들은 특히 더 2014년을 예의 주시할 필요가 있다.

NEAR재단은 2014년이 한국경제에서 각별하게 중요한 해라고 여긴다. 그래서 여러 경제 분야에서 철저한 분석과 진단, 성찰과 대안 제시가 이루어져야 할 엄중한 필요성을 절감한다. 이런 맥락에서 각 경제 분야의 유력 전문가를 총망라하여 2014년 한국경제를 전망하고 정책 과제를 종합적으로 제시하는 작업을 진행했다. 그 결과물이 이렇게 한 권의 책으로 탄생한 것은 매우 의미가 깊은 일이다.

2013년의 회고: 확인된 현실의 벽

2013년은 박근혜 정부가 출범한 첫해였다. 새 정부는 대통령선거 공약으로 발표된 많은 정책을 의욕적으로 추진했다. 그리고 그 과정에서 여러 가지 구조적 문제에 부닥쳤다. 거칠게 말해 현실의 높고 두꺼운 벽을 실감하게 되었다. 박근혜 정부는 적어도 다음과 같은 다섯 가지의 구조적 문제를 유산으로 물려받았다.

첫째, 우리 사회는 급속한 고령화사회로 진입하고 있다.

둘째, 가계부문이 위축되었고 이에 따라 내수가 구조적으로 침체되고 소득 양극화 문제가 깊어지고 있다.

셋째, 한국의 산업 역량industrial capacity이 포화 상태saturation point에 이르렀다.

넷째, 정치·정책 프로세스가 난맥상을 보이고, 경제정책 결정 메커니즘이 한계에 봉착했다.

다섯째, 국민복지 수요가 폭증하는 데 반해 이를 뒷받침할 국가재정 능력이 취약하다.

먼저 노령화가 급속도로 진행되면서 정부의 고민이 커지고 있다. 한국의 출산율은 OECD 국가 중 최저인 1.18명을 기록하고 있으며 인구구조 문제는 시간이 갈수록 더욱 심각해지고 있다. 이런 인구구조 변동은 거시정책뿐만 아니라 미시정책, 사회정책에 이르기까지 새로운 정책 과제와 변화를 요구하고 있다.

인구 고령화는 연금과 건강 관리 서비스 등 복지의 수혜를 입는 사람이 급격히 늘어남을 의미한다. 그러나 한국의 연금복지체계는 제대로 구축되지 않아 사회불안 요인이 되고 있다. 또한 국가재정 역량은 취약하기 그지없어 폭발적으로 늘어나는 복지 수요를 감당하기에 역부족이다.

게다가 한국경제의 중추인 산업 역량에 기댈 수도 없는 형편이다.

한국의 산업 역량은 이미 포화 상태로 접어들고 있다는 분석이 힘을 얻고 있다. 겉보기로는 한국 산업이 대외부문에서 높은 수출경쟁력을 발휘하고 있는 것처럼 보인다. 그러나 이는 안개에 가려 실체를 보지 못하게 된 착시 현상 때문이라고 할 수 있다. 그 안개는 중국 특수라는 상황과 삼성전자 등 몇몇 기업의 성공이다. 이런 착시에 빠져 동아시아의 부가가치사슬이 이동하는 과정에서 산업기술 경쟁력이 뒤처지는 현실을 간파하지 못하게 되었다. 냉정한 진단을 방해하는 안개를 걷어내고 현실을 직시한다면 산업 노쇠화가 속으로 상당히 진행되고 있는 현실이 눈에 들어온다.

동북아시아 산업의 분업체계 속에서 한국의 위치 선정이 갈수록 모호해지고 있다. 이 가운데에서 한·중 경제 협력이 우선 과제로 떠올랐다. 그리고 일본이 더는 유지하기 힘든 고도 기술산업을 한국이 어떻게 이전받을 것인가의 문제도 상당히 중요해졌다. 정보는 이런 상황에 예민하게 대응해야 한다. 앞으로 어떻게 지혜롭게 정책을 운용할지를 고민해보아야 할 것이다.

가계부문의 회생이 관건

2013년 한 해 동안 한국 경제사회의 구조적 문제점은 심각한 생채기를 드러내었다. 가장 아픈 부위는 가계부문이다. 한국 가계부문은 극도로 피폐해진 상황이다. 수출시장에서의 선전에도 아랑곳없이 가계부문의 추락은 끊이지 않는다. 게다가 가계소득의 양극화는 골을 더

깊게 만들었다. 가계부채는 늘고 부동산시장의 자산 디플레 현상까지 겹쳤다. 이런 상황이 한국 내수부문의 침체를 장기화하고 있다. 수출 의존도가 지나치게 높아졌고 국가재정 능력은 허약해졌다. 정부는 이 모든 문제를 해결하는 데 역량의 한계를 보였다. 이것이 바로 우리가 마주한 현실의 벽이다.

특히 가계부채 문제는 우리 경제사회의 복합적 문제점을 극명하게 보여주는 상징과도 같다. 물론 가계부채를 급격하게 줄이는 일은 위험한 측면이 많다. 과거를 돌이켜보면 한국은 세계 금융위기의 와중에서 다른 나라들에 비해 상대적으로 빨리 회복하고 어느 정도의 성장을 이어나갔었다. 이런 현상의 배후에 한국인의 소비문화가 자리 잡고 있었다는 분석은 꽤 설득력이 있다.

그러나 이런 이유로 가계부채 문제를 가볍게 볼 수는 없다. 한국 가계부채의 규모와 증가세는 위험 신호를 보내는 수준을 넘어섰다. 언제 폭발할지 모르는 뇌관과도 같이 도사린 채 내수 경기를 옥죄고 있다. 그런 점에서 2014년 박근혜 정부가 '가계부채의 안정적 관리'라는 난제를 어떻게 풀어나갈지 주목할 필요가 있다.

가계부채 문제를 이야기할 때 반드시 함께 다루어야 할 이슈가 바로 부동산이다. 가계부채의 상당한 부분을 부동산이 차지하고 있고 한국인의 가계자산에서 부동산이 차지하는 비중이 매우 높기 때문이다. 한국은 미국이나 일본, 유럽 등에 비해 가계자산 중 부동산 비중이 매우 높다. 2014년 3월 발표될 예정인 '2012년 기준 한국은행 국부조사(국가 대차대조표)'에 의하면 우리나라 2012년 총 국부가 약 1경 정도 되는데, 그중 약 7,000조 정도가 부동산이다. 부동산 중에서도 약 4,000조 정도가 주택이라고 한다.

이런 상황에서 부동산시장 중심의 자산 디플레 현상이 장기적으로 깊어지면 자산시장이 위축될 수밖에 없다. 연쇄적으로 소비시장 위축으로 확장될 위험성이 크다. 따라서 정부의 부동산정책은 주택 소유행태, 전·월세 수요 증가 등 시장 수요의 변화 추세를 빨리 따라잡아야 한다.

일자리 창출 또한 빼놓을 수 없는 정부의 정책 과제다. 특히 청년실업 문제 등을 해결하기 위한 2014년 정부 재정정책에 큰 관심이 모이고 있다. 정부는 기존에 추진해온 임금구조 개선 방안, 시간제 일자리정책 등이 2014년에 결실을 거두도록 정책을 보완하며 추진력을 발휘해야 한다.

요컨대 한국경제의 현실은 거대한 벽 앞에 있다. 국민은 고령화되고 산업은 노쇠하고 있다. 정부의 문제해결 능력은 현저히 약화된 상태다. 2013년은 한국경제의 이런 국가 역량의 한계를 절감한 한 해였다. 이것은 박근혜 정부가 물려받은 부정적 유산으로 말미암았다.

2014년의 기대

2014년에는 2013년을 딛고 서서 현실의 벽을 뛰어넘어야 한다. 2년 차로 접어든 박근혜 정부의 추진력을 본격적으로 가늠할 시기가 2014년이다. 인구 노령화와 산업 노쇠화에 어떻게 대응해나갈 것인지 등 중단기 과제와 구조적 문제에 대한 정부의 단호한 입장 정리가 필요하다. 이런 2014년의 변화에 대해 경기 사이클을 예민하게 주시하며 대응해나가야 할 것이다.

2014년 한국경제의 곳곳에는 불안 요소들이 잠복해 있다. 물론 긍정적 요인도 있다. 세계경제 흐름의 변화와 2013년 재정투입의 효과가 반영됨에 따라 상반기에 잠재성장률 수준의 성장률 반등이 예상된다. 그러나 가계부문의 침체가 계속 진행 중이고 부동산시장의 디플레 현상이 심화되고 있다. 더욱이 하반기 세계경제의 하방 위험이 도사리고 있다는 사실을 간과할 수 없다. 따라서 정부가 장기추세선을 잠재성장률 수준으로 유지하는 데에는 많은 노력이 필요할 것이다.

2014년에는 경기 재하강에 대비한 재정정책 역할의 중요성이 강하게 대두될 것이다. 그리고 하반기 하방 위험성에 대한 인식 공유가 필요하다. 이런 공유된 인식을 바탕으로 2014년 정부와 국회는 고도의 문제해결 능력을 발휘해야 할 것이다.

고복지, 고부담 이제는 국민이 수용해야

정부는 지난 10년간 국민의 저부담 기조를 유지해왔다. 그럼에도 조세를 통해 너무나 많은 과제를 해결하려고 했다. 앞에서도 언급했듯 우리는 2013년 동안 국가재정력이 위축된 현실의 벽을 절감했다. 1997년 동아시아 위기와 이후 2008년 글로벌 위기를 겪는 과정에서 국가재정력이 급격히 취약해졌다.

2014년에는 국가재정력이 강화되어야 한다. 이를 위해 정부가 조세 부담체계에 대해 분명한 원칙을 세울 필요가 있다. 이미 정부는 종래 저부담체계에서 고부담체계로의 과감한 전환을 시도한 바 있다. 그러나 저성장 기조 속에서 국민을 설득하는 데 어려움을 겪었다. 그리고 정치·정책 프로세스의 한계에 봉착하기도 했다. 앞으로 재정력 확보를 위한 정부의 결단력과 과단성 있는 정책 추진은 중차대한 현실 과제가 될 것이다.

이제 국민 고부담체계로의 전환은 불가피한 선택이다. 인식의 공유를 위해 적극 노력하고 국민의 합의를 이끌어내는 데 매진해야 한다. 정치권도 단기적 이해득실을 따지는 근시안적 셈법에서 벗어나야 한다. 1977년 7월 1일 박정희 정부는 부가가치세를 도입함으로써 국가재정의 획기적 전환을 이루었다. 이런 결단력이 한국 정치권에 다시금 요구된다.

국가재정력의 확보뿐만 아니라 재정정책의 효율성을 높이는 일 역시 중대한 과제다. 2014년은 경기 활성화에 대한 집중력과 통일된 정책이 필요한 해이다. 만약 2014년의 방향을 경기 활성화에 둔다면 이를 확실히 함으로써 정책이 엇갈린 신호를 주지 않도록 해야 한다. 여러 가지 방향의 정책들을 한꺼번에 내놓는다면 오히려 역효과를 불러올 위험이 있다. 정책의 신호체계를 통일시키도록 합의해야 정부정책의 효율을 극대화할 수 있을 것이다. 2014년에는 일단 경기를 활성화한 후, 다른 문제들을 풀어나가는 것이 올바른 순서라고 생각한다. 그런 의미에서 2014년은 경기 활성화에 몰두하는 한 해가 되기를 기대한다.

박근혜 정부는 2013년 동안 한국경제와 사회가 안고 있는 구조적 문제를 확인했다. 그리고 이를 해결하기 위한 1차 시도에 나섰다. 하지만 많은 숙제를 2014년으로 넘기고 말았다. 이런 누적된 이연 과제가 한국경제의 장기추세선을 짓눌러 지속적 하락을 야기할 수 있다. 그러므로 정부는 2014년 장기추세선의 하락을 경계하면서 현실의 벽을 넘고 산업 역량의 천장을 뚫는 데 주력해야 할 것이다.

세계경제, 흠뻑 젖은 장작에 불이 붙을까?

세계경제의 영향력이 큰 G7, 특히 미국, 유로존, 일본 등은 아직도 자신의 구조적 문제에서 완전히 벗어나지 못했다. 그러나 변화의 조짐은 감지되었다. 장기 저성장과 경기침체의 배경이 되었던 여러 구조적 요인과 문제점을 해소해나가기 위한 노력들이 여기저기서 엿보이고 있다.

2014년은 세계 각국이 기존 경제의 패러다임을 어떻게 바꾸어나갈지 새로운 체제를 모색하는 해가 될 것이다. 그리고 그동안 억눌려 있던 재정부문도 조금씩 활력을 찾으리라 보인다. 그러나 아직도 세계는 자유시장경제에 대한 신뢰를 회복하지 못했다.

정부의 재정정책도 여전히 엄청난 제약을 안고 있다. 지난 3년간 미국을 위시한 세계 선진국들의 중앙은행은 고독한 싸움을 벌여왔다. 과감한 통화정책으로 통화공급을 늘리고 이로써 민간부문을 자극해 경기의 급격한 하강을 막는 것이 유일한 정책 수단이었기 때문이다. 이제 2014년 세계 각국은 이런 상황을 정리해야 할 것인지를 놓고 정책

갈등과 고민에 휩싸이게 될 것이다.

안타깝게도 아직 선진국 경제체제는 중앙은행의 외로운 분투를 나눌 만큼 충분히 회복되지 못했다. 이는 마치 젖은 장작에 불을 붙이는 것에 비유할 수 있다. 우선 잘 타는 휘발유와 경유를 불쏘시개로 써서 불이 활활 타오르게 해야 한다. 하지만 장기적으로 지속가능한 화력을 얻기 위해서는 중유重油, 즉 벙커시유에 불을 붙여야 한다. 그런데 지금 상황에서 과연 그럴 수 있는지에 대한 의문이 제기된다.

더욱이 경기진작 효과가 큰 벙커시유의 공급에도 여러 제약으로 차질이 생길 것으로 보인다.

휘발유와 경유가 금융정책과 중앙은행의 과감한 통화정책이었다면 중유重油는 정부 재정정책의 뒷받침이 아닐까? 이런 맥락에서 2014년 세계 각국 정부 당국과 중앙은행은 어떤 정책 변환을 선택할지에 대해 매우 조심스러울 수밖에 없다. 상황의 진전을 예의주시해야 할 것이다.

2013년을 돌이켜보면 세계경제의 혼돈기였다고 할 수 있다. 세계 각국은 정부정책과 시장체제를 이용하여 이 혼돈기를 돌파하려 했다. 하지만 아직 시간이 더 필요한 것으로 보인다. 재정 상태는 굉장히 악화된 상태인데, 이런 상황에서 구조적 문제에 손을 대기에는 여건과 환경이 매우 나빴다.

2014년과 2015년에는 세계 각국에서 새로운 상황 인식과 국내적 이해관계 조정이 이루어질 것이다. 정책 추진력과 경쟁력을 회복하는 경쟁 시대에 돌입했다고 볼 수 있다. 이런 점에서 2014년은 세계경제의 미래를 가늠하는 분수령이라 표현할 수 있다.

혼돈 속의 동북아경제 안보 지형

동북아시아 3국은 급변하는 세계경제의 흐름 속에서 현실의 벽을 뛰어넘어야 하는 전환기적 구조개편기에 진입하고 있다. 그런데 이런 와중에 동북아시아를 둘러싼 외교 안보 지형의 기류가 심상치 않게 흘러가고 있다.

이러한 기류를 단순히 동북아시아를 둘러싼 미·중 관계의 경쟁·갈등·타협 과정으로 이해할 수도 있다. 하지만 더 근원적인 문제는 동북아시아 각국의 내부 사정에서 찾아야 한다. 동북아시아 3국의 속사정을 들여다보면 경제·사회적 갈등이 상당히 깊어지고 있음을 쉽게 발견할 수 있다. 그래서 정책 당국자들에게 국민의 마음을 하나로 묶기 위한 끈이 절실히 필요한 실정이다.

한·중·일 정부는 정책 효과를 극대화하기 위해 국민의 애국심nationalism을 유발하고 있다. 내부 갈등의 불만을 잠재우기 위해 밖으로 이목을 주목시키는 모습을 보인다. 이를 통해 국민의 시선을 하나로 만들고 새로운 정책 전환을 시도하는 것이다.

중국은 2013년 11월 9일부터 12일까지 '중국공산당 제18기 중앙위원회 3차 전체회의(18기 3중전회)'를 열었다. 이 자리에서 제2단계 개혁개방안을 내놓기 위해 그동안 정책 추진의 속도와 순서를 놓고 고뇌를 거듭한 것으로 보인다. 아쉽게도 기득권층의 지위를 흔들거나 정치·사회적 불안정성의 뇌관을 건드리는 시도는 하지 않았다. 하지만 제2단계 개혁을 위해 개혁과 보수 간 그리고 지역 격차 등 국내의 갈등을 뛰어넘으려고 여러 고육책을 시행 중인 것으로 보인다. 이런 중에 국내 갈등을 해소하기 위해 영토분쟁 등 대외 확장정책을 펼치는 중국 정부의 시도가 장기적으로 어떤 효과를 불러올지 미지수이다.

2013년 일본은 '아베노믹스'라는 새로운 경제정책과 좌충우돌형 정치를 겪었다. 일본 국민은 '잃어버린 20년'으로 표현되는 침체기 동안 일본형 장기 디플레 현상에 뼛속까지 지쳤다. 이런 일본 국민에게 중국의 팽창주의는 강한 자극제가 되었다. 아베 정부는 이 상황에서 경제 회생이라는 슬로건을 내겂으로써 지쳐 고개 숙인 일본 국민을 주목시키는 데에는 성공한 듯 보인다.

하지만 안타깝게도 아베 정부의 정책들이 장기적으로 지속가능한지에 대해서는 의구심을 떨칠 수 없다. 특히 아베노믹스의 성공은 극히 불투명하다. 전문가들은 이것이 달걀반숙medium-boiled egg으로 끝날 가능성이 높다는 의견을 내고 있다. 거시정책에서 일부 성공한다 하더라도 기업의 혁신과 개혁, 일본형 투입·산출 구조의 근본적 개혁은 장기 미제로 남겨질 것으로 보인다.

더욱이 중국의 팽창을 견제하려는 미국 등 서방세계의 동의 또는 묵인이 아베 정부의 무모한 항해의 돛에 뒷바람을 불어주고 있는 형국이다. 미국은 중·일 사이의 중재자 역할을 통해 아시아에서의 핵심적 국익을 극대화하려는 듯 보인다.

하지만 동북아시아 내의 크고 작은 분쟁들을 방치했을 때, 이것이 장기적으로 미국에 어떤 이익으로 돌아올지는 불분명하다. 여러 가지 불확실한 상황 속에서 한·미·일 공조를 깨지 않도록 조심스러운 행보를 보여야 하는 미국의 상황에서는 더욱 그렇다.

벽을 뛰어넘는 의지와 추진력을 기대하며

2014년은 한국경제에 매우 중요한 의미를 갖는다. 최근 2~3년 장기 추세선 하락이 계속되었는데 이 현상의 완전한 본격화 여부가 2014년을 지나면서 뚜렷하게 드러날 것이기 때문이다.

2014년 한국경제에 대해서는 낙관과 비관이 엇갈린다. 비관론은 2013년 이후 계속된 경기 회복세가 2014년 상반기에 정점을 이룬 후 하반기부터 다시 조정기에 들어간다는 내용이다. 낙관론은 정부정책의 집중력에 따라 기업투자와 민간소비의 증가가 이루어지면 잠재성장률 이상의 성장세가 이어질 것이라는 전망이다.

그런데 한국경제가 2014년 완연한 회복세로 전환하기 위해서는 2013년에 확인된 현실의 벽들을 뛰어넘으려는 정책과 추진력이 요구된다는 사실만큼은 분명하다. 한국경제는 2013년의 경험에서 얻은 깨달음을 최대한 활용해야 한다. 그리고 미국 연방준비이사회나 유럽 중앙은행의 통화정책 전환 위험을 경계하고 동북아시아의 경제 안보 지형의 격동에 대비해야 한다.

이런 점에서 2014년 한국 정부가 어떠한 경제정책을 내놓을지, 그리고 내부 정책체제를 어떻게 정비해나갈지가 매우 중요하다. 엄중한 상황 인식을 정부와 국회와 국민이 어떻게 공유할지 또한 중대한 과제이다. 특히 중국과 일본이 무리한 모험과 좌충우돌 행보를 보일 때 한국이 어떤 태도와 정책 역량을 발휘해 현실의 문제를 타개해나갈 수 있을지 귀추가 주목된다.

우리는 2013년을 돌아보며 몇 가지 중요한 정책들이 현실의 벽을 넘지 못하고 표류한 데 대해 평가하고 대안을 모색하는 일이 필요한 시점에 있다. 지금 우리 경제를 옥죄고 있는 현실의 난제들은 오랫동안 축적된 구조적 문제들을 유산으로 받은 것이다. 이를 해결하는 구조조정과 혁신을 펼치기 위해서는 그 바닥에 깔린 장애 요소들을 제거해야 한다. 이제 2년차로 접어든 박근혜 정부에 현실의 벽을 뛰어넘을 수 있는 의지와 추진력을 기대한다.

한국경제 장기추세선 하락을 우려하며

우리는 현재의 한국경제 장기추세선 하락 현상이 일본형 디플레이션과 장기 침체 과정으로 들어가는 초기 징후인지에 대해 깊은 관심을 갖고 있다. 국내소비의 감퇴, 산업구조 내부의 생산성 저하, 기업투자의 퇴조, 소비자물가 동향, 고령화사회의 사회 현상 등 제반 요소들이 20여 년 전 일본경제의 모습을 따라가고 있다는 우려 섞인 지적도 나오고 있다.

그러나 우리는 아직 이런 비극을 막을 수 있는 시간을 다소나마 가지고 있다. 2014년 이후 우리가 2013년에 확인한 현실의 벽을 뛰어넘고 산업경쟁력의 천장을 뚫고 나갈 의지와 지혜를 모은다면 이러한 우려를 불식시킬 수 있으리라.

우리 모두는 한국경제가 침체의 벽을 넘어 도약을 이룰 것을 바라마지않는다. 그러기 위해서는 한국 사회가 혁신되어야 한다. 경제적 의사결정 메커니즘과 정치·정책 프로세스의 일신이 필요하다. 이와 함께 관료사회도 변화되어야 한다. 정책 당국이 내과의사와 외과의사로서 자신의 역할에 충실해야 한다.

최근 어느 전직 일본 고위관료가 자국의 지난 20여 년의 장기 침체를 회고하며 정책 실패에 대한 후회의 날이 오지 않도록 하는 것이 중요하다고 말했다. 2020년 이후 어느 날 우리는 2014년을 다시 회고하는 날을 맞이할 것이다. 그때 우리가 일본과 같은 후회를 하지 않도록 2014년에 더욱 집중력을 발휘해야 할 것이다.

NEAR재단의 『한국경제, 벽을 넘어서』는 이러한 상황 인식을 바탕으로 출간되었다. 2013년 11월 20일에 열린 NEAR 경제 세미나에서는 국내 정책 전문가들 사이의 솔직하고도 진지한 대화가 진행되었다. 여러 국책 연구원장과 민간 경제연구원장 그리고 한국은행과 기획재정부의 정부 당국자 등 최고의 전문성을 갖춘 학자들이 모여 허심탄회하게 장시간 토론했다.

더 솔직하고 개방된 담론이 필요한 시기다. NEAR재단의 2014년 경제 전망과 방향 제시는 이러한 시대적 요구에 부응하려는 뜻이 담겨 있다. 이 책이 한국경제의 미래를 걱정하는 모든 분에게 방향 감각과 현실 인식을 정리하는 데 도움이 되기를 기원한다.

정덕구

한국경제 발전을 위해 물심양면으로 공헌한 경제 전문가로서, 우리나라의 대표적인 독립 Think Tank인 NEAR재단을 창립하여 이끌고 있는 동아시아 전문가이다. 고려대학교 상대를 졸업하고 위스콘신대학교 매디슨교 경영대학원에서 경영학 석사(MBA)학위를 받았다. 재경원 대외경제국장, 기획관리실장, 제2차관보, IMF 협상 수석대표, 뉴욕 외채 협상 수석대표, 재정경제부 차관, 산업자원부 장관을 지냈다. 현재 NEAR재단 이사장과 중국 사회과학원(CASS) 정책고문, IFRS(국제회계기준) 재단 이사직을 맡고 있다.

contents

PART 3 한국경제 구조적 과제, 장기추세선 하락을 우려한다

1
PART

2014년 세계경제 전망과 한국경제의 대응

01 | 세계경제 변화에 대응할 우리의 전략은?

허경욱(KDI 국제정책대학원 초빙교수)

세계경제, 어떻게 될 것인가?

IMF는 2014년 세계경제가 3.6% 성장할 것이라 내다보았다. 이는 2013년의 2.9%보다 0.7% 높은 수치다. 유럽도 플러스 성장을 이룸으로써 2008년 위기 이후 5년 만에 추세적인 성장세를 회복할 듯 보인다. 무역부문도 이런 전망을 뒷받침하고 있다. 2012~2013년간 무역성장률이 3% 미만에서 밑돌았지만 2014년에는 5% 성장할 것으로 예측되기 때문이다.

그러나 이러한 통계를 해석하며 미래를 전망할 때는 신중할 필요가 있다. 수치 배후의 현실을 관통하는 통찰력이 요구되며 리스크에 대한 고려도 필수적이다. 2014년 세계경제의 가장 큰 리스크는 두 가지다.

첫째는 미국의 양적완화QE 축소Tapering이다. 미국이 통화공급을 축소하면 신흥시장국의 자본유출을 불러오고 세계경제시장의 불확실성을 증대시킬 수 있다.

둘째는 중국의 저조한 경제성장 가능성이다. 앞으로 중국의 경제개방 기조 및 성장세 지속 여부는 세계경제의 불안 요인으로 작용할 가능성이 크다.

그 밖에 '고위험 5개국Fragile 5'으로 표현되는 인도, 인도네시아, 터키, 남아공, 브라질의 급변하는 환율 및 자금유출 동향은 불확실성을 증대시키고 있다. 특히 터키, 남아공, 브라질은 당면한 어려운 경제 상황을 어떻게 돌파할지 주목을 받고 있다.

최근 세계경제의 중요한 변화 중 하나는 위기 이후 성장세를 보이던 신흥시장국이나 개도국이 주춤하고 선진국의 성장세가 미국과 일본을 중심으로 뚜렷해지고 있다는 사실이다. 특히 중국을 중심으로 한 신흥개도국의 경기침체가 일시적인지, 아니면 구조적인지가 관건이다.

1990년대 이후 시작된 신흥시장국의 대추격은 선진국의 대안정기를 불렀다. 그리고 마침내 대침체가 시작되었다. 세계적인 경제잡지 《이코노미스트》는 세계경제 성장을 견인해온 신흥국의 두드러진 성장세 약화를 '대감속'이라 부르고 있다.

신흥국의 약세는 국가별로 차이는 있으나 경기순환 과정에서 나타나는 일시적인 요인과 구조적인 요인이 혼재되어 나타난다.

세계경제의 과제

2014년 세계경제는 여러 과제를 안고 있다. 단기적으로는 양적완화 종료에 따른 자본이동의 충격을 잘 헤쳐나가야 한다. 중장기적으로는 각국이 구조조정정책을 통하여 중진국 함정을 피해 가야 한다. 중국이 3중전회에서 밝힌 시장 중심 경제로의 이행을 얼마나 성공적으로 이끌지도 중요하다.

선진국의 성장 전망은 일단 고무적이다. 그러나 여기에는 많은 하방 리스크가 내포되어 있다.

먼저 2.0%의 성장률이 예상되는 미국을 보면 양적완화 축소에 따른 국제금융시장의 불안이 염려된다. 여기에 셧다운 사태에서 보인 정치적 리스크도 존재한다.

1.2%의 성장이 전망되는 일본 역시 리스크를 안고 있다. 아베노믹스가 과연 성공할지가 큰 걱정거리다. 특히 GDP의 240%에 달하는 국가부채 문제를 어떻게 해결할지, 성장을 재점화시킬 수 있는 구조조정의 강력한 추진이 가능할지에 관심이 모이고 있다.

2012~2013년의 마이너스 성장에서 벗어나 1.0% 정도의 성장률을 보이며 어느 정도 회복할 것으로 예측되는 유럽에도 하방 리스크가 있다. 아직 금융시장이 분열되어 있는 데다 은행 자본 확충이 미비하다. 또한 은행연합의 진전도 느리다. 그뿐만이 아니다. 장기간의 높은 실업률로 비롯된 노동 숙련도의 상실이 중장기적으로 계속 성장 저해 요인으로 작용할 것이다.

세계 리더십의 부재 그리고 한국

그러나 더 큰 문제는 이러한 하방 리스크가 실현될 때 여기에 적극 대처할 수 있는 리더십이나 메커니즘이 너무 취약하다는 사실이다. NSA 스파이 사건, 셧다운 사태 등으로 미국의 리더십이 손상되었다. 그러나 마땅한 대체 국가나 리더가 없는 데다 G20의 공조체제도 약화되어 있는 상태이다. 따라서 앞으로 1년간은 하방 리스크 실현 가능성에 경계심을 늦추지 않고 상황별 대응을 펼치는 것이 필요하다.

국내경제는 이러한 불확실성 속에서 단기적으로 성장 회복세를 강화시켜나가고 있다. 또한 가계부채를 안정적으로 관리하며 중장기적인 잠재성장률의 하락에 적극 대처해야 하는 어려운 국면을 맞고 있다.

서비스산업 선진화 등 구조조정정책과 재정 건전성을 저해하지 않는 적정 수준의 복지정책 결정과 재원조달 방안 마련이 필요하다. 이는 매우 어려운 문제이지만 더는 늦출 수 없다는 긴박감을 가지고 추진되어야 할 것이다. 특히 한국은 대외 의존도가 매우 높은 국가이다. 앞으로 세계경제의 위험 요인을 살펴보고 신중한 대응을 할 필요성이 있다.

허경욱

서울대학교 경영학과를 졸업하고 스탠퍼드 경영대학원에서 경영학 석사(MBA)학위를 받았다. 행정고시에 합격한 이후 세계은행 Young Professional로 선임되어 IFC, IBRD에서 근무했고 IBRD의 중국 담당 금융전문가로도 활동했다. 2008년에는 청와대 국정과제 비서관을 거쳐 2009년 기획재정부 차관, 2010년 한국 OECD 대표부 대사로 일했다. 현재 서울대학교 국제대학원 초빙교수, KDI 국제정책대학원 초빙교수로 지내면서 후학 양성과 학술적 연구를 하는 데 힘쓰고 있다.

02 | 급변하는 세계경제의 흐름과 동북아 경제지형, 무엇이 2014년 한국경제를 위협할 것인가?

오정근(아시아금융학회장)

급변하는 세계경제의 흐름

미국의 경제 회복과 출구전략

2014년에도 한국경제를 둘러싼 여건이 만만치 않을 것이다. 외부 환경도 녹록하지 않고 내부 사정도 어렵다. 이런 내외부 경제 상황이 한국경제에 어떤 영향을 미칠 것인가? 여기에 대해서 하나하나 짚어보겠다.

한국경제의 대외적 상황부터 살펴보자. 가장 먼저 미국의 변화가 눈에 띈다. 알려진 대로 미국은 2008년과 2009년 극심한 침체의 늪에 빠져 마이너스 성장을 기록했다. 그러나 2010년부터 회복세를 보이기 시작했다. 2010~2012년 동안 연평균 2.1%의 완만한 성장을 유지한 것이다. 그러다 2013년 들어 본격적인 회복 움직임을 나타냈다. 3분기 경제 성장률은 4.1%로 높아졌고 실업률은 7%로 하락했다. 이러한 미국의 경제 회복은 연방준비제도이사회FRB의 공격적인 양적완화정책에 힘입었다. 말하자면 달러를 풀어 유동성을 높이고 경기를 견인해온 것이다.

미국경제의 정치적 위험 변수도 사라졌다. 미국 공화당과 민주당은 건강보험 개혁안을 둘러싸고 극한 대치를 하다가 예산안 처리 시기를 놓쳤다. 그래서 2013년 10월 1일부터 연방정부 기능이 중지되는 셧다운이 시작되었다. 그 결과 100만 명의 공무원이 강제 무급휴가를 떠나는 진풍경이 연출되었다. 하지만 그로부터 보름이 지난 10월 16일 예산안에 극적으로 합의하면서 셧다운이 막을 내렸고 그 재발 우려 또한 없어졌다.

경제 회복의 탄력을 받은 미국은 2014년부터 양적완화 규모를 점진적으로 줄이는 이른바 출구전략에 돌입할 것이다. 2013년 12월 18일 벤 버냉키 연방준비제도이사회 의장은 매월 850억이던 채권 매입액 규모를 2014년 1월부터 750억 달러로 조정, 100억 달러 줄이겠다고 밝혔다. 이것은 막 시작된 회복세에 타격을 주지 않는 선에서 조심스러운 출구전략을 펼치겠다는 의미다.

이제 미국은 2009년 이후 5년간 유동성의 힘으로 유지하던 경제 회복을 실물경제에 맡기는 과제를 안게 되었다. 그런데 미국은 GDP의 100%를 넘는 국가부채를 안고 있고 그 금액이 계속 늘고 있다. 재정수지도 큰 폭의 적자를 기록 중이다. 이는 경제정책을 운용하는 데 큰 제약이 된다. 게다가 2014년 초에는 국가부채 한도 재설정 문제가 떠오

[그림 1] 미국의 국가부채 재정수지와 성장률, 실업률 추이

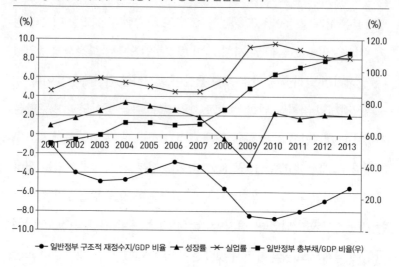

자료: IMF, 「세계경제전망」

를 것이다.

　결국 민간부문에서 소비와 투자가 되살아나지 않으면 경제 재도약이 어렵다. 소비 측면을 보자면 좋아진 고용 상황이 얼마나 오래갈지가 관건이다. 그리고 출구전략이 시작되면 모기지 금리가 오를 터인데 이것이 경제 회복을 주도하던 주택 경기에 어떤 영향을 미칠지에 대해서도 관심이 모이고 있다.

　소비, 투자 활성화와 함께 만성적 경상수지 적자 문제의 해결도 미국 경제 회복의 관문이 될 것이다. 그러나 국제통화기금은 2014년 미국 경상수지 적자가 5,000억 달러 수준에 이를 것이라고 예측했다. 회복 흐름 속에서 신중한 출구전략을 시작한 미국경제는 여러 당면 과제를 해

결하며 변화를 모색할 것이다. 이런 미국의 변화가 세계경제와 한국경제에 어떤 영향력을 발휘할지가 2014년 경제 전망의 키포인트이다.

한 가지 예상되는 변화는 미국의 환율정책이다. 미국은 경상수지 적자 문제를 타파하기 위해 경상수지 흑자국을 대상으로 통화가치 절상 압력을 행사할 것으로 보인다. 미국의 중요한 교역 대상국이면서 대표적인 경상수지 흑자국인 우리나라는 이런 미국의 환율 압박에 시달리게 될 것이다. 즉 새로운 환율전쟁의 소용돌이 속으로 빠져들 것이다.

현재진행형인 유로존 위기

유로존의 위기는 아직도 진행형이다. 유럽통계청은 유로존경제가 2012년에 −0.7% 성장한 데 이어 2013년에도 재정위기 극복이 계획대로 되지 않을 경우 −0.4% 성장해 2년 연속 마이너스 성장을 기록할 것이라 보았다. 이 가운데 최근 프랑스 등 소폭 회복 조짐이 있던 국가들이 다시 마이너스 성장으로 주저앉고 있는 모습을 보이고 있다. 그 결과 프랑스 신용이 강등되는 등 재정 문제가 여전히 회복의 발목을 잡고 있다.

유로존의 회복 부진은 직접적으로 한국의 대 유로존 수출 부진을 초래한다. 그뿐만 아니라 수출의 1/4 정도를 유로존에 의존하는 중국경제의 성장 둔화를 초래한다. 이는 다시 수출의 1/4 정도를 중국시장에 의존하고 있는 한국경제에 2차 파급효과를 미친다. 따라서 유로존경제는 한국경제에 매우 중요한 변수다.

안정 성장을 꾀하는 중국

1982~2011년에 이르는 30년간 연평균 10.2%의 고성장을 지속해온 중국경제도 구조 변화를 보이고 있다. 그동안 중국경제는 소비율(소비/GDP 비율)이 보기 드문 30% 중반대를 유지해왔다. 저임금으로 민간소비가 억제되는 가운데 40% 후반대의 높은 투자율과 수출로 고성장을 추구한 것이다. 그러나 세계경제의 침체와 중국 내부의 분배 욕구 증가로 이런 체제를 지속하는 데 한계에 봉착했다.

중국은 2013년 초 열린 중앙경제공작회의 등 일련의 주요 회의에서 이런 문제를 인식하고 내수진작에 의한 안정 성장 방침을 천명한 바 있다. 2013년 11월 9일~12일에 개최되었던 18기 3중전회에서 토지 사유화, 국유기업 민영화, 금융 자율화 등 경제의 시장화를 위한 대대적인 구조개혁을 제시하는 등 7%대의 중성장기 안착을 위한 구조 전환을 모색하고 있다. 이에 따라 2014년도 중국의 경제성장률 목표가 7%로 조정될 것이라는 전망이 나오고 있다.

몸살 겪는 일본과 고강도 아베노믹스, 그 효과는?

일본경제는 과도한 국채와 재정적자로 몸살을 앓고 있다. 일본의 GDP에 대한 국가부채 비율은 1997년에 100%를 넘어선 후 꾸준히 상승했다. 2009년에는 드디어 200%를 넘어섰고 2013년 말 현재 245%에 이르고 있다. 재정적자도 확대되어 9%대에 이른다. 이와 같은 재정 여건의 제약 등으로 일본경제는 1992~2011년의 20년간 연평균 0.75%의 초저성장을 지속했다. 이른바 '잃어버린 20년'이다. 이러한 20년 장기 불황의 늪에서 벗어나기 위한 고강도 아베노믹스가 추진되었지만 2013년 3분기 성장률이 급락하고 있다. 이 가운데 추진된 고강도 엔저전략은 그 효과를 차치하고 한국을 비롯한 근린국가들에 큰 타격을 안겨주고 있다. 한편 과도한 부채와 재정적자 축소를 위한 소비세 인상은 2014년 일본경제의 성장 둔화 요인으로 작용할 것이다. 결과적으로 2014년 일본 경제성장률은 다시 1%대로 낮아질 전망이다.

한풀 꺾인 신흥시장국 성장

한편 글로벌 금융위기 이후 세계 경제성장의 견인차 역할을 해오던 브라질, 러시아, 인도, 동남아시아 등 신흥시장국 경제의 약세가 예상된다. 그동안 유입되던 외국인 투자자금이 유출로 반전되고 이를 방지하기 위한 금리상승 등으로 성장세가 둔화될 전망이다. 2014년을 계기로 성장의 축이 신흥시장국에서 미국을 중심으로 한 선진국으로 이동하리라는 예측이 지배적이다. 한국의 입장에서 이는 반가운 일이 아니다. 수출의 70% 정도를 의존하고 있는 중국을 포함한 신흥시장국 경제의 성장 둔화는 수출 증가에 마이너스 요인으로 작용할 것이기 때문이다.

신환율전쟁 도래

2014년 들어서는 환율전쟁이 새로운 양상으로 전개될 전망이다. 2008년 글로벌 금융위기가 발생한 후 미국·유럽·일본 등 교환성 기축통화를 발행하는 선진국들은 양적완화 통화정책을 시행해왔다. 그 결과 급속도로 팽창된 글로벌 유동성이 신흥시장국으로 유입되었다. 이에 따라 신흥시장국의 통화가치가 절상되고 자산가격이 오르는 현상이 벌어졌다. 부진한 선진국 경제의 빈자리를 신흥시장국이 메워온 양상이 펼쳐진 것이다.

그러나 이제 글로벌 금융위기가 6년이 지나면서 미국의 출구전략이 시작되었다. 출구전략이 시작됨에 따라 미국 금리가 상승하고 달러화 가치가 오를 것이다. 지난 6년간 신흥시장국으로 유입되었던 글로벌 유동성이 미국으로의 유출로 반전되는 것은 자연스럽게 예상할 수 있다. 그런데 문제는 미국의 경상수지 적자가 증가일로라는 점이다. 미국은 2014년 4,900억 달러, 2015년 5,200억 달러의 경상수지 적자를 기록할 것으로 예상된다.

미국경제는 GDP 대비 100%를 넘는 막대한 국가부채와 재정적자 때문에 재정정책을 사용하는 데 한계가 있었다. 그래서 그동안 양적완화 통화정책에 의존해왔다. 그런데 출구전략을 시행하면 이도 여의치 않다. 남은 정책이라고는 사실상 환율정책밖에 없는 실정이다. 그러나 출구전략으로 달러화 가치절상이 예상된다. 이 문제를 타개하기 위한 미국의 전략이 경상수지 흑자국에 대한 통화가치 절상 압력이다. 가장 경상수지 흑자가 높은 국가가 독일, 중국, 한국, 일본이다. 이른바 경상수지 흑자 빅Big4 국가다. 2013년 독일과 중국은 약 2,000억 달러, 한국과 일본은 약 600억 달러 흑자가 예상된다. 최근 발간된 미국 재무부「환율 보고서」가 이들 4개국 경상수지 흑자를 거론하고 있는 것은 바로 이런 이유 때문이다.

지금까지 환율전쟁은 선진국 양적완화로 풀린 돈이 신흥시장국으로 유입된 결과 빚어진 신흥시장국 통화가치 절상이 문제였다. 그러나 2014년부터는 양상이 달라질 것이다. 미국 출구전략 이후 달러 강세 속에서도 경상수지 흑자국 통화가치 절상이 요구되는 새로운 국면으로 접어들 전망이다. 출구전략으로 달러가 강세로 돌아설 때 원화는 당연히 약세가 되어야 한다. 그러나 「환율 보고서」는 한국을 비롯한 경상수지 흑자국에 대해 약세를 용인하지 않고 환율협상을 강요할 가능성을 시사해주고 있다. 구체적으로 보면 G20 회의를 통한 압박이 병행될 전망이다. 이른바 신환율전쟁이 예고되고 있다.

신환율전쟁 속 4대 경상수지 흑자국

그런데 이들 4대 경상수지 흑자국도 국가마다 처지가 제각각 다르다. 우선 중국은 글로벌 금융위기 이후 심화되고 있는 달러화 위상 약화를 위안화 위상 제고 기회로 이용하고 있다. 위안화 국제화 추진이 대표적이다. 중국은 위안화 통화 스왑 확대, 위안화 결제통화 확대 등 다각적인 대책을 시행하고 있다. 이런 정책의 일환으로 위안화 강세화도 도모하고 있다.

위안/달러 환율은 2008년 7월부터 2010년 5월까지 줄곧 6.83~6.84위안을 유지해오다 위안화 환율 유연화 조치를 시행한 2010년 6월부터 하락하기 시작해 2013년 11월에는 6.10위안을 밑돌기 시작했다. 2010년 6월부터 2013년 11월까지 3년 5개월 동안 12.2% 절상된 것이다. 수출업자의 입장에서는 강세 예상 통화로 결제하면 환차익이 발

[그림 2] 글로벌 금융위기 이후 위안화 환율 추이

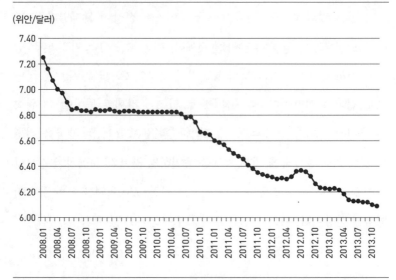

(위안/달러)

자료: 한국은행 경제통계시스템

생한다. 따라서 위안화 강세화는 자연스럽게 위안화 결제비중을 높인다. 요컨대 위안화 강세는 중국의 위안화 국제화 전략과 맞아떨어진다. 그러므로 위안화가 상당히 큰 폭으로 절상되지 않는 한 미국과 큰 마찰을 일으키지 않을 것이다.

두 번째로 경상수지 흑자를 많이 내고 있는 독일은 특수한 상황이다. 유로존 17개국이 공동으로 쓰는 유로화를 사용하고 있기 때문이다. 미국으로서는 남유럽 위기가 아직도 진행되는 형편에서 독일만 보고 유로화 절상 압력을 높이기 어려운 측면이 있다. 따라서 독일에 대해서는 내수진작 요구 등 환율이 아닌 다른 전략을 추구할 것으로 보인다.

세 번째로 일본의 경우를 보자. 일본은 미국이 최근 들어 중시하고 있는 동아시아전략의 중요한 파트너이다. 미국은 중국을 중심으로 동아시아경제권이 형성되는 것을 견제하기 위해 일본을 앞세워 환태평양경제동반자협정TPPA을 추진하고 있다. 또한 대 중국 안보전략에서도 일본과의 동맹관계를 강화하고 있다. 미국은 한국을 비롯한 일본 주변국의 근린 궁핍화 정책 우려가 있음에도 최근 G20 회의 등에서 공개적으로 아베노믹스를 지지하는 등의 행보를 보였다. 이것은 미국의 전략적 차원에서 나온 것이다. 대 일본과의 특수 관계는 미국의 당면한 통상정책과는 맞아떨어지지 않는다. 그럼에도 미국은 중장기적 동아시아전략 차원에서 이를 용인할 것으로 보인다.

그러면 이번 미국 재무부 「환율 보고서」에서 거명된 4대 경상수지 흑자국 가운데 한국만 남는 셈이다. 앞서 이야기했듯 미국은 독일과 일본의 통화가치 절하를 용인할 수밖에 없는 상황이다. 따라서 중국과 한국이 주요 타깃이 될 것이다. 그런데 중국은 위안화 국제화를 위해 과도하지 않은 범위 내에서는 스스로 위안화 절상을 추진할 것으로 전망된다. 결국 한국이 상당히 어려운 국면에 직면할 것으로 예상된다.

동북아경제 지형의 3가지 변화

중성장기에 진입한 중국경제

2014년도 동북아경제에는 다음과 같은 세 가지 큰 변화가 예상된다.

첫째, 중국경제의 중성장기 진입이다. 그동안 한국경제는 중국경제 고성장의 등에 올라타서 함께 성장해왔다고 해도 과언이 아니다. 중국경제가 10%대 성장을 할 때 한국경제는 수출의 1/4을 중국으로 보내면서 4~5% 성장을 해왔다. 그러나 이제 중국경제는 새로운 국면을 맞이하고 있다. 30년간의 고성장 결과로 분배 욕구 증대 등 여러 면에서 후유증이 나타났기 때문이다. 이를 해결하기 위해 중국은 내수 중심의 안정 성장으로 전략을 수정했고, 중성장기로 내려앉고 있다.

그동안 한국은 일본에서 소재·부품을 수입해서 중간재를 만들어 중국에 수출하여 중국의 저임금을 토대로 조립·가공한 후 미국·유럽 시장에 수출하는 방식을 취해왔다. 이제 이런 시대는 저물고 있다. 그뿐만 아니라 그동안 국내기업들이 중국에 진출한 결과 소재·부품이 역수입되는 부메랑 효과가 나타나기 시작했다. 단적인 예를 하나 보자. 2012년 중국으로부터 소재·부품 수입액은 사상 처음으로 일본으로부터의 수입액을 초과했다. 앞으로 한국의 대 중국 무역수지에 변화가 불가피하다. 이런 환경에서 한국경제는 새롭게 떠오르는 과제를 극복하고 성장동력을 발굴하기 위한 새로운 전략을 요구받고 있다.

동북아, G2 대결의 장

둘째로 무역 면의 변화이다. 이제 곧 미국이 지원하고 일본이 대리인 역할을 맡은 환태평양경제동반자협정이 출범할 전망이다. 이는 미국이 세계에서 가장 역동적으로 성장하고 있는 동아시아시장을 두고 중국의 독주를 견제하기 위한 동아시아전략의 일환이다. 이런 미국의 동아시아전략의 중요한 파트너로 일본이 앞장서고 있다.

일본은 그 반대급부로 아베노믹스에 대한 미국의 전폭적인 지지를 얻어냈다. 2013년 가을 워싱턴 G20 재무장관·중앙은행 총재 회의 하루 전날, 미국 재무차관은 공식적으로 일본의 아베노믹스를 지지한다고 발표했다. 이어서 회담 결과 발표된 공동성명(커뮤니케)도 눈길을 끌었다. 일본의 저환율정책은 통화정책이므로 용인되며 다른 나라들의 경쟁적 통화가치 절하는 안 된다는 내용이 담겨 있었기 때문이다. 미국이 일본을 지지하고 다른 신흥시장국의 주장에는 제동을 거는 듯한 자세를 보이고 있어 귀추가 주목된다.

반면 중국은 중국과 아세안을 중심으로 역내포괄적동반자협정RECP을 추진하고 있다. 여기에는 당연히 미국이 배제되어 있다. 동아시아시장을 두고 미국과 중국, G2 간에 건곤일척의 대결이 시작된 것이다.

문제는 한국이다. G2 대결의 한랭전선이 한국에 드리워져 있기 때문이다. 한국은 핵우산 등 방위를 사실상 의존하고 있는 미국의 전략을 외면할 수 없다. 그렇다고 해서 북한에 대해 실질적인 지렛대 역할을 해줄 수 있는 중국을 도외시할 수도 없는 어려운 형국에 놓여 있다. 한국이 두 전선 중 어느 한 쪽에도 기울지 않고 있는 사이에 일본이 기민하게 움직였다. 결국 일본의 엔저전략은 미국의 지지를 받게 되었고, 한국은 미국의 원화 절상 압력에 시달려야 하는 어려운 상황에 직면하고 있다.

엔화, 위안화, 원화

셋째는 통화 면에서의 변화이다. 엔화는 아베노믹스로 인해 약세가 가속화될 전망이다. 달러화 불안을 틈타 위안화의 국제적 위상을 제고하려는 중국의 전략으로 위안화는 절상될 전망이다. 투자와 소비가 위축되어 사상 최대의 불황형 흑자를 기록하고 있는 한국은 세계 최대의 경상수지 흑자국 중국과 더불어 통화가치 절상 압력을 받게 되리라 예상된다. 이 상황은 1980년대 후반 일본의 흑자가 과도할 때 일본과 함께 통화가치 절상 압력을 받았던 때를 연상시킨다. 이때 일본과 함께 원화 절상을 요구받았던 한국은 이제 중국과 함께 절상 그룹으로 분류되고 있다.

한국경제 동향과 전망

한국경제, 장기 저성장 진입이 우려된다

한국경제는 2011년 2분기 이후 2013년 1분기까지 8분기 연속 1% 미만의 제로(0) %대 성장을 기록했다. 그러다 2013년 2~3분기 중 1.1% 성장함으로써 간신히 1%대로 올라섰다. 이런 상황은 우리가 장기 저성장에 진입하는 게 아닌가 하는 우려를 크게 하고 있다. HP 필터링으로 추정해본 잠재성장률도 지속적으로 하락하여 2013년 현재 3% 내외 수준까지 하락하고 있다. 이는 1963~1991년 중의 9.5%의 고성장기, 1992~2011년 중의 5.1%의 중성장기를 지나 2012년부터 저성장기에 진입했다는 비관적 분석을 뒷받침해주고 있다.

[그림 3] 잠재성장률 하락 지속

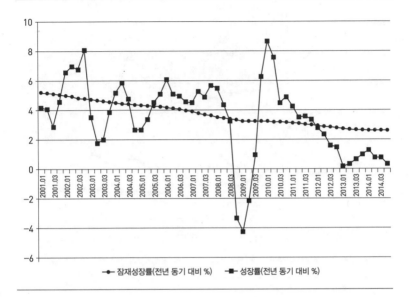

[그림 4] 장기 저성장기 진입 가능성

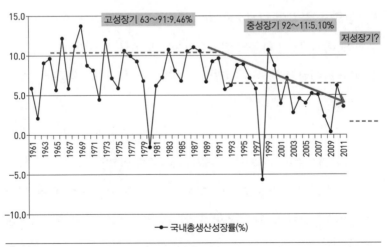

자료: 한국은행

[그림 5] 원/엔 환율 하락기 재도래

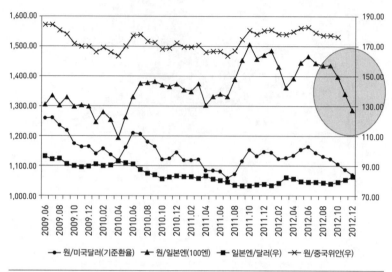

— ● — 원/미국달러(기준환율)　— ▲ — 원/일본엔(100엔)　— ■ — 일본엔/달러(우)　— ✕ — 원/중국위안(우)

자료: 한국은행

설상가상으로 과거 금융위기를 초래했던 중요한 원인 중 하나인 원/엔 환율 하락이 다시 시작되어 긴장을 높이고 있다. 이미 원화는 엔화에 대해 원/엔 환율의 전고점인 2012년 6월 이후 약 33% 정도 절상되었다. 이런 추세라면 2013년 말까지 약 40% 내외 절상될 것으로 전망된다.

1997년과 2008년, 위기로부터 배운 것은 무엇인가?

1997년 외환위기와 2008년 외화 유동성 위기는 원/엔 환율 하락의 위험성을 다시 상기시켜주었다. 외환위기 전인 1995년 4월~1997년 2월 중 원화는 엔화에 대해 30% 절상되었다. 그 결과 1995년 80억 달

[그림 6] 최근 원/엔 환율 하락

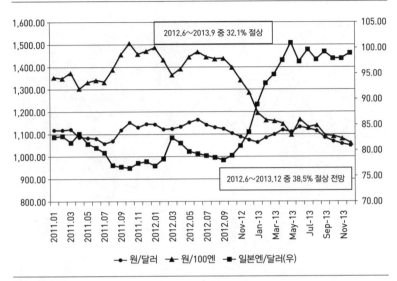

자료: 한국은행

러였던 경상수지 적자가 1996년에는 230억 달러로 확대되었다. 이는 외환위기의 결정적 원인이 되었다. 2008년 당시도 마찬가지다. 외화 유동성 위기 전인 2004년 1월~2007년 7월 중에는 원화가 엔화에 대해 47% 절상되었다. 그 결과 2004년 323억 달러 흑자였던 경상수지가 2008년 1분기~3분기 중 33억 달러 적자로 반전되었다. 결국 외화 유동성 위기를 겪어야만 했다.

2014년 한국경제는 이런 위기 경험에서 얻은 교훈을 되살려야 할 것이다. 원화가 엔화에 대해 40% 가까이 절상될 경우 어떤 상황이 전개될 것인지 면밀하게 모니터링하면서 대책에 만전을 기해야 할 것이다. 특히 2014년 미국 양적완화정책의 출구전략이 본격적으로 시행되면

[그림 7] 1997년과 2008년 위기의 교훈

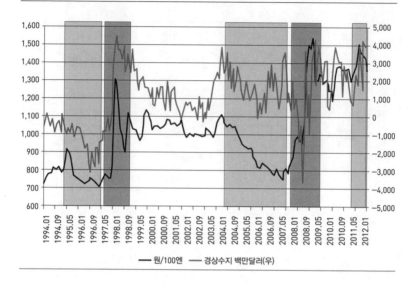

원/100엔 ——— 경상수지 백만달러(우)

엔화는 추가적으로 약세가 될 것이다. 이는 한국경제에 큰 위협 요인
으로 작용할 것이다.

2014 한국경제, 환율이 중요 변수다

일부 회복 조짐과 하방 리스크를 함께 안고 있는 2014년 한국경제에
환율이 중요한 변수가 될 것이다. 그래서 환율 수준별로 개방경제 신
케인지안 모형을 이용하여 2014년 경제를 전망해보았다. 2014년 연평
균 원/달러 환율이 1,050원일 경우 한국경제가 어떤 상황을 겪을지 예
측해보자. 이는 첫 번째 시나리오이다.

먼저 성장률은 2013년 2.7%에서 2014년에 3.6%를 오를 것이다. 소비자물가상승률은 2013년의 1.1%에서 2014년 0.9%로 낮아질 것으로 분석된다. 성장이 회복되더라도 GDP 갭률이 여전히 마이너스를 지속해 수요 압력이 크지 않기 때문이다. 게다가 수입 원유가격 하락과 원화가치 절상으로 수입 물가 상승도 둔화될 것을 염두에 두어야 한다. 수출 전망 역시 밝은 편은 아니다. 2013년 대비 5.3% 정도 증가한 5,910억 달러를 수출해서 6,000억 달러 돌파가 쉽지 않으리라 예상된다. 참고로 2013년 수출은 2012년보다 2.2% 증가한 5,597억 달러였다. 2014년에는 세계경제 회복이라는 수출 호재가 있지만, 원화가치 절상으로 높은 성장을 점치지 못하는 상황이다. 반면 수입은 큰 폭으로 늘어 늘어날 것이다. 경기 회복과 원화가치 절상에 따라 2014년 수입은 2013년보다 10.1% 증가한 5,677억 달러를 기록하리라 예측된다. 이에 따라 2014년 무역수지 흑자액은 대폭 줄어들 것이다. 2013년 통관 기준 무역수지는 442억 달러를 기록했다. 이는 사상 최대치였던 2010년 412억 달러를 넘어서는 금액이다. 그러나 2014년 무역수지 흑자는 233억 달러로 크게 하락할 것으로 전망된다.

최악의 상황은 미국의 원화 절상 압력에 효과적으로 대응하지 못해 연평균 원/달러 환율이 1,000원으로 하락할 경우이다. 이때 2014년 성장률은 3.3%이다. 첫 번째 시나리오에 비해 0.3%p 낮아진다. 2014년도 소비자물가 상승률 역시 원/달러 환율의 큰 폭 하락으로 0.3%까지 낮아질 것으로 전망된다. 2014년도 수출은 2013년에 비해 4.0% 증가한 5,826억 달러가 예상된다. 첫 번째 시나리오에 비해 84억 달러 적은 수치다. 수입은 환율 하락으로 첫 번째 시나리오보다 177억 달러 증가

[표 1] 환율 수준별 2014년 경제전망 시나리오

	2013년	2014년 시나리오1	2014년 시나리오2
성장률(%)	2.7	3.6	3.3
소비자물가 상승률(%)	1.1	0.9	0.3
수출(통관 기준, 백만달러)	5,597(2.2)	5,910(5.5)	5,826(4.0)
수입(통관 기준, 백만 달러)	5,155(-0.8)	5,677(10.1)	5,854(13.5)
무역수지(통관 기준, 백만달러)	442	233	-28
금리(%)	2.3	1.9	1.7

시나리오1: 2014년 연평균 환율 1050원/달러
시나리오2: 2014년 연평균 환율 1000원/달러
( ) 내는 전년 대비 증감률(%)

한 5,854억 달러를 기록하게 될 것이다. 이에 따라 무역수지는 28억 달러 적자로 돌아설 것으로 전망된다.

시나리오를 통해 보는 것처럼 환율 방어 여부는 2014년 한국경제에서 가장 중요한 변수가 될 것이다.

한국의 대응 방향

신환율전쟁에 전략적으로 대응해야

앞에서 이야기한 것처럼, 2014년 한국경제 대외부문의 최고 정책 과제는 미국과의 신환율전쟁에 효과적으로 대응하는 것이다. 최근 미국 재무부가 의회에 제출한 「환율 보고서」는 신환율전쟁의 강한 징후를 보여준다. 이 보고서는 1988년에 제정된 미국 종합무역법('슈퍼 301조'로 잘 알려져 있다)에 따라 미국 재무부가 1년에 두 차례 주요 교역 대상국

환율정책을 평가해 미 의회에 제출하는 보고서다. 미국은 대상국을 환율 조작국으로 지정해 환율 절상을 강요하기도 한다. 이에 따라 한국도 1988년 환율협상을 통해 원화 절상을 줄기차게 강요받았던 경험이 있다. 그 결과 달러당 환율이 1986년 881원에서 1989년 671원으로 급락했다. 1986년 처음으로 기록했던 경상수지 흑자는 1990년 적자로 돌아섰다. 이처럼 「환율 보고서」의 위력과 여파는 대단한 것이다.

원/달러 환율이 2008년 금융위기 이후 최저점을 위협하고 있는 가운데 나온 「환율 보고서」의 한국 환율 평가는 한국경제 현실과는 거리가 먼 주장을 담고 있다. 핵심 사항은 원화가 2~8% 저평가되어 있고, 외환 보유액이 과다하다는 것이다. 따라서 외환시장 개입을 자제하고 개입 내용을 공개해야 한다고 주장하고 있다. 우리는 이 보고서의 불합리함을 지적할 수밖에 없다.

첫째, 원화 수준 평가 기준이 편파적이다. 「환율 보고서」는 2013년 6월 발간된 IMF 「대외부문 보고서」를 인용하여 원화 수준을 평가하고 있다. 이 보고서는 G20 권고로 각국 대외부문 정책을 평가하는 내용으로 매년 6월경 발간하고 있다. 그런데 각국 환율을 실질실효환율지수로 평가하고 있다. 이 방법에는 기준연도가 중요한데 2007년을 기준연도로 삼고 있다. 2007년 한국 연평균 환율은 929원으로 1997년 이후 가장 낮은 수준이었다. 이때와 비교하니 당연히 원화는 저평가될 수밖에 없다. 더욱이 평가 대상 환율도 2013년 중 가장 높았던 6월 환율이다. 산출방식도 회귀분석 방법을 사용하고 있어 편차가 크다.

둘째, 한국에 꼭 필요한 외환 보유 규모를 너무 낮추어 잡고 있다.

한국경제 위기 때 필요한 외환 보유액은 경상수입액의 30%인 1,600억 달러, 유동 외채 1,900억 달러, 외국인 주식투자액의 30%인 1,200억 달러만 합해도 4,700억 달러에 이른다. 2013년 10월 말 외환 보유액 3,432억 달러보다 많은 금액이다.

셋째, 한국경제의 특수성과 이에 따른 정책 필요를 간과하고 있다. 한국 외환시장은 규모도 작고 깊이도 얕다. 그래서 작은 자본이동에도 쏠림 현상이 일어나고 환율변동이 심하다. 당연하게도 환율 안정을 위한 질서 있는 개입이 불가피한 것이다.

「환율 보고서」는 한국 외환 및 환율정책에 대해 적확한 분석을 하지 못하고 있다. 그러나 이와 관계없이 2014년 신환율전쟁이 발발할 가능성이 높음을 시사하고 있다. 이에 대한 대비책 마련이 시급하다.

연준의 양적완화를 축소하는 출구전략이 시작되면 미국 금리가 오르고 달러가 강세로 반전될 것이다. 달러가 강세로 돌아설 때 당연히 원화는 약세가 되어야 한다. 그럼에도 이번 「환율 보고서」는 한국을 비롯한 경상수지 흑자국에 대해 약세를 용인하지 않겠다는 의도를 드러내고 있다. 이에 따라 환율협상을 강요할 가능성이 높다. G20 회의를 통한 압박도 병행될 전망이다. 미국 경상수지 적자가 2014년 4,900억 달러, 2015년 5,200억 달러로 예상되기 때문이다.

2014년 6월에도 IMF 「대외부문 보고서」가 나온다. 이것이 미국 재무부 보고서에 반영되어 환율 절상 압력 논리로 이용되기 전에 먼저 움직여야 한다. G20 회의 등 공식·비공식 채널을 통해 잘못된 점을 논리적으로 반박해야 한다. 이와 동시에 신환율전쟁에 대비하는 일에 만전을 기해야 한다. 그래야 위기를 예방할 수 있다.

앞의 '환율 수준별 2014년 경제 전망 시나리오'를 통해 보았듯 원화가 과도하게 고평가될 경우 무역수지가 적자로 돌아설 수도 있다. 2014년 한국경제 환경을 볼 때 내수를 진작해서 과도한 경상수지 흑자를 줄이는 것이 바람직해 보인다. 그러나 내수 회복이 더딘 가운데 경상수지 흑자를 줄이기 위해 원화가치를 절상시키는 일은 지극히 위험하다. 내수 둔화 속에 수출도 둔화되어 장기 저성장을 고착화할 우려가 크기 때문이다. 따라서 원화가치 절상과 금리 인상의 정책 조합보다는 원화가치 절하 또는 유지와 금리 인하 또는 유지의 정책 조합이 바람직하다.

아울러 미국 출구전략이 시행될 경우 고위험 5개국Fragile 5 중심으로 자본 유출이 급격하고 군집적으로 발생하면서 외화 유동성이 충분하지 못한 일부 국가에서 외환위기가 발생할 수 있다. 1997년처럼 이 위기가 한국에 전염될 가능성 또한 배제할 수 없다. 경상수지 흑자 기조를 유지하고 외화 유동성을 충분히 확보하는 등 단기 대책이 필요하다. 이와 더불어 환율제도 재검토, 자본이동 안정화 대책 수립 등 중기 대책도 필요하다.

투자환경 개선과 신성장동력 육성

한국의 투자증가율은 지난 10년간 연평균 1.7%에 머물고 있다. 그 가운데 특히 지난 3년간은 연평균 −1.2%의 빈사 상태를 드러냈다. 이런 환경에서는, 첨단기술의 일본과 바짝 추격해오는 중국 사이에서 한국의 입지를 확보할 수 없다. 한국의 신성장동력은 일본과 중국 간의 넛크랙커Nut Cracker 사이에서 생존할 수 있는 첨단기술산업과 고부가가치 지식서비스산업이다.

첨단기술산업 육성의 전제는 투자 여건 조성이다. 따라서 첨단기술산업 육성을 위한 획기적인 투자환경 개선정책을 강력히 추진해야 한다. 지금처럼 투자가 빈사 상태를 지속하면 첨단기술산업 육성은 고사하고 불황형 흑자가 지속되어 원화가치 절상 압력을 계속 받게 될 것이다. 그 결과 수출도 둔화되어 장기 저성장이 고착될 수밖에 없다. 요컨대 투자 촉진과 원화가치 안정이 동시에 추진되어야 신환율전쟁에 효과적으로 대응할 수 있다.

아울러 현재 도·소매, 음식점, 숙박업 등 저생산성 위주의 서비스산업을 금융, 교육, 의료, 관광, 컨설팅 등 고부가가치 지식서비스산업으로 육성해서 성장하는 중국의 고부가가치 서비스 수요를 흡수하는 전략을 추진해야 한다. 이를 위해서는 이들 고부가가치 지식서비스산업에 대한 획기적인 규제 완화가 절실하다.

미국 중국 무역전쟁에 균형자적 입장 견지

한국으로서는 미국 주도의 TPP와 중국 주도의 RECP 중 어느 한 쪽에 가담하는 것의 위험 부담이 너무 크다. 현재 한국은 미국과 자유무역협정을 체결하고 있고 중국과도 자유무역협정을 추진 중이다. 어느 한 쪽으로 기울기보다는 양대 국가와의 자유무역협정을 최대한 활용하면서 균형자적 입장을 견지할 필요가 있을 것으로 보인다. 한국에는 유럽 강대국 중간에 있는 스위스와 같은 현명한 통상전략이 필요하다.

오정근

한국경제의 안정적 성장과 동아시아 통화금융협력을 위해 연구 노력하고 있는 경제학자다. 고려대학교 경제학과와 동 대학원 경제학과를 졸업하고 영국 맨체스터대학교에서 경제학 박사학위를 받았다. 한국은행 금융경제연구원부원장, 독일IFO경제연구소 객원연구원, UN ESCAP 컨설턴트, 동남아중앙은행 조사국장, 2009년부터는 고려대학교 교수로서 후학 양성에 힘써 왔다. 현재 한국경제학회와 한국국제경제학회 운영이사, 아시아금융학회 회장으로 있다.

2
PART

2014년 한국경제 전망과
단기 경제정책 과제

01 | 2014년 한국경제, **호전인가 정체인가?**

한상완(현대경제연구원 전무, 총괄연구본부장)

2014년 한국경제 전망, 과연 밝기만 한가?

내수 부진 속에 외수가 경기 회복을 주도

2014년 한국경제는 경기 회복의 변곡점을 맞게 될 것이다. 그러나 내수 회복은 여전히 미약할 것이고 외수부문이 경기 회복을 주도하리라 예측된다. 예상 경제성장률은 연간 3.8%이다. 이는 2년 연속 2%대 저성장 국면을 탈피하고 잠재성장률 수준에 도달하는 수치다. 시기별로 나누어보면 상반기 3.9%, 하반기 3.6%로 상고하저 패턴을 보일 것이다.

내수부문 중 소비는 많은 회복 제약 요인을 안고 있다. 가계부채, 전셋값 급등, 고령화 등에 따라 평균소비성향이 낮아졌기 때문이다. 건설투자 중 민간 건설시장은 활성화되겠지만, 공공부문은 위축될 것으로 보인다. SOC 예산이 축소되는 등 여건이 좋지 못하기 때문이다. 종합적으로 볼 때 건설투자가 빠르게 회복되기는 어려울 것이다. 반면 설비투자는 수출경기 회복에 대한 기대치가 높아 완만하게나마 회복세를 보일 것으로 예상할 수 있다.

외수부문은 선진국 수출 증가 등에 따라 여건이 호전될 것이라 예상된다. 그러나 외수경기 회복이 가파르게 진행된다 하더라도 잠재성장률을 크게 뛰어넘는 실적성장률을 기록할 가능성은 크지 않아 보인다. 특히 회복 기대 속에 여전히 위험이 남아 있는 상태인 그레이 스완 Grey Swan의 우려가 크다. 따라서 2014년 성장률이 급락할 가능성도 전혀 배제할 수는 없는 상황이다.

회복 가능성과 위험 요인이 상존

2014년 세계경제는 미국의 출구전략에 따른 아시아 신흥국들의 외환위기 가능성, 유럽 은행 부실에 따른 금융위기 가능성, 일본 아베노믹스 실패 위험, 중국경제 경착륙 위험 등의 리스크를 안고 있다. 국내경제 역시 가계부채 붕괴의 위험이 존재한다. 이런 리스크 중 하나라도 현실화되면 세계경제는 다시 한번 위기 국면으로 추락할 것이다. 한국경제 역시 성장률 급락의 아픈 경험을 반복할 수밖에 없다.

요컨대 2014년 경제는 성장 국면으로 들어가기는 하겠지만, 그 기반은 여전히 불안한 상황임을 잊어서는 안 될 것이다.

중성장시대로 진입하는 한국경제

다소 중장기적 관점에서 보면 2014년은 한국경제가 중성장시대The Age of Moderate Growth로 진입하는 첫해가 될 것이다. 글로벌 금융위기 이후 한국경제는 평균성장률 2%대의 저성장기에 빠져 있었다. 그러나 2014년에는 3.8% 성장률을 기록하면서 저성장기를 벗어날 것이다. 하지만 이후에도 뚜렷한 성장 추진력을 회복하지 못한 채 3%대 성장을 지속하는 이른바 중성장시대로 진입하게 될 것으로 보인다.

중성장시대의 주요 특징으로는 성장 중심축 이동, 소비 여력 회복 미흡, 복지 확대에 따른 조세 부담 증가 등이 있다.

우선 경제성장의 중심축이 제조업과 수출에서 서비스업과 내수로 이동할 것이다. 현재 서비스산업의 부가가치는 전체 GDP의 약 57.5%, 고용의 68.9%를 차지하고 있다. 앞으로는 산업구조가 더 고도화되면서 그 무게중심이 서비스부문으로 이동하게 될 것이다. 이에 따라 내수의 경제성장에 대한 기여율이 점차 상승할 것으로 보인다.[1]

일자리 증가, 임금 상승, 물가 안정 등으로 가계의 소비 여력은 증가하겠지만 그 폭은 제한적일 것이다. 정부의 적극적인 일자리 확대정책으로 유연형 일자리와 시간제 일자리가 확산되고 이에 따라 가계의 소비 여력은 일부 회복될 것이다. 그렇지만 시간제 일자리 증가의 대부분이 저부가가치 또는 저숙련 취업 애로 계층으로 채워질 것으로 보인다. 그만큼 소비 회복의 폭은 제한적일 것이다.

특히 고령화의 빠른 진전에 따른 복지 수요 증가는 조세 부담 증가로 이어져 경제성장에 짐이 될 것으로 보인다. 정부의 복지 관련 예산

[그림 1] 국내경제의 장기 성장 추이와 전망

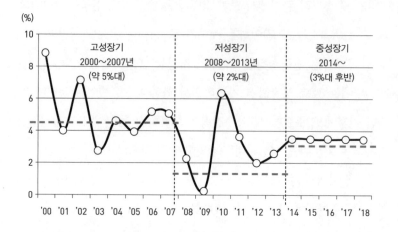

주: 2013년은 현대경제연구원, 2014년 이후는 IMF 전망치
자료: 한국은행, IMF

은 2013년 97조 4,000억 원에서 연평균 7.0%씩 계속 증가하여 2017년 127조 5,000억 원에 육박할 것으로 전망된다.[2] 이에 반해 국세수입은 빠르게 늘어나기 어려운 형편이다. 따라서 복지재원 확보를 위한 납세자들의 조세 부담 증가가 불가피할 것이다.

잠재성장률 하락세 반전시켜야

2014년은 잠재성장률의 가파른 하락세를 반전시키는 해가 되어야 한다. 1980년대 10%에 달했던 잠재성장률은 1990년대 6.0%, 2000년대 4.5%로 가파르게 하락했다. 특히 글로벌 금융위기 이후에는 3.7%까지 떨어졌으며, 앞으로도 하락세가 지속할 것이라는 예측이 많다. 그

[그림 2] 성장회계분석을 통한 성장기여도 분해

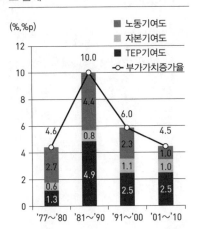

자료: 현대경제연구원이 EU-KLEMS 자료를 활용하여 성장회계분석으로 자체 추정

[그림 3] 수요 부문별 성장기여도 분해

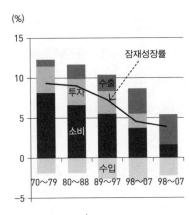

자료: 현대경제연구원이 한국은행 자료를 활용하여 자체 추정

이유는 크게 세 가지다.

가장 큰 이유는 인구 고령화와 생산가능인구 증가세 둔화에 따른 노동투입력의 약화이다. 노동의 성장기여도가 1980년대 4.4%p에서 1990년대 2.3%p, 2000년대 1.0%p로 떨어졌다. 그리고 생산가능인구가 줄어들기 시작하는 2017년부터는 마이너스로 떨어질 처지에 놓여 있다. 그러므로 여성과 고령층, 청년층 등 노동시장 바깥의 취업 애로 계층을 일터로 끌어들여 고용률을 높여야만 하락세를 늦출 수 있다.

둘째, 기술혁신과 창조성 등을 포함하는 총요소생산성TFP이 1980년대 4.9%p에서 2000년대 2.5%p로 떨어진 것이 중요한 요인이다. 이것은 창조경제를 통해 생산성을 높여야만 잠재성장률 하락세를 저지하고 선진국으로 도약할 수 있음을 시사하고 있다.

셋째, 수출 드라이브 중심의 경제발전전략으로 내수부문이 취약해진 점을 지적할 수 있다. 소비의 성장기여도는 1970년대 8.2%p에서 글로벌 금융위기 이후 1.0%p로 급락했다. 투자 역시 3.2%p에서 0%p로 급격히 떨어졌다. 반면 수출의 성장기여도는 같은 기간 1.0%p에서 3.8%p로 상승했다.

미약한 소비 증가세, 원인은 무엇인가?

소비는 미약한 회복세를 이어갈 것이다. 2013년 소비는 고용시장 개선, 자산효과, 물가 안정화에 따른 가처분소득 증가 등으로 증가세를 보였다. 하지만 그 폭은 제한적이었다. 전년 동기 대비로 볼 때 2013년 1분기 1.5%, 2분기 1.8%, 3분기 2.2% 정도로 미약한 수준이었다.

2014년에도 소비 증가세는 지속할 것이다. 소비 증가세를 이끌 요인으로는, 첫째 고용시장 개선을 들 수 있다. 실업률이 3%대 초반까지 개선되어 가계 가처분소득 증가로 이어질 것이다. 둘째, 국제 원자재가격 안정에 따른 교역조건 개선으로 실질구매력이 증가할 것이다. 셋째, 부동산시장의 자산효과를 들 수 있다. 4·1 및 8·28 부동산대책과 12·3 후속 조치에 따라 부동산시장은 점진적으로 개선되어 거래 활성화 및 가격 상승 현상이 나타날 것이다. 이와 같은 현상은 소비 견인 요인으로 작용할 것이다. 마지막으로 앞으로의 경기 회복에 대한 기대감으로 소비심리가 개선되는 측면도 한 원인으로 꼽을 수 있다.

[그림 4] 가계의 평균소비성향 및 흑자액

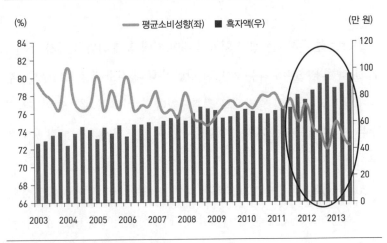

주 1: 전국, 2인 이상 가구, 신분류 기준, 분기별
주 2: 평균소비성향 = 100 × (소비지출 / 가처분소득)
주 3: 흑자액 = 가처분소득 − 소비지출
자료: 통계청

그럼에도 소비 증가세는 여전히 미약할 것으로 예상된다. 가계의 실질소득 증가에도 불구하고 절약적인 소비가 늘어나고 있기 때문이다. 절약적 소비 행태 때문에 우리 가계의 평균소비성향은 2011년 1분기 78%에서 2013년 3분기 72%로 크게 하락하고 있다.[3] 그 가장 큰 이유로 사상 최대 수준을 기록하고 있는 가계부채 부담을 들 수 있다. 우리나라 가계부채는 처분가능소득의 138% 수준까지 늘어나 가계의 원리금 상환부담을 높이고 있다. 여기에 전세가격 급등, 고용 안정성 저하 그리고 노후 대비 부족 등의 예비적 저축precautionary savings 수요가 겹치면서 가계소비가 제약을 받고 있다. 이에 따라 2014년 민간소비증가율은 연간 2.7%에 그칠 전망이다.

설비투자, 살아날 것인가?

2014년 설비투자는 경기 회복에 대한 기대 속에 완만한 증가세로 전환될 것이다. 설비투자는 2013년 상반기 내내 감소세를 보이다가 3분기에 들면서 소폭의 증가세로 전환되었다. 그런데 통계청 설비투자지수는 3분기에도 감소세를 기록했는데, 이것은 기계류가 부진했기 때문이다.

2014년에는 국내외 경기 회복에 대한 기대에 따라 설비투자 조정 압력이 상승하고 민간부문의 기계 수주가 회복될 것이다. 따라서 설비투자가 6% 후반의 증가세를 나타낼 것으로 전망된다. 설비투자 조정 압력은 2012년 1분기 이후 6분기 연속 마이너스를 기록했다. 그러나 국내외 경기 회복에 대한 기대감이 늘어 증가세로 전환될 것이다. 국내 기계 수주는 민간부문이 2013년 2분기와 3분기 증가세를 나타냈고

[표 1] 설비투자 선행지수 및 조정압력 추이(단위: %, %p)

구분	2011	2012					2013				
		1/4	2/4	3/4	4/4	연간	1/4	2/4	3/4	9월	10월
설비투자 조정압력	1.1	0.7	-1.3	-3.0	-1.5	-1.4	-2.9	-2.0	-1.6	-5.6	1.4
국내 기계수주	7.6	-1.1	-19.8	-10.4	-21.5	-13.4	-10.9	8.7	4.9	-3.1	74.4
공공 부문	-2.6	126.1	-59.7	86.7	-54.6	-11.0	-47.0	94.2	-9.7	-28.5	823.0
민간 부문	8.8	-8.7	-15.1	-16.0	-15.1	-13.6	-5.6	4.0	6.8	-1.5	30.2

주 1: 설비투자조정압력(%p) = 제조업생산증가율(%) − 제조업생산능력증가율(%)
　　2: 기계수주는 선박 제외, 2010년 불변가격 기준
자료: 통계청

10월 들어 공공부문의 수주도 크게 개선되고 있어 앞으로 설비투자 증가를 견인할 것으로 보인다. 이에 따라 2014년 설비투자는 상반기 9.8%, 하반기 3.9%, 연간 6.7% 증가하리라 예측할 수 있다.

건설투자 회복의 걸림돌은 무엇인가?

건설투자는 민간부문 중심으로 회복이 기대되지만, 공공부문이 걸림돌이 될 것으로 보인다. 2013년 건설투자는 공공부문이 부진했지만, 4·1 주택시장 정상화대책, 8·28 부동산대책 등 민간시장 활성화

[표 2] 건설수주액 증감률 추이(단위: 전년 동기 대비, %)

구분	2011	2012					2013				
		1/4	2/4	3/4	4/4	연간	1/4	2/4	3/4	9월	10월
건설투자 (국민계정)	-4.7	-0.4	-3.1	-0.3	-4.2	-2.2	2.4	7.2	8.6	-	-
건설기성 (불변)	-6.4	-4.9	-9.7	-2.3	-5.6	-5.8	5.2	15.6	11.1	5.6	16.5
건설기성 (경상)	-0.6	-0.9	-7.7	-1.3	-5.1	-4.0	5.3	15.4	11.5	5.9	17.2
공공 부문	-0.1	0.9	-5.1	-2.4	-8.7	-4.4	-5.4	5.4	6.9	-1.0	15.1
민간 부문	-2.2	-2.1	-7.5	-0.1	-1.0	-2.7	14.5	24.4	16.1	11.6	18.5
건설수주 (경상)	6.1	33.3	-0.7	-13.6	-33.1	-8.9	-41.2	-28.8	-9.0	-3.6	47.1
공공 부문	-2.0	34.3	-11.2	-18.4	-17.3	-8.8	-22.6	-5.3	-10.8	5.0	-23.4
민간 부문	12.3	40.0	4.9	-9.6	-43.1	-7.5	-46.9	-35.7	-6.5	-4.8	85.3
건축허가 면적	9.9	8.7	1.2	-7.3	-8.0	-0.5	-12.4	-14.6	-3.4	-11.2	5.9

자료: 한국은행, 통계청, 국토해양부

정책에 영향을 받은 민간 건설 활성화로 회복세를 이어갔다.

2014년에는 부동산대책 관련 법안이 국회를 통과하고 정부 후속 조치가 이어질 것이다. 이에 따라 민간주택 건설부문을 중심으로 건설 투자 활성화를 점칠 수 있다. 그러나 정부의 SOC 예산절감 계획으로 공공부문의 건설투자가 감소할 것이다. 이것은 건설투자 증가에 걸림돌이 된다. 정부는 세출절감 계획에 따라 2014년부터 보금자리주택과 SOC 예산을 중심으로 재정지출을 축소할 계획이다. 정부의 SOC 예산은 2013년 23조 9,000억 원, 2014년 23조 원, 2015년 22조 7,000억 원으로 점진적으로 축소될 것이다.

종합적으로 보자면 2014년 건설투자는 상반기 1.7%, 하반기 3.3%, 연간 2.5%의 증가가 예상된다.

대외거래, 정체기를 통과할 수 있을 것인가?

2011년 한국의 대외거래는 수출입 합산 1조 달러를 돌파했다. 그러나 그 후 수년간의 정체기를 겪었다. 2014년에 대외거래는 이런 정체기를 지나 완만한 성장세로 기조 전환이 이루어질 것이다. 2013년에는 글로벌 경기 둔화로 상반기 수출이 둔화되었지만 하반기 들어 회복세로 돌아섰다. 특히 경상수지는 글로벌 원자재가격 안정 등의 요인으로 연간 기준 700억 달러 내외의 사상 최고치의 흑자를 달성할 것이 확실시된다.

미국을 필두로 선진국 경기가 회복되고 대 중국 수출이 살아나면서

[표 3] 수출입 실적 및 무역, 경상수지 추이(단위: 억 달러, %)

구분		2011	2012					2013				
			1/4	2/4	3/4	4/4	연간	1/4	2/4	3/4	9월	10월
경상수지		261	29	134	155	162	481	100	198	190	65	95
무역수지		308	12	97	75	99	283	57	143	110	37	49
	수출 (증감률)	5,552 (19.0)	1,348 (2.9)	1,401 (-1.7)	1,331 (-5.8)	1,398 (-0.4)	5,479 (-1.3)	1,353 (0.4)	1,412 (0.7)	1,368 (2.8)	447 (-1.6)	505 (7.2)
	수입 (증감률)	5,244 (23.3)	1,337 (7.8)	1,304 (-2.9)	1,257 (-6.9)	1,298 (-1.1)	5,196 (-0.9)	1,297 (-3.0)	1,268 (-2.8)	1,259 (0.2)	410 (-3.6)	456 (5.2)

주: 수출입은 통관 기준임.
자료: 한국은행, 산업통상자원부, 무역협회

2014년 대외거래가 확대될 전망이다. 미국 경기가 살아나면서 실업률이 7%로 떨어진 데다 예산안의 원만한 타결로 정치 리스크까지 사라졌다. 이런 여건 호전으로 대미 수출이 지속적으로 증가할 것이다.

또한 유로존이 경기 부진에서 서서히 탈피하고 중국의 대 선진국 수출이 견조한 성장세로 접어들리라 예상된다. 이 역시 대외거래 회복을 위한 좋은 발판이 될 것이다.

2014년 수출은 상반기 7.5%, 하반기 9.3%로 연간 8.4%의 성장률을 기록할 전망이다. 다만 수입이 더 빨리 증가하면서 2014년 무역수지와 경상수지 흑자는 각각 399억 달러, 490억 달러를 기록하며 흑자 폭이 다소 줄어들 것이다.

소비자물가 전망

2014년 소비자물가는 1년 넘게 이어진 저물가 흐름에서 벗어나 서서히 정상 궤도로 수렴할 것이다. 그러나 상승세는 제한적일 전망이다. 2013년 1% 내외의 저물가는 공급과 수요 양 측면에서 원인을 찾을 수 있다. 우선 국제 원자재가격 하락에 따라 공급 측 물가 상승 압력이 줄어들었다. 그리고 세계 경기 회복이 지연되면서 수요 측 상승 압력도 미약했다.

2014년에는 세계 경기가 회복되면서 수요 측 물가 상승 압력이 커지고, 명목임금 상승으로 공급 측 물가 상승 압력도 다소 강해질 것이다. 게다가 2014년에는 무상보육 등 정책 변화에 따른 물가 하락 효과가 사라진다. 이는 물가 상승세에 힘을 보탤 것이다. 공공요금과 전셋값, 명목임금이 상승⁴할 것이다. 그리고 3%에 육박하는 높은 기대인플레이션율도 물가 상승을 예측할 수 있게 하는 한 요인이다.

그러나 국제 원자재가격이 하향 안정화되고 원화 강세가 지속될 것이므로 물가 상승 폭은 제한적일 것이다. 2014년 국내 소비자물가상승률은 2013년보다는 높지만, 역대 평균치보다는 낮은 2.4%로 전망된다.

[표 4] 주요 물가 지표 상승률 추이(단위: 전년 동기 대비, %)

구분	2011	2012					2013				
		1/4	2/4	3/4	4/4	연간	1/4	2/4	3/4	9월	10월
소비자물가	4.0	3.0	2.4	1.6	1.7	2.2	1.4	1.1	1.2	0.7	0.9
근원	3.2	2.5	1.6	1.4	1.3	1.6	1.4	1.5	1.4	1.6	1.8
생활	4.4	2.7	2.0	1.0	1.1	1.6	0.8	0.4	0.6	-0.3	0.2

자료: 한국은행

고용, 개선될 기미가 보이는가?

고용은 경기가 회복되고 고용 친화적 제도가 안착함에 따라 개선 추세가 이어질 것이다. 2011~2012년 경기 회복이 지연되면서 2013년 상반기 고용 사정이 크게 나빠졌었다. 그러나 2013년 하반기 들어 경기 회복세가 점차 뚜렷해지면서 고용 여건이 개선되고 있다. 그리고 새 정부는 일자리 창출을 국정운영의 중심에 두고 창업 활성화와 맞춤형 일자리대책을 시행하고 있다. 특히 양질의 시간선택제 일자리사업을 통해 중·고령층과 여성을 일터로 끌어들이는 중이다. 이에 따라 2013년 고용률이 역대 최고치인 64.2%(15~64세 기준)를 넘어서고 실업률도 3% 내외로 안정될 전망이다.

2014년 고용 상황은 밝은 편이다. 민간부문의 설비투자와 건설투자가 회복되고 수출경기가 살아나면서 신규 일자리가 확대될 전망이다. 정부의 적극적인 일자리대책 또한 고용 여건 개선에 긍정적 작용을 할 것이다. 2014년에는 신규 취업자가 40만 명 내외로 확대되면서 고용률 상승세가 계속되고, 실업률은 3% 내외로 안정될 것이다.

[표 5] 고용 관련 지표 추이(단위: 전년 동기 대비, 천 명, %)

구분	2011	2012					2013				
		1/4	2/4	3/4	4/4	연간	1/4	2/4	3/4	9월	10월
취업자증가수	415	467	430	506	342	437	257	324	421	476	588
실업률	3.4	3.8	3.3	3.0	2.8	3.2	3.6	3.1	3.0	2.8	2.7
청년층	7.6	8.2	8.1	6.8	7.0	7.5	8.4	7.9	7.9	7.8	7.5

자료: 통계청

원화가치 강세, 계속될 것인가?

2014년 원화가치가 상승하겠지만 상승 폭은 그리 크지 않으리라 보인다. 2013년 초에는 유로존 키프러스의 구제금융 신청과 이탈리아 정국 불안, 대북 리스크 확대 등으로 원화가치가 하락(원/달러 환율 상승)했다. 그러나 6월 이후 외국인 자금이 신흥국을 떠나 한국으로 유입되면서 원화가치가 상승세로 돌아섰다. 일본 아베노믹스의 무제한적 양적완화로 엔화가치가 하락한 것도 원화 강세의 한 요인이 되었다.

2014년에 원화가치는 강세를 유지할 것이다. 지속적인 경상수지 흑자와 외국인 투자자금 유입, 양호한 한국경제 펀더멘탈 등의 요인이 있다. 그러나 미국이 출구전략을 시행함으로써 달러화의 강세 전환이 예상된다. 자연스럽게 원화 강세는 완화될 것이다. 2014년 원/달러 환율은 2013년보다 소폭 하락한 1,070원으로 전망된다.

[표 6] 원/달러 및 원/100엔 환율 현황(단위: 원)

	2011	2012					2013				
		1/4	2/4	3/4	4/4	연간	1/4	2/4	3/4	9월	10월
원/달러	1,108	1,131	1,152	1,133	1,090	1,127	1,085	1,123	1,124	1,066	1,063
원/100엔	1,391	1,428	1,437	1,441	1,346	1,413	1,176	1,137	1,111	1,090	1,064

주: 평균 환율 기준
자료: 한국은행

[표 7] 2014년 주요 경제지표 전망

구분		2012	2013			2014(E)		
			상반기	하반기 (E)	연간 (E)	상반기	하반기	연간
국민계정	경제성장률(%)	2.0	1.9	3.3	2.6	3.9	3.6	3.8
	민간소비(%)	1.7	1.6	2.3	2.0	2.8	2.6	2.7
	건설투자(%)	-2.2	5.2	2.5	3.7	1.7	3.3	2.5
	설비투자(%)	-1.9	-8.2	5.8	-1.5	9.8	3.9	6.7
대외거래	경상수지(억 달러)	481	298	402	700	215	275	490
	무역수지(억 달러)	283	200	269	468	171	228	399
	수출(억 달러)	5,479	2,765	2,883	5,648	2,973	3,150	6,123
	(증가율, %)	-1.3	0.6	5.6	3.1	7.5	9.3	8.4
	수입(억 달러)	5,196	2,566	2,614	5,180	2,802	2,922	5,724
	(증가율, %)	-0.9	-2.9	2.3	-0.3	9.2	11.8	10.5
소비자물가(평균, %)		2.2	1.4	1.5	1.4	2.2	2.6	2.4
실업률(평균, %)		3.2	3.4	3.2	3.3	3.2	3.0	3.1
원/달러 환율(평균, 원)		1,127	1,101	1,095	1,098	1,080	1,060	1,070

한상완

연세대학교 행정학과를 졸업하고, 1991년 미국 뉴욕시립대학교에서 경제학 박사학위를 받았다. 1992년부터 현대경제연구원에 재직하고 있으며, 산업연구본부장, 경제연구본부장을 거쳐 현재 총괄연구본부장(전무)으로 재직 중이다. 대외적으로는 외교부 자문위원(경제외교 분야), 연합뉴스TV 자문위원 등으로 활동하고 있다. 저서 『경제를 보는 두 개의 눈』(2010) 외에 다수의 번역서가 있다.

02-01 | 2014년 우리 경기 활성화될 수 있을까?

2014년 기업투자
살아날 것인가?

한상완(현대경제연구원 전무, 총괄연구본부장)

한국경제를 이끄는 중요한 주체인 기업들은 2014년을 어떻게 전망하고 있을까? 그리고 어떤 경영계획을 세우고 있을까? 국내기업 최고경영자CEO 10명 가운데 4명은 2014년 경영계획에서 '긴축'에 방점을 찍고 있는 것으로 나타났다. 2014년 투자와 고용계획 역시 '확대'보다는 '축소'를 계획하는 비율이 높았다. 대내외 경제 불확실성 심화로 기업투자가 위축될 가능성이 있다고 분석된 것이다.

2013년 12월, 한국경영자총협회는 278개 기업(대기업 114개, 중소기업 164개)을 대상으로 '2014년 최고경영자 경제전망 조사'를 진행했다. 그 결과를 보면 경영자의 41.3%가 2014년도 경영계획 방향을 '긴축경영'으로 설정한 것으로 조사됐다. 물론 이는 2013년의 51.2%보다 9.9%p 하락한 수치다. 하지만 2012년 이후 3년 연속 '긴축경영'이 주된 기조로 나타났다.

기업들은 2014년 경제성장률을 약 3.2% 정도로 보았다. 이것은 주요 기관들의 전망 수준인 3%대 후반(한국은행 3.8%, KDI 3.7%)에 비해 보수적인 전망이다.

2014년도 투자와 고용계획을 묻는 문항에 대해서는 '2013년과 유사한 수준'이라는 응답이 가장 많았다. 그런데 투자와 고용계획 모두 '확대'보다는 '축소'를 계획하는 비율이 약간 높게 나타났다. 기업의 투자와 고용이 2014년에도 크게 개선되기는 힘들 것으로 예상되는 대목이다.

기업투자가 없다 보니 기업의 수익성 저하 현상이 심각해졌다. 그리고 기업경쟁력이 이대로 괜찮은지에 대한 우려가 쏟아지고 있다. 무엇보다 기업의 심리적 위축을 풀어줄 수 있는 분위기 조성이 필요해 보인다. 박근혜 정부가 2014년에 이것을 어떻게 이룰 것인가에 관심이 집중되고 있다.

한국경제, 투자를 기피하다

모두가 투자 활성화를 외치는 이유

기업투자는 성장과 고용의 원천이다. 기업이 투자해야 생산이 늘고 일자리도 덩달아 생겨나기 때문이다. 성장잠재력은 기업투자와 함께 커질 수 있다. 기업투자 없이 일자리를 창출하겠다는 약속은 감언이설에 불과하다. 이런 간단하면서도 분명한 사실 때문에 모두가 투자 활성화를 외친다.

[그림 1] 연도별 설비투자증가율 추이
(1971~2012)

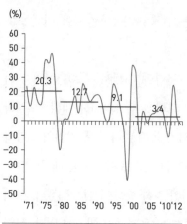

주: '71~'80, '81~'90, '91~'00, '01~'12 기간
설비투자 증가율 평균치임.
자료: 한국은행

[그림 2] 연도별 설비투자의 성장기여도
및 비중 추이(1971~2012)

주: '71~'80, '81~'90, '91~'00, '01~'12 기간
설비투자 증가율 평균치임.
자료: 한국은행

　　그런데 한국경제는 2000년대 들어 투자를 피하고 있다. 한국
의 설비투자증가율은 1971~80년에 정점을 이루었다. 무려 20.3%
에 달했던 것이다. 그리고 이후에도 비교적 높은 수준을 유지했다.
1981~90년에 12.7%, 1991~2000년에 9.1%였다. 그러나 2001~12년에
는 3.4%로 급락했다. 국내총생산GDP에 대한 설비투자의 성장기여도는
1970년대 2.2%p에서 2001~12년 0.3%p로 떨어졌다. 이와 함께 설비
투자가 GDP에서 차지하는 비중도 외환위기 이전 13.1%에서 2012년
9.7%로 줄어들었다.

기업들이 투자를 꺼리는 이유

글로벌 금융위기 이후 기업들이 투자를 꺼리는 이유는 여럿 있다. 먼저, 국내외 경기 침체로 빚어진 수요 부진을 꼽을 수 있다. 세계경기부진은 수출입 감소를 낳고, 이는 수출기업의 설비투자 부진으로 이어진다. 세계경제 성장률은 2011년 3.9%에서 2012년 3.2%로 하락했고 한국의 수출증가율 역시 2011년 19.0%에서 2012년 −1.3%로 급락했다. 여기에 덧붙어 소비 침체로 내수 경기 회복이 지연되면서 설비투자조정압력[1]이 하락하고 있다. 2010년 1분기 20%p에 육박하던 설비투자조정압력은 2011년 4분기에 마이너스로 돌아섰다. 2012년 4분기에도 −1.5%p를 기록하면서 좀처럼 투자 회복의 기미가 보이지 않고 있다.

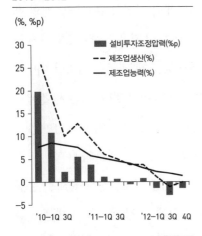

[그림 3] 분기별 설비투자조정압력 추이 2010~2012

주: 설비투자조정압력(%p) = 제조업생산증가율(%) − 제조업생산능력증가율(%)
자료: 통계청

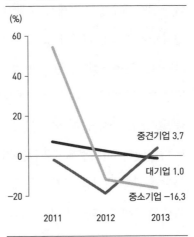

[그림 4] 기업규모별 설비투자증가율 추이 2011~2013

주: 투자액증가율은 전년 대비. 2013년은 계획치
자료: 통계청, 한국정책금융공사

특히 중소기업의 투자심리가 위축되면서 설비투자가 크게 줄어드는 상황이다. 대한상의의 최근 설문조사에 따르면 중소 제조업 300개사 중 37.7%가 경영 상황이 어렵다고 응답했고, 이에 따라 설비투자도 줄이고 있다. 중소기업의 2011년 설비투자증가율이 54.3%에 달했다. 그러나 2013년에는 −16.3%를 기록함으로써 대기업(−1.0%)과 중견기업(3.7%)보다 낮은 수준으로 떨어졌다. 중소기업의 설비투자 감소가 계속되면 생산성 하락으로 기업경쟁력이 약해진다. 그리고 경영난이 심화되면서 다시 설비투자가 줄어드는 악순환이 꼬리를 물 위험이 있는 것이다.

둘째, 각종 규제가 늘어나면서 기업들이 국내투자를 꺼리고 국외투자로 발을 돌리고 있다. 기업 규제는 증가일로에 있다. 2008년 1만 1,648건이던 등록 규제가 2013년 8월 말에는 1만 5,043건으로 증가했다. 5년간 762개의 경제적 규제[2]와 643개의 사회적 규제, 856개의 행정적 규제가 신설되었다. 그러나 폐지·완화된 것은 통틀어 258개에 불과하다. "전봇대를 뽑겠다"며 의욕적으로 규제 개혁을 외쳤던 이명박 정부 5년 동안에도 규제 증가 추세에는 변함이 없었다. 이는 새 정부가 출범한 2013년에도 마찬가지였다. 게다가 규제 강도 역시 여전한 것으로 나타났다. 현대경제연구원은 한국의 규제를 그 강도와 유형에 따라 '사전 승인 규제', '강한 기준 규제', '약한 기준 규제', '정보 규제'로 분류해서 조사해보았다. 그 결과 '사전 승인 규제'와 '강한 기준 규제'를 합한 '강한 규제' 비중은 2008년 54.8%에서 2009년 53.5%로 하락한 이후 계속 증가하여 2012년에는 54.5%까지 상승했다. 이처럼 각종 규제 때

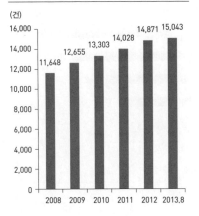

[그림 5] 연도별 누적 등록규제(공포일 기준)

(건)

11,648 (2008)
12,655 (2009)
13,303 (2010)
14,028 (2011)
14,871 (2012)
15,043 (2013.8)

자료: 규제정보포털(www.rrc.go.kr)

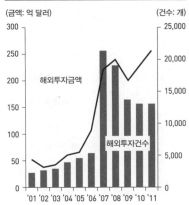

[그림 6] 해외직접투자 추이(2001~2011)

(금액: 억 달러)   (건수: 개)

해외투자금액

해외투자건수

자료: 수출입은행(실제 투자 기준)

문에 투자 여건이 크게 나빠졌다. 결과적으로 기업의 투자는 줄어든 대신 국외투자는 늘어나는 양상을 보이게 되었다. 국내기업의 국외직접투자는 2001년 25억 달러에서 2011년 256억 달러로 급증했다.

셋째, 정부정책의 모호함이 기업의 투자심리를 약화시키고 있다. 2013년 출범한 새 정부는 경기 활성화를 추구하면서도 과도한 경제민주화정책을 쏟아냈다. 이런 정부의 모순적 태도를 접한 기업들은 정부정책의 우선순위와 방향성이 모호하다고 느끼고 있다. 현대경제연구원 설문조사에 따르면, 정부의 경제민주화정책에 대해 기업의 79.2%가 "경제민주화의 취지에는 동의하나 현재의 논의는 과도한 측면이 있다"고 했고, 11.1%는 "기업활동을 위축시키므로 재고해야 한다"고 응답했다. 그 반면 "경제체질 개선과 경제발전에 도움된다"는 응답은 9.7%에 불과했다. 경제민주화정책으로 인한 부정적 영향에 대해서는 '기업

[그림 7] 기업의 투자 확대에 가장 부담이 되는 경제민주화정책

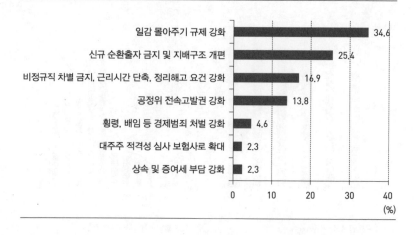

투자와 일자리 창출 의욕 위축'이 36.1%로 가장 많았고, '기업의 경쟁력 과 수익성 악화'도 26.4%에 달했다. '반 기업 정서 심화'와 '잠재성장률 저하'도 각각 27.8%와 9.7%를 차지했다. 한편 경제민주화정책 중 기업 투자 확대에 가장 부담이 되는 정책으로는 '일감 몰아주기 규제 강화' (34.6%)와 '신규 순환출자 금지 및 지배구조 개편'(25.4%)이 꼽혔다.

사실 새 정부의 경기 활성화 의지는 그 어느 정부보다도 강했다. 2013년 4월에 19조 원에 달하는 추경을 편성했을 뿐만 아니라 네 번의 투자 활성화 대책과 세 번의 부동산시장 정상화 대책을 내놓았다. 창 조경제 관련 대책도 수없이 쏟아졌다. 그런데도 정부의 정책 방향 및 우선순위에 대한 모호함 때문에 경기 활성화 대책이 빛을 발하지 못 한 것은 아쉬운 점이 크다.

2014년, 기업투자 활성화를 위한 정책 방안은 무엇인가?

2013년에는 정부지출이 경기를 이끌었다. 19조 원에 달하는 추경 편성이 이 사실을 입증한다. 하지만 2014년에도 정부지출에만 의지할 수는 없다. 정부지출이 마중물이 되어 민간부문에까지 온기가 전해져야만 한다. 그래야 경기가 회복되고 성장잠재력이 향상될 수 있기 때문이다. 그런 의미에서 2014년 경제정책은 기업의 투자심리를 살리는 데 초점이 맞춰져야 한다. 투자를 저해하는 규제가 여전하고 정부정책의 모호함이 이어진다면 기업은 투자를 주저할 수밖에 없다. 2014년에 투자를 활성화하기 위해서는 다음과 같은 노력이 필요하다.

첫째, 투자를 저해하는 규제를 대폭 정비해야 한다. 규제 개선의 대상은 폭넓게 잡아야 한다. 투자와 직접 관련된 분야에 한정해서는 안 된다. 즉 환경이나 고용·교육·보건·의료·복지·안전 관련 규제도 개선 대상에 포함되어야 한다. 물론 사회적 가치와의 조화를 염두에 두어야 할 것이다. 또한 실질적인 투자 인센티브를 패키지로 제공함으로써 실제 투자로 이어질 수 있어야 한다. 그러나 불합리한 규제로 기업투자에 지장이 초래되는 일은 없어야 할 것이다.

지금까지 새 정부는 규제 개선 중심의 투자 활성화 대책을 네 차례 내놓았다. 1차(2013년 5월)와 2차(2013년 7월)에서는 전반적인 규제 개선 방안을 발표했고, 3차(2013년 9월)에서는 환경 분야와 산업단지 분야, 4차(2013년 12월)에서는 서비스 및 고용 분야와 지자체 규제 개선 방안을 제시했다. 사업 건별로 보면 1~3차 대책에서 발표한 120건 중 29건은 완료했다. 그리고 2013년에 완료될 예정인 것은 45건, 2014년 이후 완료 예정인 것은 45건이다. 이것은 매주 경제 관계 장관 회의 등을 통해 진척 상황을 점검하고 애로사항을 개선하기 위해 노력한 결과의 산물이다. 하지만 새로운 경제 메커니즘에 대한 비전과 이행전략이 제시되지 못했고 소통 부족이 겹쳤다는 점을 지적하고 싶다. 그리고 이해관계자의 저항에 부딪혀 진전되지 못한 측면도 분명히 존재한다.

둘째, 정부정책의 최우선순위를 경기 활성화로 명확히 설정해야 한다. 경제민주화정책은 중장기적 과제로 추진함으로써 기업 부담을 흡수하는 것이 옳다. 이렇게 해야 정부정책의 불확실성을 제거할 수 있다. 명료한 정책 방향은 기업의 투자 리스크 회피 본능을 잠재우고, 방대한 유보자금이 투자로 흐르게 할 수 있다. 지난 여섯 차례의 대선 경험을 살펴보면, 대선을 전후해 기업의 설비투자가 줄어들었다가 대선 6개월 이후부터 투자가 증가하는 양상을 발견할 수 있다. 그동안 정부정책의 불확실성이 걷히기 때문이다. 그런데 이번 정부 들어서는 9개월이 지났는데도 설비투자 침체가 여전하다. 혹여 경제민주화정책이 기업투자를 위축시키는 것은 아닌지 세심하게 따져볼 일이다.

셋째, 수출기업과 제조업체가 부가가치 창출력을 높일 수 있도록 설비투자 및 연구개발투자에 대한 인센티브를 강화해야 한다. 수출업체는 연구개발투자 확대를 통해 기술경쟁력을 확보함으로써 글로벌 시장에서 고부가가치 하이앤드High End 제품으로 승부수를 던져야 한다. 또한 원천기술의 R&D 투자 확대와 산·학·연 연구 네트워크 활성화, 국제표준 선점을 통해 핵심 부품·소재산업을 육성함으로써 수출제조

[그림 8] 대선 전후의 설비투자증가율 추이(%, 전기 대비)

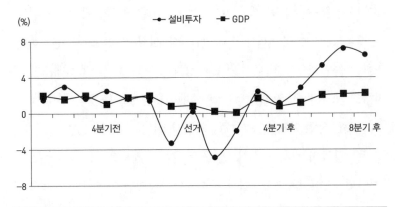

주: 1987년 이후 6차례의 설비투자 증가율(전기 대비)을 평균한 값임.
자료: 한국은행

업의 높은 수입 유발 효과 문제를 개선해야 한다.

차세대 성장의 디딤판이 될 신성장부문에 대해서도 더욱 적극적인 시장 조성과 산업화 노력이 필요하다. 글로벌 금융위기 이후 재편된 산업지도 변화를 기회로 활용할 수 있어야 한다. 그러기 위해서는 범국가적 차원의 미래 사업 육성이 더 적극 추진되어야 할 것이다. 특히 신성장부문은 첨단기술을 근간으로 삼는다. 국가 R&D 투자의 정책 추진 및 관리 통합, R&D와 사업화 연계 강화, 신기술 인력 양성 지원 등을 위해 다각적인 노력을 기울일 필요가 있다.

넷째, 내수기업과 서비스업체도 설비투자와 연구개발투자를 통해 부가가치를 높일 수 있도록 적극 지원해야 한다. 서비스산업은 대외시장 개방을 통해 경쟁력을 높여야 한다. 그리고 협소한 내수시장을 뛰어넘어 국외시장 공략에 나서야 한다. 그동안 국내시장에 안주하고 있던 교육과 의료 사업 서비스 등의 시장을 개방함으로써 글로벌 경쟁환경에 적응할 수 있도록 해야 한다. 어느 정도 경쟁력을 갖춘 유통과 물류, 통신 등의 분야에서는 적극적인 국외시장 개척 노력이 필요하다. 또한 중장기적으로 내수시장을 육성하기 위해 소비자보호제도를 강화하고 상거래제도의 투명성을 확보하며 유통구조를 개혁해야 한다.

다섯째, 창업 인프라를 확대해 기업가정신을 일깨워야 한다. 기업가정신을 함양하는 사회적 시스템을 구축하고 창의와 혁신을 바탕으로 한 창업 마인드를 확산시켜야 한다. 또한 창업단지 조성과 기술 창업인프라를 확대해서 제공하고 창업 실패 시 이를 구제하는 창업 안전망을 확대 구축해야 한다.

마지막으로, 정부의 투자지출 또한 매우 중요하다. 연간 350조 원을 초과하는 정부지출이 투자성 지출 위주로 채워진다면 한국경제의 성장잠재력이 더욱 커질 것이다. 그런 의미에서 새 정부의 재정정책 방향에는 우려스러운 측면이 보인다. 소비성 예산에 가까운 복지 관련 지출을 늘리고 성장동력 확충을 위한 지출은 크게 줄일 계획이기 때문이다. 이것을 구체적으로 살펴보면, 보건·복지·고용 분야 지출은 2013년 99조 3,000억 원에서 2017년 127조 5,000억 원으로 연 6.4%씩 늘릴 계획이다. 그 반면 R&D 분야 지출은 연 3.9% 증가(17조 1,000억 원→19조 9,000억 원)에 그칠 전망이다. 또한 산업·중소기업·에너지 분야는 연 5.7% 감소(16조 7,000억 원→13조 2,000억 원)하고 SOC 분야는 연 6.4% 감소(25조 원→19조 2,000억 원)할 것으로 보인다. 요컨대 보건·복지·고용 분야가 총지출에서 차지하는 비중이 2007년 25.9%에서 2017년 31.8%로

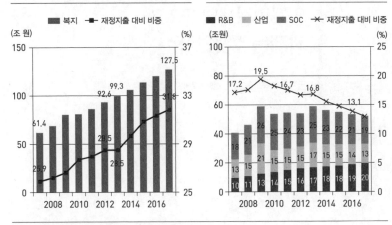

[그림 9] 복지(보건복지고용) 지출 추이

■ 복지 ─●─ 재정지출 대비 비중

(조 원)   (%)

[그림 10] 성장 관련 재정지출 추이

■ R&B ■ 산업 ■ SOC ─✕─ 재정지출 대비 비중

(조원)   (%)

주: 2012년까지는 결산 기준, 2013년부터는 정부 전망치
자료: 국회예산정책처, 기획재정부(2007년부터 12개 분야별 재정지출 자료 제공)

상승하는 반면, 성장 관련 지출의 비중은 17.2%에서 13.1%로 하락할
것으로 보여 우려를 자아내고 있다.

02-02 | 2014년 우리 경기 활성화될 수 있을까?
일자리정책의 평가와
과제는 무엇인가?

금재호(한국노동연구원 선임연구위원)

　민주노총이 2013년 12월 28일부터 총파업하기로 결의하면서 경영계는 대응책을 마련하느라 비상이 걸렸다.

　2013년 12월 18일 대법원 전원합의체가 정기상여금 등이 통상임금에 포함된다고 판결한 이후 임금체계 개선 논의가 본격적으로 이루어지길 기대했던 경영계는 노조의 강경 기류로 좌불안석이다.

　이런 상황들은 최근 우리 사회에서 벌어지는 노사 문제 중 한 예에불과하다. 노사분규는 기업투자를 얼어붙게 하는 근본 원인 중 하나로서 우리나라의 저성장 흐름에 일조하고 있다. 하지만 노동자들만 탓할 수는 없는 노릇이다. 우리나라의 복지와 연금체계가 제대로 갖춰지지 않은 현실을 인정해야 한다. 그리고 초기 임금과 피크타임 임금 간의 격차가 매우 큰 임금구조 또한 문제가 많다. 이처럼 누구에게 책임을 전가하기 어려운 것이 우리나라 고용환경의 실정이다.

현 정부는 고용률 70% 달성을 핵심적 국정 과제로 삼고 이의 달성을 위해 엄청난 노력을 기울이고 있다. OECD 국가 중 한국보다 1인당 GDP(구매력 기준)가 높은 국가들의 고용률이 2012년 69.8%이다. 따라서 고용률 70%는 한국이 선진국으로 안착하기 위한 중요한 기준의 하나가 된다. 국내경기의 침체, 세계경제의 불확실성, 본격화되는 고령화와 같은 한국경제를 둘러싼 위험 요인들을 고려할 때 하루빨리 고용률을 선진국 수준으로 높일 필요가 있다.

2017년까지 15~64세 인구의 고용률 70%를 달성하기 위해서는 5년 동안 238만 1,000명, 그리고 연평균 47만 6,000명의 일자리 증가가 필요하다. 이를 달리 표현하면 연간 2.2%의 고용 증가가 매년 달성되어야 한다는 뜻이다. 그러나 2013년 11월까지의 일자리 실적은 목표치의 절반 수준인 25만 4,000명에 불과하다. 그렇다고 정부의 고용정책을 실패로 바라보는 것은 잘못된 시각이다. 지금은 정책이 자리를 잡아가는 시기이기 때문이다. 고용률 70% 달성을 위한 정책들이 성과를 내기 위해서는 시간이 필요하다.

2017년 고용률 70% 달성을 위하여

정부는 정상적 경제환경이라면 고용이 매년 1.0% 증가할 것이라 보고 있다. 그런데 2017년에 고용률 70%를 달성하기 위해서는 매년 2.2%의 고용 증가가 필요하다. 해마다 1.2%의 일자리가 부족한 것이다. 현 정부는 이를 창조경제와 노동시장 혁신을 통해 창출한다는 계획이다. 구체적으로 보면 창조경제를 통해 매해 고용을 0.6%씩 끌어올리고, 노동시장 혁신을 통해 0.6%씩 높인다는 계획이다.

[표 1] 고용률 70% 로드맵의 정책 과제와 추진 목표

정책 과제		추진 목표
창조경제를 통한 일자리 창출	창업 창직 활성화	• 성장단계별로 투자 중심의 자금조달 체제 정착 • 직업 수 늘이기: 2017년까지 500개 추가 발굴
	혁신형 중소기업 육성	• 중견기업 육성: 1,422개('11년) → 4,000개('17년)
	서비스업 고부가가치화	• 서비스산업 생산성 향상 및 양질의 일자리 창출
	사회적 경제생태계 조성	• 사회적 경제영역의 고용비중 확대: 0.4%('13년) → 2%('17년) • 사회적 기업 수 증대: 774개('12년) → 3,000개('17년)
일하는 방식과 근로시간 개혁	장시간 근로 개선	• 실 근로시간 2,092시간('12년) → 1,900시간('17년)
	유연근무 확산	• 근로시간저축계좌제 도입 • 스마트워크 확산
	양질의 시간제 일자리 확산	• 시간제 일자리 149만 명('12년) → 242만 명('17년)
핵심인력의 고용가능성 제고	빈곤층(고용-복지 연계로 빈곤 탈출)	• 저소득층 자활성공률 28%('12년) → 40%('17년) • 비경활인구의 취업지원 프로그램 참여 획기적 확대
	여성(경력 단절 방지+재취업 지원)	• 육아휴직 시 대체인력의 사용률 제고 • 사회서비스 산업의 일자리 80만 개 창출('17년까지)
	청년(능력중심사회 구현+미스매치 해소)	• 첫 직장의 취업연령 낮추기 23.4세 → 22.9세
	장년(더 오래 일하기+재취업 지원)	• 퇴직 후 전직지원 및 생애 재설계 지원 시스템 구축 • 65세까지 일할 수 있는 기반 구축
	장애인(차별 없이 함께 일하기)	• 장애인 의무고용제로 매년 1만여 개의 장애인 일자리 확보
사회적 연대와 책임 강화	일자리 창출에 대한 사회적 연대 강화	• 일자리 창출 세부과제에 대한 사회적 대화의 지속적 추진
	차별 해소를 통한 고용의 질 제고	• 비정규직 고용안정 및 차별시정, 불법파견 근절 • 특수형태업무 종사자의 합리적 보호 • 최저임금 준수

자료: 관계부처 합동(2013.6), 「고용률 70% 로드맵」

현재 시점에서 [표 1]에 정리된 정책 과제 및 추진 목표의 성과에 대해 평가하는 것은 시기상조이다. 다만 걱정스러운 부분이 있다. 정부 정책이 기업의 고용 창출 의욕을 꺾고 있지는 않은가 하는 점이다. 기업은 노동비용이 높아지면 고용을 줄이고, 반대로 노동비용이 낮아지면 고용을 늘린다. 이런 간단하고 명확한 사실에 근거해서 생각할 필요가 있다. 만약 근로시간 단축 등 고용률 제고를 위한 정부정책이 기업의 노동비용 증가로 이어진다면 궁극적으로 일자리 창출의 감소를 초래할 것이다. 따라서 기업의 노동비용을 낮추려는 노력이 함께 추진되어야 일자리를 더 많이 만들 수 있다. 그런데 이를 위한 정책적 노력이 부족해 보인다.

한국은 제조업과 서비스업, 수출과 내수, 대기업과 중소기업 사이의 격차가 매우 크다. 이런 부분 간 격차와 더불어 대기업과 공기업 정규직 근로자를 중심으로 한 기득권층의 '자기 몫 챙기기'가 존재한다. 이로 이유로 말미암아 한국의 노동시장에는 구조적 불균형이 심해졌다. 노동시장 양극화, 비정규직 문제, 여성의 낮은 고용률, 중·장년층의 고용 불안, 근로 빈곤 등의 노동시장 문제들은 이러한 구조적 불균형의 내용이며 결과라 볼 수 있다. 모든 국민이 행복한 사회를 건설하기 위해서는 구조적 불균형을 근원적으로 해소하려는 노동시장 구조개혁이 필요하다. 따라서 고용률을 높이는 데만 치중함으로써 노동시장 구조개혁을 위한 노력을 게을리하는 일은 없어야 할 것이다.

고용률 70% 달성을 위한 정책 과제 내에서 양질의 시간제 일자리 창출과 같은 노동시장정책들은 차근차근 추진되고 있다. 반면 창조경제를 통한 일자리 창출은 그 노력과 성과가 뚜렷하지 않다. 이런 점에서 볼 때 고용률 70%의 달성 여부는 창조경제를 통해 경제 성장잠재력을 얼마나 상승시키는가에 달려 있다.

일자리 창출을 위한 정부의 재정정책: 보건복지 분야

보건복지 분야의 일자리는 정부의 재정지출에 크게 의존한다. 참여정부 이래 정부는 보건복지서비스의 확대를 위해 많은 예산을 투자했다. 그 결과 2004~2012년의 8년 동안 보건복지 분야에서 무려 80만 개 이상의 일자리가 창출되었다([그림 1] 참조).[1] 이를 구체적으로 살펴보자. 이 기간에 일자리가 총 212만 4,000개 늘어났는데, 이 중 38.1%가 보건복지 분야에서 생긴 것이다. 2013년에도 11월까지 일자리가 전년 동기 대비 37만 개 증가했는데, 41.6%인 15만 4,000개가 보건복지 분야이다. 이러한 결과는 두 가지 중요한 시사점을 준다. 첫째, 보건복지 분야에 대한 재정지출이 없었다면 취업난은 지금보다 훨씬 더 심각했을 것이다. 둘째, 보건복지 분야의 재정지출을 통한 일자리 창출이 앞으로 얼마나 더 가능할 것인가 하는 지속가능성 문제가 제기된다.

한국의 경제 수준과 정부 재정수지를 고려할 때, 보건복지 분야에 대한 재정지출 확대는 더는 바람직하지 않다. 일자리 창출을 위한 정부의 재정지출은 경제의 성장잠재력을 높이는 방향으로 이루어져야 한다. 즉 지출이 아니라 투자가 되어야 한다. 빈곤층을 위한 일자리사업이나 청년인턴제, 그리고 고용 관련 각종 보조금제도는 합리적으로

[그림 1] 2004~2012년의 산업별 취업자의 증감 규모

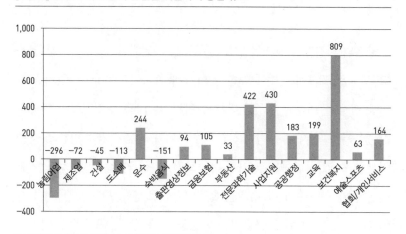

자료: 통계청, 『경제활동인구조사』, 각 연도

개선될 필요가 있다. 무분별할 정도로 많은 장려금이나 보조금은 면밀한 성과평가를 통해 통폐합해야 한다.

이러한 과정을 통해 절약한 예산을 고용서비스에 집중투자하는 것이 옳은 방향이다. 고용센터 등의 공공 고용서비스 인력과 숫자를 확대하고 서비스의 질을 내실화해야 한다. 1만 개가 훨씬 넘는 민간 고용서비스기관의 경쟁력 제고를 위해서도 채찍과 당근을 함께 써야 할 것이다. 또한 고용-복지 연계서비스의 강화를 통해 빈곤층의 취업 역량을 강화하고 복지 의존도는 낮추어야 한다. 고용-복지 연계서비스의 원활한 추진을 위해서는 정책적 혁신이 필요하다. 현재 고용은 고용노동부, 복지서비스는 보건복지부와 지자체로 이원화된 서비스 전달체계의 전면적 개혁이 이루어져야 한다.

유연하고 안정적인 임금구조를 만들어야

양질의 시간제 일자리를 만드는 주체는 기업이다. 그러나 정작 '고용률 70% 로드맵'에는 이에 대한 논의가 부족하다. 게다가 기업의 노동비용 상승을 초래할 수 있는 정책들까지 있다. 과연 기업들이 일자리 창출을 위해 실제로 움직일 것인지 염려된다. 기업의 노동비용 상승을 일으킬 수 있는 정책을 몇 가지 찾아보자. 우선 연장·휴일근로에 대한 법령 정비를 들 수 있다. 휴일근로의 연장근로 한도 포함[2], 4인 이하 사업장에 근로시간 관련 근로기준법 적용 등은 장기적으로는 바람직하다. 그러나 현재에는 기업의 노동비용 상승과 고용 창출 감소로 이어질 위험성을 안고 있다. 또한 시간제 일자리에 대한 '근로시간 비례 보호 원칙'[3] 적용이나 비정규직의 고용 안정, 직장 보육시설의 확대 등의 정책도 기업의 노동비용 상승을 불러올 가능성이 크다.

한국의 임금체계는 연공서열형 중심이어서 근속기간에 따른 임금상승 폭이 매우 크다. [표 2]에서 보는 것처럼, 생산직 기준으로 입사 1년차의 임금을 100.0이라고 하면 입사 20년이 넘으면서 임금이 241.0으로 높아진다. 이처럼 높은 임금상승률은 40대 후반 이후 중·장년층의 고용 불안이 심각해지는 주요한 이유가 된다. 높은 임금상승률은 기업의 노동비용 부담을 늘린다. 이와 함께 비정규직 관련 법령이 인사관리비용을 상승시켰다. 이런 이유 때문에 기업은 신규인력 채용에 소극적인 모습을 보인다.

여러 측면을 함께 살펴볼 때, '고용률 70% 로드맵'의 시행과 더불어

[표 2] 임금의 연공성 국제비교(남성, 제조업)

구분	근속기간	한국	스웨덴	프랑스	독일	영국	일본
관리사무 기술직	0~1년	100.0	100.0	100.0	100.0	100.9	100.0
	2~4년	130.2	110.0	110.8	105.9	107.0	120.1
	5~9년	152.6	112.3	124.9	111.3	112.0	127.7
	10~19년	178.8	127.5	126.1	119.2	113.5	162.6
	20년 이상	218.0	112.9	131.0	126.9	101.9	214.7
생산직	0~1년	100.0	100.0	100.0	100.0	100.0	100.0
	2~4년	133.1	111.6	116.1	105.8	107.7	119.7
	5~9년	163.9	110.6	122.9	111.7	112.9	135.1
	10-19년	205.6	109.5	133.5	119.8	118.0	163.9
	20년 이상	241.0	112.4	150.1	123.9	119.6	210.8

자료: 이병희 편(2008), 통계청, 『통계로 본 20년』, 한국노동연구원

기업 노동비용 부담 완화를 위한 가시적이고 실천적인 정책 추진이 필요하다. 임금직무 시스템 혁신이 대표적이다. 일하는 방식과 연공서열형 기업문화를 바꾸고 직무와 실적에 기반을 둔 평가보상 시스템을 구축해야 한다. 그렇다면 기업의 임금체계 개편을 지원하기 위한 정책 방안으로는 어떤 것이 있을까? 모범 사례의 개발과 확산, 컨설팅서비스의 제공, 장려금 지원, 세제 혜택 등을 들 수 있다.

한편 기업의 높은 임금 부담을 줄이는 근본적인 방법은 근로자의 생산성을 높이는 것이다. 이를 위해 정부는 인적자원 개발 프로그램의 개발과 제공, 인적자원 개발에 대한 지원금, 세금 감면 등의 각종 인센티브 제도를 내실화할 필요가 있다.

참여정부 때 덴마크의 유연 안정성 모형이 화두가 된 적이 있다. 한편에서는 노동시장 유연성을 확대하고 다른 한편에서는 고용 안정성을 강화하여 일자리를 창출하자는 시도였다. 그러나 결국 안정성만 강해지고 유연성은 더 약해진 결과를 초래했다. 이는 정책의 균형이 무너

졌기 때문에 빚어진 현상이다. 법과 제도를 통해 근로자의 고용을 보호하는 것은 쉽다. 정부 예산을 통해 근로자를 지원하는 각종 사업을 벌이는 것도 쉽다. 그러나 노동시장 유연화를 실행에 옮기는 것은 매우 어렵고 강력한 사회적 저항에 직면할 가능성이 크다. 쉬운 정책은 쉽게 실패한다. 유연성과 안정성의 균형을 잡는 것, 이는 매우 어렵지만 '고용률 70% 로드맵' 성공을 위해 반드시 지켜야 할 원칙이다. 기업의 임금 부담이 완화되지 않은 한 근로자의 권익 보호를 위한 정책들은 추진되어서는 안 된다.

계층별 일자리정책 과제

외환위기 이후 청년, 여성, 중·고령자, 저소득층, 장애인 등 취약 계층 고용을 위한 수많은 정책이 도입되었다. 이러한 정부 노력의 결과 한국 고용정책은 이미 선진국 수준에 도달한 것으로 평가된다. 따라서 새로운 정책을 개발하기보다 기존 정책을 효율화·합리화하는 태도가 더 중요하다. 다양한 부처로 흩어져 있는 일자리정책의 성과를 주기적으로 평가하고, 사업의 통폐합으로 숫자를 가능한 최소화해야 한다. 각종 정책과 사업의 시효를 정했다가 때가 되면 과감하게 철수하는 일몰제도 강화되어야 할 것이다.

보완되어야 할 정책 과제도 있다. 우선 보편적 무상보육 서비스로 빚어진 폐해의 수정이 요구된다. 한국의 여성고용률은 선진국에 비해 매우 낮은데 이의 가장 큰 이유로 경력 단절이 지적된다. 보육의 어려움을 경력 단절의 주된 원인으로 간주한 정부는 보육서비스의 지원을 위해 많은 노력과 예산을 투입하고 있다.[4] 그러나 경력 단절이 발생하는 주 연령대인 33~38세 여성의 고용률은 1997년의 외환위기 이후 거의 변화가 없다. 더구나 보편적 무상보육 서비스 때문에 일하는 여성이 역차별을 받는 현상까지 나타나고 있다. 즉 어린이 1인당 보육비가 보육 시간과 상관없이 똑같이 지원됨에 따라 어린이집이 일하는 부모의 아이보다 전업주부의 아이를 선호하는 경향이 생겼다. 현실을 볼 때, 보육서비스 지원은 여성의 고용 촉진을 위한 정책으로는 아무런 의미가 없다.

따라서 보편적 보육에서 고용 친화적 보육서비스로의 정책 전환이 절실하다. 부모의 취업 여부와 고용 형태, 근로시간 등에 따라 개인별 보육 수요를 반영하는 보육서비스가 제공되어야 한다. 또한 국공립 보육시설 등을 이용할 때 일하는 부모의 아동이 불이익을 받지 않도록 입소 우선순위의 실효성도 확보되어야 한다. 그리고 시간연장 보육, 24시간 보육, 휴일 보육, 가정방문 아이 돌보미 등 일하는 부모를 위한 다양한 보육서비스의 활성화도 요구된다.

청년 고용과 관련해서도 정책의 보완이 필요하다. 통계청 자료를 이용하여 청년층 이직 행태를 분석해본 결과 흥미로운 사실을 발견할 수 있었다. 청년 미취업자 및 NEET[5]의 대부분은 직장 경험이 있는 청년이었다. 이들 중 상당수가 자발적으로 이전 직장을 그만두었다. 그리고 고용 형태와 임금의 변화를 분석해보니 상당수 청년이 비정규직에서 정규직으로 이동하고 있으며, 직장 이동을 통해 임금이 상승하는 사례가 대부분이었다. 이러한 분석 결과는 우리나라 청년들이 빈번하게 '취업→사직→재취업'을 반복하고 있으며 이는 개인의 사회경제적 지위 향상을 위한 자발적 행위임을 보여준다.

청년의 빈번한 이직은 개인적으로는 합리적 선택일 수 있다. 그러나 국가경제 전체적으로는 실업이라는 비용을 발생시킨다. 따라서 진로지도의 강화, 청년에 대한 고용서비스 활성화 등을 통해 구직 기간을 줄이고 이직을 예방하도록 정책적 노력을 기울일 필요가 있다. 취업에 성공한 청년들을 위한 사후 관리와 지원도 필요하다. 이직 위험성이 높은 취업자들 대상으로 직장생활에 대한 상담서비스를 제공하고 정보를 제공함으로써 이들이 직장에 정착할 수 있게끔 지원하는 노력이 뒤따라야 할 것이다.

서비스산업의 업그레이드

한국의 2012년 전체 취업자 2,468만 1,000명 중 77.1%가 서비스산업에 종사하고 있다. 제조업에 종사하는 인력은 410만 5,000명으로 16.6%에 불과하다. 문제는 한국 제조업 종사자의 비중이 독일이나 일본에 비해서 낮다는 것이다. 독일과 일본의 제조업 종사자 비중은 2011년 각각 22.0%와 18.4%에 달했다. 독일은 강한 제조업과 건실한 중소기업(히든 챔피언)을 기반으로 새로운 혁신에 성공했다. 전통적인 제조업과 ICT(정보통신기술)를 결합한 융합산업의 발전, 환경·재생에너지 분야의 투자 확대 등의 노력이 그 결실을 맺고 있는 것이다. 한국도

[그림 2] 근로자 1인당 서비스업의 상대생산성(=서비스업 생산성/제조업 생산성) 추이

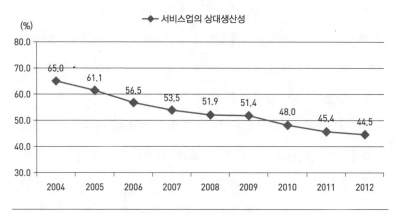

자료: 한국은행(2012), 『국민계정』; 통계청(2012), 『경제활동인구조사』

부품 및 소재산업을 중심으로 제조업을 다시 활성화시키려는 노력을 기울여야 한다. 튼튼한 제조업은 튼튼한 서비스업의 기반이다.

서비스업 종사자의 비중이 77.1%에 달하고 있지만, 이들의 생산성은 제조업 근로자에 비해 점점 하락하고 있다. [그림 2]를 보자. 제조업 근로자 1인당 생산성을 100.0이라고 할 때, 2012년 서비스업 근로자 1인당 생산성은 44.5에 불과하다. 이는 2004년의 65.0에서 크게 낮아진 수치다. 이처럼 서비스업의 낮은 상대생산성은 결국 서비스업 종사자의 낮은 임금으로 귀결된다. 또한, 서비스업에 종사하는 인력의 상당수는 근무 효용성이 없는 유휴인력일 가능성이 높다.

국내 서비스산업 수요는 주로 국민경제의 규모에 의해 결정된다. 즉 국민경제 전체의 성장이 서비스산업의 일자리 창출을 결정하는 것이다. 국민경제 규모를 뛰어넘는 일자리 창출을 위해서는 IT 등 지식기

반산업을 중심으로 한 서비스산업의 국외 진출이 이루어져야 한다. 그러나 건설 등 일부 산업을 제외하고는 외국에 진출하여 고용을 창출할 만큼의 국제경쟁력을 아직 확보하지 못하고 있다. 최근 들어 서비스 분야에서도 국외 이전off-shoring이 증가하고 있어 서비스 분야의 일자리 창출 전망을 더욱 어둡게 하고 있다.

국제경쟁력이 빈약하여 서비스업의 외국 진출이 미흡할 때 서비스산업에서 일자리를 늘리는 방법으로 두 가지를 생각할 수 있다. 정부 재정지출 확대를 통한 고용 창출과 일자리 나누기를 통한 고용 창출이 그것이다. 재정지출을 통한 일자리 창출은 주로 보건복지 분야에 집중되어 있는데, 앞에서 말한 바와 같이 일자리 창출의 지속가능성이 의문스럽다. 또한 일자리의 질이 낮다는 지적과 더불어 정부 지원에 의존함으로써 시장 기능 강화에 역행한다는 비판도 제기된다.

그러므로 서비스산업의 고용 창출은 산업의 국제경쟁력 확보를 통해 이루는 것이 바람직하다. 이를 위해서는 장기간에 걸친 지속적인 투자와 규제 완화가 필요하다. 특히 고부가가치 지식기반 서비스산업에서의 규제 혁신과 패러다임 전환이 필수적이다. 한 산업의 국제경쟁력을 확보하기 위해서는 최소한 10년 이상의 지속적인 투자가 필요하다. 정부의 노력에도 불구하고 금융, 의료, 교육, 컨설팅 등의 핵심 서비스 분야에서 한국이 국제경쟁력을 갖추고 있다는 평가는 거의 없다. 따라서 규제 완화로 국내 서비스의 질이 하락하고 비용이 증가하는 위험 부담을 감수하더라도 시장 확대 측면, 즉 외국 진출이 우선적으로 강조되어야 할 것이다.

시간제 일자리, 어떻게 정착시킬 것인가?

일자리 나누기의 대표적인 형태가 시간제 근로이다. 앞으로 인구 고령화가 본격적으로 전개되면서 인력 부족이 부족해지고 시간제 근로자 수요가 크게 늘어나리라 예상된다. 2013년 8월 임금근로자 중 시간제 비중은 10.3%로 2004년 8월 이후 계속 증가하는 추세다.

그런데 한국의 시간제 근로자는 여성, 고령자, 저학력 취약 계층이 대부분이다. 임시적 일자리에 저임금으로 종사하는 비정규직이다. 근로조건이 열악할 뿐만 아니라 법으로 정해져 있는 비례 보호의 원칙도 제대로 적용되지 않고 있다. 따라서 앞으로 시간제 일자리의 정책 과제는 양적 팽창이 아니라 질적 개선이 되어야 한다. 이를 위한 노사정의 노력이 필요하다.

일자리 질의 개선 없이는 시간제 근로의 양적 성장도 어려울 것이다. 정부는 이런 점을 고려하여 양질의 시간제 일자리 창출을 추진하고 있다. 초기에는 '양질의 시간제 일자리'가 시간제 근로자의 신규채용이 아니라 기존 정규직 근로자의 시간제 전환을 통해 이루어질 가능성이 높다. 즉 출산과 육아기의 일시적 시간제 근로, 장년층 근로자의 점진적 은퇴를 위한 시간제 근로, 휴식·교육훈련·가정 내 돌봄 등을 위한 일시적 시간제 근로 등이 시간제 근로의 활성화를 주도할 것이다.

시간제 근로의 합리적 정착을 위해서는 인사관리 시스템의 정비, 특히 근로시간 관리가 철저하게 이루어져야 한다. 그리고 시간제 확산으로 인한 기업 임금비용 부담의 해소가 반드시 필요하다. 이는 근로자

[그림 3] 시간제 근로의 비중 및 근로자수의 추이(매년 8월)

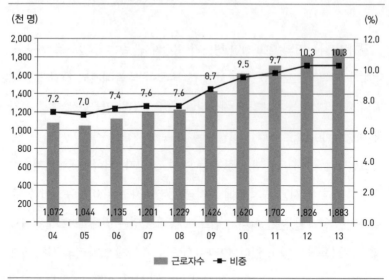

(천 명)

(%)

자료: 통계청, 「경제활동인구조사 근로형태별 부가조사」, 각 연도

의 생산성 향상과 임금직무 시스템의 조정을 요구한다. 나아가 시간제 근로에 따른 차별과 불이익이 해소되어야 한다. 승진, 보직 등에서의 불이익이 발생하지 않도록 기업의 인사 시스템을 정비해야 한다. 시간제 근로자의 고용 안정 및 시간 비례 보호 원칙도 점진적으로 적용되어야 할 것이다.

장기적 관점에서 시간제 근로의 확산을 위해서는 적정 소득 확보도 필요하다. 독일을 사례를 보면 월 450유로 이하의 미니 잡mini job에 종사하는 시간제 근로자는 사회보장 분담금이 면제된다. 이들의 임금을 정부가 일정 부분 보전하는 형태이다. 시간제 근로에 대한 부정적 인식의 해소도 필요하다. 현재 노동시장에서 시간제 일자리는 '임시적 일자리', '낮은 보수의 일자리'로 인식되고 있다. 이런 인식을 전환시키기 위해서는 비정규직의 범주를 OECD 기준으로 바꾸어야 한다. OECD는 한국과 같은 비정규직 정의를 사용하지 않는다. 다만 'Temporary Employment(일시적 고용)'라는 개념을 쓴다. 여기에서 '일시적 고용'은 근무기간이 사전에 정해진 근로 형태를 뜻한다. OECD의 일시적 고용 개념에 따르면 한국의 비정규직 정의에서 ① 기간의 정함이 없는 시간제 근로, ② 용역, ③ 특수 형태 고용, ④ 가정 내 근로 등은 제외된다. 따라서 무기 계약의 시간제 근로 등이 비정규직으로 간주되는 현상은 없어져야 할 것이다.

금재호

고용 문제를 20년 이상 연구한 경제전문가이다. 연세대학교 경제학과를 졸업하고 미국 미네소타대학교에서 노동경제학으로 경제학 박사학위를 받았다. 1995년부터 한국노동연구원에서 근무하며 노동보험연구센터 소장, 연구관리본부장, 원장 대행, 부설 고성과작업장혁신센터 소장 등을 역임했고, 지금은 선임연구위원으로 연구에만 전념하고 있다. 현재 한국노동경제학회 부회장, 고용노동부 고용보험위원회 위원, 노사정위원회 일자리위원회 공익간사, 한국경제연구학회 이사, 한국직업자격학회 이사 등의 활동을 하고 있다.

03 | 2014년 올바른 부동산 경기 활성화 대책은 무엇인가?

이용만(한성대학교 부동산학과 교수)

한국에서 부동산 이슈는 언제나 이목을 집중시키기 마련이었다. 한국 가계에서 부동산이 가장 중요한 자산이기 때문이다.

한국금융투자협회에 의하면 한국은 미국, 일본, 영국, 유럽 등에 비해 가계금융자산에서 부동산이 차지하는 비중이 매우 높다. 또한 2013년 3월에 발표된 2012년 기준 한국은행 국부조사(국가 대차대조표) 역시 같은 결론을 내린다. 이 조사를 보면 2012년 우리나라 총 국부가 약 1경 원 정도 된다. 그런데 전체 국부 중 약 7,000조 원 정도가 부동산이며 그중에서도 약 4,000조 원 정도가 주택인 것으로 나타났다. 이런 상황을 놓고 볼 때 부동산이 항상 모든 이슈의 중심에 서는 것은 당연하게 여겨진다.

최근에도 부동산에 대한 관심이 뜨겁다. 그러나 관심만큼 시장은 활성화되지 않고 있다. 정부의 4·1, 8·28 부동산대책으로 주택가격 회복 기대감이 고조되고 있지만, 여전히 지역별로나 규모별로 주택시장에서의 수급 불균형이 해소되지 않고 있다. 여기에 거시경제의 불확실성과 정책 관련 입법의 난맥상이 더해지면서 부동산 거래가 좀처럼 회복되지 않고 있다. 지역별로나 규모별로 부동산가격이 안정되거나 낮아지는 자산 디플레 현상이 장기적으로 심화되면 소비시장 위축이 확장될 수 있다.

자산 디플레 현상은 임대차시장의 불안정성을 확대하는 요인으로도 작용하고 있다. 그렇지 않아도 전세 공급자가 월세로 옮겨가면서 전세가격이 오르는 상황인데, 여기에다가 자산 디플레 현상이 장기화되면 자가수요의 위축으로 전·월세시장은 더욱 불안정해질 수밖에 없다.

그러므로 정부는 시장 수요의 변화 추세를 따라잡는 특단의 조치를 통해 부동산시장을 활성화하면서 동시에 서민의 주거 안정을 도모해야 할 것이다.

주택가격 안정과 전세가격 상승

현재 우리나라 주택시장의 특징을 한마디로 표현하자면 '주택가격 안정과 전세가격 상승'이 될 것이다. 주택가격의 안정은 구조적 요인과 수급 불균형 요인이 같이 겹쳐서 나타난 것으로 보인다. 여기서 구조적 요인이란 저출산·고령화, 1~2인 가구 증가 등과 같은 인구학적 요인을 말한다. 이 중에서는 특히 베이비붐 세대들의 은퇴가 주택가격을 하향 안정시키는 주된 요인이라는 지적이 많다. 베이비붐 세대들이 주택을 다운사이징downsizing하면서 주택가격의 하락을 이끈다는 것이다. 한편 수급 불균형 요인이란 공급 과잉 속 수요 위축을 의미한다. 현재 수도권을 중심으로 주택공급이 수요를 초과하고 있다. 그리고 글로벌 위기 여파로 노동시장이 불안정한 데다 가계부채 부담이 높아지면서 주택구입 수요가 줄었다.

현재 주택가격의 안정은 수도권에서만 나타나고 있다.[1] 미분양 주택수 역시 수도권이 훨씬 많다. 비수도권의 미분양 주택수는 2009년 이후 꾸준히 감소하여 2013년 10월 말 현재 2만 7,891호이다. 반면 수도권에서는 같은 기간 미분양 주택수가 계속 늘어났다. 현재는 비수도권보다 많은 3만 6,542호를 기록하고 있다.[2] 이런 점에서 볼 때 현재 주택가격의 안정은 구조적 요인도 요인이지만, 그보다는 수급 불균형 요인이 더 강하게 작용하고 있는 것으로 보인다. 만약 구조적 요인이 지배적이라면 이런 현상이 수도권에서만 나타날 수 없기 때문이다.

주택가격의 움직임은 지역별로 차이를 보이고 있지만, 전세가격은 전국적으로 상승하고 있다. 이런 점에서 전세가격의 상승은 지역별 수급 불균형에서 오는 문제라기보다 전국적으로 나타나는 구조적 변화 때문이라고 할 수 있다. 현재 우리나라 임대차시장은 전세시장이 축소되고 월세시장이 확대되는 구조적 변화를 겪고 있는데, 이 과정에서 전세가격이 상승하고 있는 것이다.

임대차시장에서 전세시장이 축소되고 월세시장이 늘어나는 현상의 배후에는 주택금융시장 확대가 자리를 잡고 있다. 주택금융시장이 발

[그림 1] 아파트매매가격지수 증가율(전년 동기 대비)

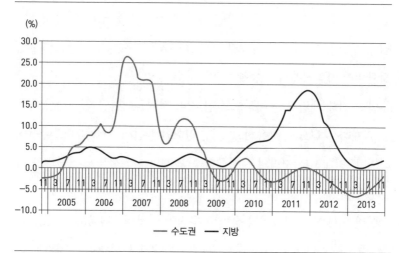

자료: 한국감정원, 전국주택가격동향조사

[그림 2] 미분양 주택수

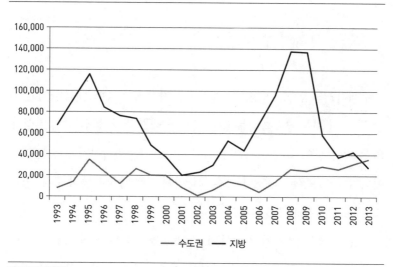

자료: 국토해양부

달하면서 기존 전세 공급자들은 전세금만큼을 차입하여 세입자에게 전세금을 돌려준 후 해당 주택을 월세로 전환할 수 있게 되었다. 전−월세 전환율(약 6~8% 내외)보다 주택담보대출 이자율(4% 내외)이 더 싼 상황이라 차익거래가 가능해진 것이다.[3]

반면 전세 세입자를 대상으로 한 저리 전세금대출은 월세시장 확대를 억제하는 힘으로 작용하고 있다. 임대인은 전세에서 월세로 바꾸려 하지만, 임대인은 저리의 전세금대출을 이용해서 전세에 머물려고 하는 것이다.[4]

이런 임대인과 임차인의 상반된 움직임이 전세가격 상승을 일으키고 있다. 게다가 주택가격 상승에 대한 기대가 하락하면서 자가로 갈 수 있는 사람들조차 임차를 선택하고 있다. 특히 이들이 전세를 선호하면서 전세가격의 불안정은 더욱 커지고 있다.

부동산정책의 두 화두

주택가격의 안정(수도권은 하락)과 전세가격의 상승에 대응하여 정부는 두 가지 화두(정책 목표)를 놓고 씨름을 해왔다. '부동산 경기 활성화'와 '주거 안정'이 그것이다. 이 두 화두는 2013년에 갑자기 등장한 것이 아니다. 두 화두는 2008년 이후 지금까지 정책 당국자들과 학자, 연구자 등을 줄기차게 괴롭혀왔다.

그동안 '부동산 경기 활성화'와 '주거 안정'이라는 정책 목표는 상충관계에 있었다. '부동산 경기 활성화'란 주택가격이 어느 정도 올라가는 것을 의미하는데, 주택가격이 상승하면 주거 안정이 훼손되는 것으로 인식되었기 때문이다.

노무현 정부의 정권 재창출 실패 원인 중 하나는 주택가격을 잡지 못한 것이다. 이를 목격했던 이명박 정부로서는 '주거 안정'이라는 정책 목표를 훼손하면서까지 부동산 경기를 활성화할 생각이 없었다. 그리고 과도한 가계부채를 적정한 수준으로 통제하지 못하면 금융 시스템 자체가 붕괴될 수 있다고 본 금융 당국자들의 판단도 '부동산 경기 활성화' 정책을 적극적으로 펼치는 데 제약 요인이 되었다.

결국 '부동산 경기 활성화' 정책은 '주거 안정'과 '가계부채 통제'라는 정책 목표 아래 매우 제한적으로 시행될 수밖에 없었다. 실제로 이명박 정부에서 '부동산 경기 활성화' 대책은 주택가격의 급락을 방지하려는 것일 뿐, 주택가격을 어느 정도 오르게 하는 데 목표를 두지 않았다.

현 정부 들어서도 주거 안정과 가계 안정이라는 두 제약 조건 하에서 정책을 펴야 한다는 구도는 크게 변하지 않았다. 그래서 2013년 전반기에 나온 정책들은 기존 정책과 큰 차이를 보이지 않았다. 다른 것이 있다면 하우스푸어에 대한 구조조정과 렌트푸어에 대한 전세자금 공급 등이 추가되었을 뿐이었다. 그러다가 2013년 중반 이후 정부의 부동산 경기 활성화 대책은 좀 더 적극적인 형태로 바뀌었다. 8·23 대책에서 1.5%대의 파격적인 금리로 대출해주는 수익공유형 모기지SAM: shared appreciation mortgage를 도입한 것이 그 대표적인 예이다.

이처럼 2013년 중반 이후 정부의 부동산 경기 활성화 대책이 변모한 이유는 주택시장구조가 변하면서 정책환경도 바뀌었기 때문이다.

[표 1] 2008년 이후 정부의 주요 부동산대책들

정부	연도	주요 대책
이명박 정부	2008	주택공급 기반강화 및 건설경기 보완 방안(2008.8.21) 도심공급 활성화 및 보금자리주택 건설 방안(2008.9.19) 경제난국 극복 종 합대책-부동산 및 건설경기 활성화(2008.11.3)
	2009	전월세 지원 방안(2009.8.23.) 서민 주거안정을 위한 보금자리주택 공급확대 방안(2009.8.27)
	2010	주택 미분양 해소 및 거래 활성화 방안(2010.4.23) 실수요 주택거래 정상화화 서민중산층 주거안정 지원 방안 (2010.8.29)
	2011	전월세시장 안정화 방안(2011.1.13) 주택거래 활성화 방안(2011.3.22) 주택시장 정상화 및 서민주거안정 지원 방안(2011.12.7)
	2012	주택거래 정상화 및 서민중산층 주거안정 지원 방안(2012.5.10)
박근혜 정부	2013	서민 주거안정을 위한 주택시장 정상화 종합대책(2013.4.1) 서민 중산층 주거안정을 위한 전월세 대책(2013.8.28) 4.1, 8.28 부동산대책 후속 조치(2013.12.3)

이전에는 주택가격 안정이 곧 주거 안정으로 인식되었었다. 그러나 현재는 자가로 전환할 수 있는 능력이 있는 사람들조차도 임차로 머물려고 하면서 전세가격이 빠르게 상승하고 있다. 이로 인해 주거 안정의 개념이 주택가격 안정에서 전세가격 안정으로 바뀐 것이다. 그리고 현재 전세가격 상승의 한 원인은 주택가격의 안정이다. 전세가격을 안정시키기 위해서는 어느 정도 부동산 경기의 활성화가 필요하다는 인식이 자리 잡기 시작한 것이다.

절반의 성공

정부의 부동산 경기 활성화 정책이 어느 정도 성공적이었는가를 평가하려면 먼저 '부동산 경기 활성화'가 무엇을 의미하는지부터 따져보아야 한다. 재고 주택의 거래량이 늘어나는 것인지, 아니면 주택가격이 상승하는 것인지, 이도 저도 아니면 주택 건설량이 늘어나는 것인지를 먼저 규정해야 한다. 그래야 정당한 평가가 가능할 것이다.

일반적으로는 재고 주택 거래량 증가와 주택가격의 상승, 그리고 신규 주택의 건설량 증가를 부동산 경기 활성화로 생각한다. 하지만 공급 과잉 때문에 부동산 경기가 침체 상태에 있는 마당에 신규주택 건설량을 늘리는 것을 정책 과제로 삼을 수는 없는 일이다. 따라서 적어도 현재 시점에서는 거래량이 늘어나고 주택가격이 상승하는 것을 부동산 경기 활성화로 간주할 수 있다.

그런데 정부는 공식적으로 '거래 활성화'를 부동산 경기 활성화로 규정하고 있다. 주택가격 상승을 정책 목표로 내걸기에는 여전히 정치적으로 부담이 크기 때문에 거래 활성화를 정책 목표로 삼은 것으로 보인다. 그렇다면 현 정부의 공식적인 목표인 '거래 활성화'가 어느 정도 이루어졌는지 살펴보자.

2013년 11월까지 아파트 거래량은 약 78만 호이다. 2012년 동기 대비 26.8% 정도 늘어난 기록이다. 가장 거래량이 적었던 시기가 2012년이었으므로 일단 거래량이 최저점을 벗어났다고 볼 수 있다. 하지만 이런 거래량 증가가 앞으로 계속 이어질지는 의문이다. 그동안 정책이 발표될 때마다 거래량이 늘었다가 얼마 후 다시 줄어드는 경향을 보여왔다. 그러므로 추가적인 대책이 차질 없이 추진된다는 확신이 서야 거래량 증가가 지속성을 가질 것이다.

[그림 3] 아파트 거래량

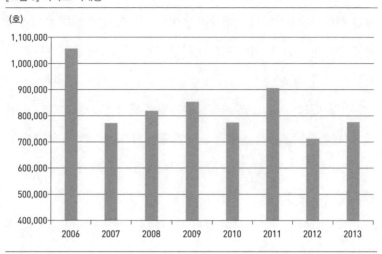

(호)

자료: 국토해양부

　주택가격 측면에서 볼 때에도 여전히 주택가격의 움직임은 양극화되어 있으며 실질가치 기준으로 계속 하락세를 보이고 있다. 주택가격의 움직임 역시 대책이 나올 때마다 상승하는 듯하다가 입법 과정에서 정책이 더 추진되지 않으면 다시금 주저앉곤 했다. 따라서 현재 가격 수준을 벗어날 수 있을지 의구심이 가시지 않고 있다.

　이렇게 보았을 때, 부동산 경기 활성화라는 정책 목표는 절반의 성공이었다고 평가할 수 있다. 거래량은 어느 정도 늘었지만 이런 추세가 지속될 것인지에 대한 확신이 없는 상태이고 주택가격은 수도권을 중심으로 하락세를 벗어나지 못한 상황이기 때문이다.

　한편 부동산정책의 또 다른 목표인 주거 안정은 절반의 성공에도 못 미치는 것으로 보인다. 주거 안정 정책 중 하우스푸어 정책의 경우 희

[그림 4] 전세자금대출 보증잔액

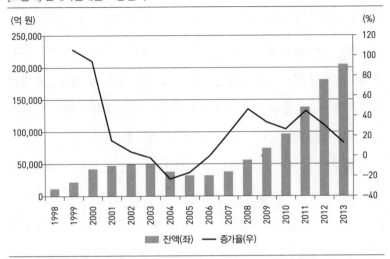

자료: 한국주택금융공사

망임대주택 리츠를 통해 약 1,000가구의 리스트럭처링restructuring이 이루어져 어느 정도 가시적 성과가 있는 것으로 나타났지만, 그 규모는 그리 크지 않다.[5] 렌트푸어 대책의 경우 더 낮은 금리로 전세자금을 공급하는 것이 주류를 이루고 있다. 그러나 이 정책은 전세가격을 올리는 또 다른 요인으로 작용하고 있기 때문에 전세가격을 안정시키기 위한 더욱 근원적인 대책이 필요한 상황이다.

주거 안정과 부동산 경기 활성화, 어떻게 조화시켜야 하나?

부동산, 그중에서 주택은 가계의 가장 큰 자산인 동시에 주거공간을 제공하는 소비재이기도 하다. 이 두 가지 성격이 같이 존재하기 때문에 주택가격 상승과 하락을 바라보는 국민의 속내는 매우 복잡하다.

주택가격이 빠르게 상승하면, 전체 가구의 약 40%에 해당하는 무주택자들이 자가 구입 가능성이 멀어지는 것에 대해 절망한다. 반대로 주택가격이 하락할 때는 주택 소유자들의 순자산이 감소한다. 이 여파로 소비가 감소하기도 하고, 더 나아가 가계가 파산하기도 한다.

이 때문에 부동산 경기 활성화 정책은 항상 조심스러울 수밖에 없다. 더군다나 노무현 정부의 실패를 목격한 정치권은 더욱 그런 입장이다. 정부나 정치권 모두 부동산가격이 지나치게 상승하는 것을 원하지 않는다. 그리고 부동산가격이 하락하는 것 또한 원치 않는다. 실질 부동산가격이 일정하게 유지될 정도로 부동산가격이 안정적으로 상승하기를 기대한다.

그러나 이것도 주거 안정이 전제되어야 가능한 일이다. 전세가격이나 월세가격이 급격히 상승하는 가운데 주택가격마저 상승한다면 무주택자들의 심리적 상실감은 엄청난 정치적 폭발력을 갖게 된다. 그래서 주거 안정이 전제되지 않으면 부동산 경기 활성화 정책이 추진동력을 잃게 된다.

이런 점에서 부동산 경기 활성화 정책이 성공하기 위해서는 주거 안정정책이 먼저 성공해야 한다. 주거 안정을 위해서는 임차인(전세 세입자든 월세 세입자든 관계없이)에 대한 조세나 금융 지원도 필요하지만, 더욱 근본적으로는 임대주택시장을 활성화시켜야 한다.

부동산 경기 활성화를 위해서는 2013년에 미완결된 분양가 상한제의 폐지나 완화, 그리고 다주택소유자에 대한 양도소득세 중과 폐지 등이 필요하기는 하다. 그러나 현재 시장 상황을 볼 때 이런 정책 수단들이 실질적으로 큰 효과를 주기는 어려워 보인다. 이런 점에서 부동산 경기 활성화 대책 역시 근본적으로는 가계의 자가 구입에 대한 지불 가능성affordability을 높이는 데 두어야 한다.[6]

주거 안정 위해선 임대주택시장 활성화시켜야

전세가격을 안정시키기 위해 사용할 수 있는 정책 수단은 그리 많지 않다. 지금과 같은 저리의 전세자금 융자 지원은 전세가격 상승에 연료를 제공하는 것과 마찬가지다. 전세 수요를 자가 수요로 돌리기 위해 저리의 수익공유형 모기지를 대량으로 공급하는 것도 위험하기는 매한가지다. 전세가격이 안정되지 않은 상태에서 주택가격이 상승하기라도 하면 부동산 경기 활성화 대책들은 추진동력을 잃게 된다.

주거 안정을 위한 근본 대책은 임대주택 공급 활성화이다. 현재 공공임대주택의 공급은 LH공사가 주로 맡고 있다. 그러나 이 회사는 약 140조 원에 이르는 부채 때문에 신규 공공임대주택을 짓기 어려운 상황이다. 공공임대주택의 공급이 현실적으로 어려운 상황에서 임대주택 공급을 늘리기 위해서는 민간임대주택 공급을 늘리는 방안밖에 없다.

정부는 민간임대주택시장을 활성화시키기 위해 그 대신 준공공임대주택제도를 2014년부터 시작한다. 시장임대료보다 낮은 임대료로 10년간 임대하되, 매년 임대료 상승률을 5% 이내로 하는 조건이다.

그 대신 준공공임대주택 사업자에게는 저리 융자를 제공하고 각종 조세 상의 혜택을 준다. 준공공임대주택제도보다는 지원이 적지만 임대사업자로 등록하면 양도소득세 중과에서 제외되고, 양도소득의 최대 40%까지 소득공제되는 매입임대사업자제도도 있다.

그러나 주택가격 상승에 대한 기대가 크지 않은 현재 상황에서 이 정도의 지원으로는 민간임대주택시장을 활성화시키기가 쉽지 않을 것이다. 공공임대주택 공급이 쉽지 않은 상태에서 민간의 임대주택 공급을 활성화시키기 위해서는 발상의 전환에 가까운 파격적인 지원이 필요하다.

예를 들어 준공공임대주택을 운영하는 리츠 투자자에 대해서는 투자액의 일정 비율을 일정 기간 세액에서 공제해주는 투자세액공제나,

[표 2] 준공공임대주택과 매입임대주택에 대한 정부지원

	준공공임대주택	매입임대사업자
임대주택 규모	85㎡ 이하	제한 없음.
의무임대기간	10년	5년
최초 임대료	시세 이하	제한 없음.
임대료 인상	연 5% 이하	연 5% 이하
융자 지원	연 2.7%	연 3.0%(예정)
취득세	65㎡ 이하 면제, 60-85㎡ 25%	좌동
재산세	40㎡ 이하 면제, 40-60㎡ 이하 50%, 60-85㎡ 이하 25% 감면	60㎡이하 50%, 60-85㎡이하 25% 감면
양도소득세	다주택자 양도소득세 중과배제 최대 60%까지 양도소득 공제	좌동 최대 40%까지 양도소득 공제
종부세	합산배제	합산배제
소득세/법인세	특별공제율 20%(추진 중)	좌동

리츠 지분을 증여하거나 상속할 때 증여세나 상속세를 큰 폭으로 감면해주는 방법을 고려해볼 수 있다. 또 다른 모델로, 토지를 소유하고 있는 사람이 준공공임대주택을 건설한 후 이를 증여하거나 상속할 경우 증여세나 상속세를 큰 폭으로 감면해주는 방안도 생각해볼 수 있다. 물론 준공공임대주택에 이런 혜택을 주는 대신, 이에 걸맞은 사회적 책임을 부여하는 것은 당연하다.

그리고 준공공임대주택 사업자가 아니라 하더라도, 매입임대사업자에게는 임대소득을 분리과세하거나 임대소득세의 일부를 감면하는 방안도 고려할 필요가 있다.

자가 거주자의 지불 가능성 높여줘야

자가 거주자에 대해서는 모기지의 지불 가능성을 높여주는 전략이 필요하다. 정부는 이미 수익공유형 모기지를 통해 자가 취득자의 지불 가능성을 높여주고 있기는 하다. 하지만 이는 생애 최초 주택 구입자에 한정된 것이다.

하우스푸어 해결의 핵심은 모기지mortgage의 원리금 지불 가능성을 높이는 것이다. 단순히 저리로 차환을 해주는 것보다는 수익공유형 모기지처럼 파격적인 금리로 차환을 해주되, 앞으로 가격 상승 시 자본이득을 일부분 포기하도록 하면 하우스푸어의 도덕적 해이 없이 원리금 지불 가능성을 높일 수 있을 것이다.

임차에서 자가로 전환하고자 하는 사람에 대해서는 다양한 유형의 모기지를 결합함으로써 자가 구입자의 지불 가능성을 높이는 것이 필요하다. 예를 들어 주택을 구입할 때 집값의 60% 정도는 일반 모기지로, 20%는 수익공유형 모기지로, 나머지 20%는 자기자본으로 자금을 조달하게 할 수 있다. 이런 방식이라면 집을 사는 사람의 소득이 낮더라도 자가 구입이 가능하다.

수익공유형 모기지의 경우 1.5%대의 금리도 가능하지만, 아예 0% 금리도 생각할 수 있다. 0% 금리의 수익공유형 모기지는 이자가 없는 대신 자본이득의 상당 부분을 만기 때 내놓도록 하면 된다. 이런 모기지로 주택을 구입한 사람은 월세 정도의 부담으로 안정적으로 주거를 유지해나갈 수 있다. 주택가격이 하락하더라도 자본 손실의 가능성이 줄어든다.[7] 물론 이런 수익공유형 모기지의 경우 정부가 가격 변동 위험을 떠안기 때문에 위험을 회피하기 위한 상품도 필요할 것이다.

주거 안정과 부동산경기 활성화는 같이 가야

2014년에도 주택가격의 안정세가 계속되는 가운데 전세가격 상승 추이 또한 여전할 것으로 보인다. 따라서 부동산 경기 활성화와 주거 안정이라는 정책 목표는 여전히 우리의 화두가 될 것이다. 이 두 목표는 깊은 연관이 있다. 부동산 경기가 활성화되기 위해서는 주거 안정이 전제되어야 한다. 주거 안정이 전제되지 않으면 부동산 경기 활성화 대책이 추진동력을 잃을 가능성이 높다.

주거 안정을 위해서는 근본적으로 임대주택의 공급이 활성화되어

[그림 5] 다양한 유형의 모기지 결합을 통한 자가 구입 방법

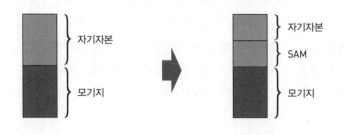

야 한다. 공공임대주택의 대부분을 공급하는 LH공사의 재무적 어려움을 고려할 때, 민간임대주택시장을 활성화시켜야 주거 안정이라는 정책 목표를 달성할 수 있을 것이다. 민간임대주택시장을 활성화시키기 위해서는 준공공임대주택 사업자나 매입임대 사업자에 대한 파격적인 지원이 필요하다. 특히 저소득층을 위해 낮은 임대료로 장기간 임대주택을 공급하는 준공공임대주택 사업자에게는 투자세액공제나 증여·상속세의 대폭 감면 등과 같은 파격적인 지원이 있어야 활성화 효과를 기대할 수 있을 것이다.

부동산 경기 활성화를 위해서는 가계의 원리금 지불 가능성을 높여 주는 정책이 필요하다. 자가 구입 희망자에게는 일반적인 모기지에다가 수익공유형 모기지를 결합하여 원리금 지불 가능성을 높이는 방안을 고려할 수 있다. 하우스푸어에 대해서도 기존 차입금을 수익공유형 모기지로 바꾸어줌으로써 이들의 원리금 지불 가능성을 높일 수 있을 것이다.

이용만

연세대학교 경제학과를 졸업하고, 동 대학원에서 석사와 박사학위를 받았다. LG경제연구원에서 책임연구원과 부연구위원으로 있으면서 국내 거시경제와 정부정책을 분석하는 일을 했다. 이후 한성대학교 부동산학과로 자리를 옮겨 부동산경제와 금융·투자 관련 강의와 연구를 주로 하고 있다. 한성대학교 부동산대학원 원장을 역임했고, 한국주택학회 회장을 역임했다. 현재는 한국부동산분석학회 회장을 맡고 있다. 『부동산정책론』(공저, 법문사) 등 다수의 저서와 논문이 있다.

04 | 증가일로의 가계부채,
현실적으로 풀어갈 대책은 무엇인가?

오정근(아시아금융학회장)

가계부채 1,000조 원 시대

2014년 한국경제의 발목을 잡을 만한 가장 큰 위험 요인은 무엇일까? 수많은 전문가가 가계부채 문제를 들고 있다. 한국경제가 성장하기 위해서는 과도한 수출 의존에서 벗어나 내수 위주로 구조 전환을 해야 하는데 가계부채가 내수 회복을 가로막기 때문이다. 가계부채 부담은 소비를 위축시킴으로써 내수 확대를 더디게 만들 뿐 아니라 금융부실을 조장하는 등 한국경제의 뇌관으로 자리 잡았다.

한국의 가계부채(가계신용=가계대출+판매신용) 규모는 이제 1,000조 원을 눈앞에 두고 있다. 2005년 말 543조 원이던 가계부채는 2013년 3분기 말 992조 원으로 증가했다. 가계부채 비중을 분석해보면 가계대출

[그림 1] 가계신용 전년 동기 대비 증감률

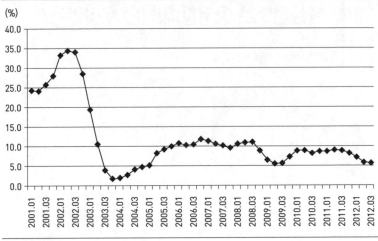

자료: 한국은행

[그림 2] 아파트가격 상승률(전년 동기 대비)

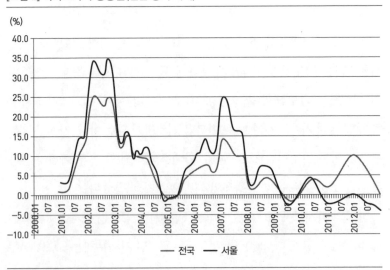

자료: 국민은행

이 938조 원이고 판매신용이 54억 원이다. 가계대출 중에서는 주택담보대출이 차지하는 폭이 크다. 48.5%인 481조 원을 기록하고 있다.

가계부채 증가율을 보면 2001~2년 중 25~35%의 폭발적인 증가율을 기록했다. 2003년에 들어서면서 증가율이 하락하기 시작하여 2004년까지 낮은 증가율에 머물렀다. 그러다 2005년 2분기부터 다시 급증하기 시작하여 미국발 글로벌 금융위기가 본격화하기 전인 2008년 3분기까지 높은 증가세를 지속했다. 그 후 미국발 금융위기로 증가율이 하락하다 2009년 4분기부터 증가율이 다시 높아지기 시작했다. 이후 가계대출 억제 대책을 본격화하기 시작하기 전인 2012년 1분기까지 높은 증가세를 지속했다.

가계부채의 원인: 주택 구입과 생계형 부채

가계부채가 증가한 원인 중 하나로 1997년 발생한 금융위기가 진정되면서 금리가 크게 낮아진 점을 들 수 있다. 그러나 실제로는 다음 두 가지가 중요한 원인이다.

첫째, 주택 구입 대출의 증가이다. 가계부채 증가율과 아파트가격 상승률을 비교해보면 둘 사이의 깊은 상관관계를 발견할 수 있다. 가계부채가 폭발적으로 증가한 2001~2002년 중에는 아파트가격 상승률도 급등하였다. 반면 2003~2004년 가계부채 증가율이 낮아진 시기에는 아파트가격 상승률도 함께 낮아졌다. 그러다 가계부채 증가율이 다시 높아진 2005~2006년 사이에는 높은 아파트가격 상승률을 기록

[그림 3] 가계신용 전년 동기 대비 증감

(십억 원)

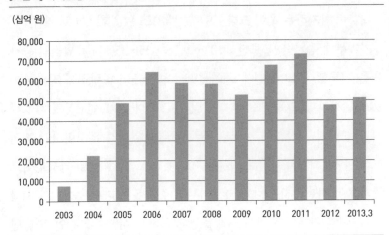

자료: 한국은행

[그림 4] 가계부채의 구성

(십억 원)

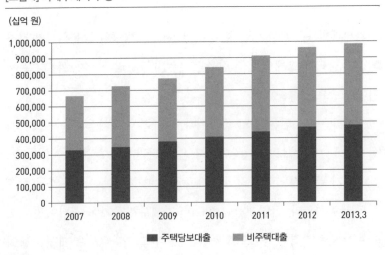

■ 주택담보대출   ■ 비주택대출

자료: 한국은행

했다. 요컨대 2001~2002년과 2005~2006년의 높은 가계부채 증가율은 아파트가격 상승을 기대한 가계의 주택 구입 목적 대출이 늘어났기 때문이라고 분석하고 있다.

둘째, 생계형 부채 증가를 들 수 있다. 앞에서 아파트가격 상승률과 가계부채 증가율이 서로 비례하는 경향이 있다고 말했다. 그러나 반드시 그런 것은 아니다. 글로벌 금융위기 이후 수도권을 중심으로 아파트 가격이 하락세를 지속했다. 그런데도 2012년 가계대출 억제 대책 본격화 이전인 2010~11년 가계부채는 크게 늘어났다. 이 현상의 배후를 분석해보면 생계형 부채 증가 현상을 발견할 수 있다. 글로벌 금융위기 이후 성장이 둔화되고 경기 침체가 장기화되었다. 이에 따라 고용이 불안해지면서 자영업자가 폭발적으로 증가했다. 이들의 소규모 창업자금 대출 등 생계형 부채 증가가 전체 가계부채 증가 추세를 이끈 것이다.

계속해서 떨어지는 가계부채 상환 여력

한국의 가계부채는 점점 늘어나는 데 반해 이를 갚은 능력은 오히려 떨어지고 있다. 이것은 가계부채 문제가 심각한 중요한 이유 중 하나다.

성장률 둔화로 소득 증가가 부채 증가를 따라잡지 못해 가계의 부채 상환 여력이 감소하고 있다. 가계의 가처분소득 대비 부채 비율은 2004년 103%에서 2012년 136%를 기록해 지속적인 상승세를 보이고 있다. 이 수준은 현재 위기를 겪고 있는 미국과 일본보다도 높다. 더 큰 문제는 2005년 이후 가계부채 증가율이 처분가능소득 증가율을 계속

[그림 5] 처분가능소득 대비 가계부채 비율

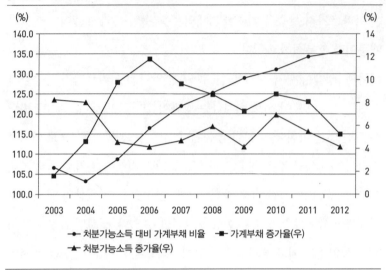

자료: 한국은행

넘어섬으로써 처분가능소득 대비 가계부채 비율이 증가하고 있다는 점이다. 이런 점을 고려해볼 때 가계부채 상환 능력을 높이기 위해서는 가계부채 증가 폭 둔화와 가계 소득 증가가 함께 뒷받침되어야 함을 알 수 있다.

가계부채 질적 악화, 규모만이 문제가 아니다

가계부채는 규모뿐만 아니라 질적으로도 나빠지고 있다. 특히 저소득 계층과 자영업자 같은 취약 계층의 부채 상환 능력이 현저히 떨어지고 있다. 소득구간별 가계대출 연체율을 보면 소득이 낮을수록 연체율

[표 1] 소득구간별 가계대출 연체율

	2천만 원 미만	2천만~3천만 원	3천만~6천만 원	6천만 원 이상
2010.03	0.5	0.5	0.4	0.3
2010.06	0.6	0.5	0.4	0.3
2010.09	0.7	0.6	0.5	0.4
2010.12	0.5	0.5	0.4	0.3
2011.03	0.6	0.5	0.4	0.3
2011.06	0.6	0.6	0.5	0.4
2011.09	0.7	0.6	0.5	0.4
2011.12	0.6	0.5	0.5	0.4
2012.03	0.8	0.7	0.6	0.4
2012.08	1.1	0.9	0.7	0.5

자료: 한국은행

[표 2] 자영업자 및 임금근로자 부채구조

	1가구당 부채 규모 (백만 원)	금융부채/ 가처분소득 (%)	금융부채/ 금융자산 (%)	DSR 40% 초과 비중 (%)	LTV 60% 초과 대출 비중 (%)
자영업자	95	219	122	14.8	27.6
임금근로자	46	126	67	8.5	13.3

자료: 한국은행

[표 3] 자영업자 및 임금근로자 가계대출 연체율

	자영업자(%)	임금근로자(%)
2009.12	0.4	0.2
2010.12	0.7	0.4
2011.12	1.0	0.6
2012.03	1.1	0.6

자료: 한국은행

이 높게 나타난다. 급격히 증가한 자영업자의 상황도 좋지 않다. 임금근로자에 비해 가구당 부채 규모, 가처분소득에 대한 금융부채 비율, 금융자산에 대한 금융부채 비율, DSR 40% 초과 비중, LTV 60% 초과 비중 등 여러 측면에서 부채 구조가 열악하다. 그 결과 높은 연체율을 보였다. 그리고 연체율은 빠른 속도로 증가하는 중이다.

통계청이 금융감독원, 한국은행과 함께 전국 2만 표본 가구를 대상으로 실시한 '2013년 가계금융복지조사'는 흥미로운 결과를 보여주었다. 먼저 직업 여건에 따라 부채 증가율 차이가 있었다. 임시 일용직 근로자의 부채 증가율은 17%이고 자영업자는 11%였다. 그러나 상용직 근로자의 부채 증가율은 2%에 지나지 않았다. 연령층에 따라서도 부채 증가율이 달랐다. 60세 이상이 12%인 데 비해 30세 미만은 9%에 그쳤다. 소득분배 구간별로는 하위 20%가 25% 증가한 반면 상위 20%는 변동이 없었다.

요컨대 상환 능력이 취약한 저소득층, 고령층, 자영업자들의 부채가 증가하고 있다고 분석할 수 있다. 이처럼 상환 여력이 취약한 계층의 부채 증가는 매우 위험하다. 경기가 더 침체되거나 현재 낮은 수준의 금리가 정상화되며 오르는 경우 원리금 상환 부담이 과중해져 부실화될 가능성이 높기 때문이다.

부채 디플레이션 우려

이와 같은 가계의 상환 여력 감소는 소비를 위축시키고 금융 부실을 증가시켜 경기침체의 큰 원인이 된다. 특히 이러한 현상이 자산가격 하락과 결합된 부채 디플레이션debt deflation으로 악화되면 장기 침체를 불러올 수 있다. 부채 디플레이션이란 자산을 구입할 때 빌린 부채는 그대로인데 자산가격이 하락함으로써 순자산이 감소하는 현상을 말한다. 미국 경제학자 어빙 피셔가 이를 대공황의 원인으로 지적했다. 이처럼 부채 디플레이션은 장기 불황의 중요한 원인이 된다. 1990년대 초부터 시작된 일본의 장기 불황 원인도 1980년대 후반부터 시작된 부채 디플레이션에서 찾는 시각이 많다. 가계 순자산이 감소하면 가계소비가 위축되어 경기가 침체된다. 이는 다시 자산가격을 하락시켜 순자산을 더욱 감소시킨다. 이런 악순환이 반복되면서 불황이 장기화한다는 것이다.

앞에서 언급한 '가계금융복지조사' 결과를 몇 가지 더 짚어보자. 2013년 3월 말 기준 가구당 평균 가계소득은 4,475만 원이다. 전년 동기 대비 5.7% 증가한 수치다. 평균 가계자산은 3억 2,557만 원으로 전년 동기 대비 0.7% 증가에 그쳤다. 그러나 가계부채는 5,818만 원으로 6.8% 증가했다. 그 결과 가구당 평균 순자산은 2억 6,875만 원으로 전년 동기 대비 0.5% 감소했다.

가구당 평균 가계소비지출 역시 전년 동기 대비 0.2% 증가에 그친 2,307만 원을 기록했다. 소득이 증가했음에도 순자산이 감소해 경제적으로 위축된 가계가 소비를 억제했기 때문이다. 특히 가계 영위에 필수불가결한 식료품 소비조차 5% 감소했다. 그뿐만 아니라 한국 가계 소비의 최고 우선순위라 할 수 있는 교육비도 3% 줄어든 현상을 보였다. 허리띠를 졸라매고 필수적 소비지출마저 줄이는 현상은 가계의 어려움이 얼마나 심각한지를 극명하게 보여주고 있다.

부동산 경기침체 지속으로 자산가격은 제자리인데 부채가 증가해 소비가 위축되는 부채 디플레이션 영향이 현실이 되는 건 아닌지 걱정스럽다. 한국의 가계부채 증가와 자산가격 하락이 부채 디플레이션으로 악화되지 않도록 대책을 마련하고 시행하는 것이 시급한 실정이다.

가계부채 연착륙 방안

가계부채가 심각하다고 해서 문제가 되는 부채를 모두 없애버리거나 갚아줄 수는 없다. 이런 해결 방안은 감당할 수 없는 비용이 들 뿐 아니라 채무자의 도덕적 해이를 조장할 수 있다. 따라서 최소한의 비용으로 연착륙시키는 방안이 바람직하다.

직접적인 연착륙 방안으로는 금융기관의 자발적인 채무 재조정과 정부의 구조조정 방안이 있다. 금융기관의 자발적인 채무 재조정으로는 채무 감면, 대출금리 인하, 상환기일 연기 등을 들 수 있다. 이 방안은 정부의 재정 부담이 없다는 장점이 있지만, 금융기관의 참여 동기가 크지 않을 수 있다.

정부의 구조조정 방안은 부실채권 매입기금을 만들어 부실채권을 매입하고 채무 일부 면제, 상환기일 연장 등 채무자의 부담을 줄여주는 형태이다. 매우 적극적인 방안이지만 정부의 재정 여력이 문제가 된다. 미국이 2008년 도입했던 부실자산 구제 프로그램Troubled Asset Relief

Program: TRAP, 최근 박근혜 정부가 시행한 국민행복기금이 이 방안의 예이다.

여기서 중요한 것은 당사자인 채권자, 채무자, 정부 또는 기금 간에 손실 분담 원칙이 고르게 적용되고 이 세 당사자가 모두 참여할 수 있는 인센티브가 주어져야 한다는 점이다. 특정 당사자의 부담이 너무 크거나 참여 인센티브가 없을 때에는 연착륙 방안이 실패함으로써 가계부채 문제가 더욱 나빠진다.

2007년 서브프라임 모기지 사태가 발생하자 미국 정부는 2007~2009년 다양한 가계부채 구조조정정책을 도입했다. 2007년에 주택 소유주 구제 프로그램이 도입되었고 2008년에는 주택 소유주 희망 프로그램, 담보대출 완화 프로그램, 가계 상환 능력 제고정책 등이 시행되었다. 그러나 이 정책들은 당사자 간 균형을 잡는 데 실패했다. 채무자에게는 과도하게 엄격한 조건이 부여되었고 채권자는 자발적으로 참여하게 했다. 게다가 협상 비용과 채무자의 재부도 위험도 컸다. 그래서 담보대출의 1.9%만이 참여함으로써 정책이 표류하고 말았다. 그 결과는 엄청난 금융위기였다.

한국에서도 가계부채 연착륙 종합 대책(2011년 6월 29일), 제2금융권 가계대출 보완 대책(2012년 2월 27일), 서민금융 지원 방안(2012년 7월 19일), 국민행복기금(2013년 3월 29일), 외환위기 당시 연대보증 채무자 지원 방안(2013년 5월 21일), 가계부채 연착륙 추진 평가와 향후 대응 방안(2013년 10월 2일) 등 다양한 노력을 기울여왔다. 그 결과 최근 가계부채 증가율이 다소 둔화되는 성과도 있었다. 그러나 여전히 증가세를 지속하는 가운데 저소득층, 자영업자, 고령 가계 등 취약 계층을 중심으로 상환 여력이 악화되는 등 실질적인 성과를 낳지 못하는 실정이다. 이러한 여건을 고려하여 다음과 같이 가계부채 연착륙을 위한 종합적인 단기 대책과 중장기 대책을 시행할 필요가 있다.

가계부채 연착륙을 위해 지금 당장 우리가 해야 할 일은?

먼저 단기 대책을 살펴보자. 첫째, 가계부채 관리를 위한 적절한 가이드라인이 필요하다. 가계부채를 너무 옥죄면 오히려 부작용이 생길 수 있다. 급전이 필요한 가계를 고금리 사채시장으로 내모는 풍선효과가 나타나고 부동산 경기가 더욱 침체될 수 있다. 그렇다고 그냥 두면 과도하게 증가해서 부채 디플레이션으로 이어지는 등 경제 전반을 위협한다. 따라서 먼저 연착륙 가이드라인을 만들고 그 가이드라인을 넘어서는 정도에 따라 강약 있는 대책을 추진할 필요가 있다.

현실적인 가이드라인으로는 가처분소득 대비 가계부채 비율을 적정 수준으로 조절하는 방안을 생각해볼 수 있다. 결국 가계가 갚아나갈 수 있는 수준 이하로 가계부채를 관리해나가는 것이 정책의 핵심이기 때문이다. 한국의 가계 처분가능소득 대비 가계부채 비율은 2012년 136%를 기록했다. 이는 미국보다 높은 수준으로 이미 위험수위를 넘었다. 이대로 가계부채 증가율이 소득 증가율보다 더 높은 추세가 계속된다면 2017년경에는 처분가능소득 대비 가계부채 비율이 200%에 도달할 것이라는 분석도 나왔다. 우선 가계부채 증가율을 낮추거나 소득 증가율을 높여 점진적으로 가처분소득 대비 가계부채 비율을 낮추어가야 한다. 구체적으로 연도별 목표 가이드라인을 제시하고 추진할 필요가 있다. 과거 관행을 탈피하지 못해 가계부채 문제를 그냥 방치하다가는 폭발을 일으킬 수 있다. 그러면 머지않아 가계부채에서 비롯된 경제위기에 직면하게 될 것이다.

둘째, 박근혜 정부가 추진하고 있는 국민행복기금과 같은 부실채권 기금을 이용한 채무 구조조정을 보다 확대할 필요가 있다. 생계형 대출의 경우 저소득층이면서 원리금상환비율DSR과 연체율이 높은 가구 등 잠재 부실가구를 대상으로 하되 그 규모를 더 넓혀야 한다. 금융위원회는 2013년 2월 말 기준으로 채무원금 1억 원 이하, 연체기간 6개월 이상인 신용대출 채무 불이행자를 대상으로 2013년 4월 22일 ~10월 말까지 기금 지원을 접수받았다. 그 결과 24만 7,000명이 신청해 그중 21만 4,000명이 지원 대상으로 확정되었다고 발표했다. 이들이 감면받는 채무액은 1~2조 원 정도가 될 것으로 추산되고 있다.

가계부채가 1,000조 원에 육박하는 상황에서 이 정도의 감면으로 가계소비를 짓누르는 가계부채 문제가 완화되기는 어렵다. 가계의 도덕적 해이 문제와 채권 금융기관의 참여 동기 등을 면밀하게 분석한 후 국민행복기금을 이용한 채무 구조조정을 더 확대함으로써 가계부채 완화에 실질적인 도움이 되도록 할 필요가 있다.

셋째, 현재 추진 중인 신용회복위원회의 사전 채무조정(프리 워크아웃), 금융기관의 자발적인 사전 채무 재조정을 더욱 활성화할 필요가 있다. 사전 채무조정은 연체기간 3개월 미만인 가계부채를 대상으로 하는 채무 재조정이다. 신용회복위원회는 2013년 중 사전 채무조정 지원자 수가 2012년의 1만 6,523명보다 크게 늘어 2009년 도입 후 처음으로 2만 명을 돌파할 것으로 전망하고 있다. 2013년 1~10월 중 은행권 주택담보대출 사전 채무조정 규모는 9조 2,044억 원, 10만 3,864건으로 2012년 한 해 전체 규모(9조 4,366억 원, 8만 5,000건)에 육박한다. 그리고 신용대출 사전 채무조정 규모도 1조 371억 원, 7만 1,692건으로 2012년의 9,464억 원, 7만 건을 넘어섰다. 아울러 채무관계가 복잡해 자발적인 사전 채무조정을 이용하기 어려운 경우에는 가계가 법원의 개인회생과 개인파산제도를 더 쉽게 이용할 수 있도록 법률적 지원을 강화할 필요가 있다.

넷째, 2008년 이후 5년째 하락하고 있는 부동산가격을 적정 수준으로 회복시켜 가계의 순자산(자산-부채)이 감소하지 않도록 해야 한다. 부동산 경기가 너무 위축되어 소득은 적은데 담보대출은 많은 주택담보대출 채무자들이 원리금 상환 부담에 고통을 받고 있다. 더구나 주택을 팔려고 해도 팔리지 않는다. 이런 상황이 타개되지 않고는 주택담보대출 문제가 해결될 수 없다. 일정 기간 압류와 경매를 연기하도록 하고 그 기간에 채무 재조정을 실시하도록 해야 한다. LTV 비율이 높으면서 연체율이 높은 주택담보대출 가구를 대상으로 한 채무 재조정이 필요하다.

다섯째, 금리 상승이 가계대출 이자 부담 급증으로 연결되지 않도록 하는 대책이 필요하다. 특히 미국의 양적완화 출구전략이 시작되면서 금리가 상승으로 반전될 전망이 나오는 현재로서는 더욱 이 점에 주의해야 한다. 가계부채도 많은데 금리까지 상승하면 채권 금융기관의 부실을 가중시켜 경제 전반에 부담을 줄 우려가 크다. 한국은행은 2014년부터 금리가 점진적으로 상승하면 2014~2017년까지 7조 원의 손실이 발생할 것으로 분석하고 있다. 현재 거치식 일시 상환 대출 비중을 줄이고 분할 상환 대출 비중을 늘려서 금리 위험과 부도 위험을 줄이는 정책이 시행 중이다. 이것을 지속적으로 추진해야 한다.

여섯째, 저소득 저신용 서민들을 위한 서민금융을 제도적으로 활성화하여 고금리 부담을 덜어주는 정책도 필요하다. 먼저 연체가 없는 가계가 주로 이용하는 미소금융 햇살론, 새희망홀씨 바꿔드림론 같은 지난 정부에서 도입된 신 서민금융을 계속 활용해야 한다. 그리고 저축은행 등 전통적인 서민금융기관의 위상을 재정립하고 더욱 활성화함으로써 고금리 사채를 이용하는 서민들이 이를 이용하도록 유도해야 한다. 아울러 서민들에게 부채의 고통에서 벗어날 수 있는 다양한 방법에 대한 정보 제공과 교육을 늘려야 한다. 예를 들어 연체가 없을 때는 서민금융을 이용하게 안내하고 6개월 미만 연체일 경우에는 사전 채무조정, 6개월 이상 연체일 경우에는 국민행복기금을 활용하게 하는 등의 부채 관리 방법 교육을 강화할 필요가 있다. 아울러 개인 워크아웃·개인회생·개인파산 등에 대한 정보 제공과 교육도 필요하다.

중장기 대책: 연금체계 개선, 일자리 창출, 비상계획 수립

다음으로 가계부채 연착륙을 위한 중장기적인 대책도 추진해야 한다.

첫째, 연금체계의 개선으로 퇴직 노령 가계의 차입 필요성을 줄여야 한다. 현재 빈약한 국민연금체계와 증가하는 가계부채는 노령층 빈곤을 더욱 악화시켜 큰 사회·경제적인 문제를 일으킬 가능성이 크다. 현재 연금 납입액 대비 보상 비율이 높은 공무원·군인연금에 대한 장기 충당 부채가 400조 원을 넘어서고 있다. 그런데 국민연금은 연금 납입액 대비 보상 비율이 낮으면서 고령화 가속에 따라 2050년경이면 기금 고갈이 예상된다. 이런 이중적 연금 체계에 대한 근본적 개선 방안이 필요한 실정이다.

둘째, 일자리를 창출함으로써 가계의 부채 상환 여력 자체를 높여야 한다. 이것이야말로 무엇보다 가장 중요한 과제이다. 국가재정 여건도 좋지 않다. 따라서 세금을 쓰는 공공부문 일자리를 늘리기보다는 투자환경을 개선하여 세금을 내는 일자리를 창출하는 것이 시급하다.

아울러 예상되는 거시경제 여건 악화에 대비한 비상계획Contingency Plan 마련도 필요하다. 미국의 양적완화 출구전략으로 금리가 상승하고 설상가상으로 원/엔 환율마저 급락해 수출이 둔화되는 등 거시경제 여건이 악화될 수 있다. 이 경우 자영업자 등 취약 계층을 중심으로 부채 상환 여력이 낮아지고 금융 부실이 증가할 우려가 있다. 이러한 거시경제 여건 악화에 대응해 시나리오별 컨틴전시 플랜을 미리 마련해두어야 할 것이다.

05-01 | 2014년 한국의 통화 및 환율정책 방향은 무엇인가?

일본형 장기 디플레 초기 현상?
2014년 한국의 통화정책 대응전략은
무엇인가?

김정식(연세대학교 상경대학장, 차기 한국경제학회 회장)

거시경제학에서는 흔히 '불가능한 삼위일체'라는 개념이 등장한다. 이는 자본자유화, 환율 안정, 자율적 통화정책의 세 가지를 동시에 달성할 수 없다는 뜻이다.

한국의 케이스를 살펴보자. 이미 한국은 자본을 자유화했고, 무역의존도가 높아 어느 정도 환율을 일정하게 관리해야 한다. 하지만 불가능한 삼위일체의 마지막 개념인 통화정책의 자율성 확보를 위한 시도도 필요하다. 이를 위해 정부는 현재까지 세계 어느 나라도 시도해 본 적이 없는 새로운 통화정책의 패러다임을 제시해야 한다고 본다.

한국이 이렇게 언뜻 보면 불가능해 보이기까지 한 신통화정책 패러다임을 제시해야 하는 이유는 무엇인가? 현재 한국이 일본형 장기 디플레의 초기 현상을 보이고 있기 때문이다. 국내소비의 감퇴, 산업구조 내부의 생산성 저하, 기업투자의 퇴조, 소비자물가 동향, 고령화 사회 현상 등 제반 요소들이 20여 년 전 일본경제의 모습을 따라가고 있다는 우려 섞인 전망이 많다. 일본과 같이 '잃어버린 20년'의 시대를 맞지 않으려면 우리에게는 어떤 통화정책 대응전략이 필요할까?

경제 여건은 끊임없이 변화하고 있다. 그리고 각국마다 경제적 특성이 다르다. 따라서 여건의 변화와 각국의 경제적 특성에 맞게 통화정책과 환율정책을 사용해야 물가를 안정시킬 수 있고 계속 성장할 수 있다. 중국은 이러한 특성과 여건의 변화를 적절히 활용하여 단기간에 1인당 GNP 6,000달러를 달성하여 G2로 성장했다. 단기간에 인구 13억 명의 1인당 GNP를 높인 데는 중국 정책 당국의 효율적인 통화정책과 환율정책 선택이 큰 역할을 했다고 볼 수 있다.

우리나라도 1980년대 후반까지는 환율 및 통화정책 선택에 성공하여 높은 성장을 이루었다. 그러나 1992년 자본자유화라는 경제 여건 변화에 충분히 대응하지 못해서 1997년과 2008년의 위기를 지났으며 최근까지 저성장 구조가 고착화되는 등 어려움을 겪고 있다. 그리고 일본의 장기 침체를 답습하지 않을까 염려하고 있다.

최근 우리는 또 다른 큰 변화에 직면하고 있다. 미국의 출구전략과 일본의 아베노믹스가 그것이다. 과거의 경험을 상기할 때 이러한 변화에 대응한 올바른 통화정책과 환율정책의 선택은 매우 중요하다. 2014년, 경기를 살리고 경제위기를 겪지 않기 위해서는 새로운 통화정책의 패러다임이 필요하며 올바른 환율정책을 선택할 필요가 있다.

미국의 출구전략과 아베노믹스

국가경제가 거시적으로 강건해지자면 대내적으로는 물가가 낮고 경기가 호황이어야 하고 대외적으로는 경상수지가 흑자를 유지해야 한다. 우리나라는 이런 때가 1980년대 후반에 있었다. 1988년 올림픽 때가 대내외적으로 경제가 좋았던 시기였다.

지금 우리 경제를 대내적으로 보면 지표 물가인 소비자물가 상승률은 1.2%로 한국은행 목표치인 3%보다 낮다. 그리고 대외적으로는 2013년 경상수지가 700억 달러 흑자를 내고 있어 국가신뢰도가 높아져 있다.

그러나 국내 경기는 침체 국면을 벗어나지 못하고 있다. 2012년 2% 성장률을 저점으로 2013년에는 2.8%의 성장률이 예상되지만 이는 잠재성장률인 3% 후반대에도 못 미치는 수준이다. 결국 거시경제적으로 볼 때 물가와 경상수지는 괜찮지만, 경기는 침체되고 일자리는 늘어나지 않는 것이 우리 경제의 가장 큰 문제라고 할 수 있다.

이러한 상황에서 2014년 1월부터 미국의 출구전략이 시행된다. 미국 연방준비은행은 그동안 매월 850억 달러씩 공급하던 양적완화정책에서 매달 100억 달러씩 줄이기로 결정했다. 그리고 하반기 이후부터는 금리도 높일 것으로 전망된다. 이렇게 미국이 출구전략을 시행한다면 그동안 늘어났던 세계 유동성이 감소할 것이다. 이에 따라 우리나라는 급격한 자본 유출로 외환위기가 우려된다. 또한 세계 경기가 재침체되면서 수출도 감소할 것이라는 걱정도 크다.

미국의 출구전략과 더불어 일본의 아베노믹스도 우리 경제에 큰 영향을 미칠 것으로 전망된다. 아베 정부는 일본경제를 부활시키기 위해 양적완화정책을 계속할 것이다. 미국의 긴축 통화정책과 더불어 일본의 확대 통화정책은 엔화의 가치를 현재보다 더 평가절하시킬 것이 분명하다. 이렇게 된다면 일본 제품과 경쟁 상태에 있는 우리 수출은 급격히 줄어들 가능성이 높다. 이에 따라 우리 경제는 위기를 겪게 될 수 있다. 경상수지 흑자로 우리 원화가 평가절상되는 데 반해 일본 엔화가 평가절하될 경우 우리 수출경쟁력이 이중으로 약화될 위험이 크다. 수출이 급감하여 경기가 침체되고 경상수지 흑자 폭이 감소해 국가신뢰도가 하락하면서 위기를 겪게 될 수도 있다.

실제로 미국이 금리를 높였던 1995년과 2005년에도 원화는 평가절상되고 엔화는 평가절하되면서 경상수지 흑자 폭이 축소되었다. 그 결과 우리는 1997년과 2008년 위기를 겪었던 경험이 있다.

불가능한 삼위일체의 함정 그리고 자본자유화

자본자유화 시대에 외환위기를 피하는 방법은 무엇인가? 환율을 안정시켜 수출을 늘리고 유동성을 조절해서 물가를 안정시킬 수 있는 독립적인 통화정책을 사용할 수 있어야 한다. 그러나 실제로 1992년 자본자유화 이후 우리는 환율을 안정시키고 동시에 유동성을 독자적으로 조절할 수 있는 통화정책을 사용하기 어렵게 되었다. 이는 우리나라가 이른바 '불가능한 삼위일체impossible trinity, unholly trinity'의 함정에 빠져 있기 때문이다.

우리는 이미 자본자유화를 했으며 수출 증대를 위해 환율을 적정 수준으로 유지하기를 원하고 있다. 그리고 유동성도 독자적으로 관리하고 싶어 한다. 세 가지 목표를 함께 원하는 것이다. 그러나 미국이 출구전략을 추진하듯 선진국이 금리를 높일 때 우리 경기 침체를 고려해서 금리를 높이지 않는다면 자본 유출로 환율은 높아져 수출은 늘어날 수 있으나 유동성이 감소해 금리 인하의 효과가 나타나기 어렵게 된다. 독립적인 통화정책을 사용할 수 없는 것이다. 그런데 금리를 높이면 자본 유입으로 환율이 하락하면서 수출 증대를 위한 적정 환율을 유지할 수 없게 된다. 즉 삼위일체의 함정에 빠진다.

이러한 사례 외에도 자본자유화를 했을 때 통화정책의 효율성이 떨어지는 현상을 쉽게 발견할 수 있다. 과거에는 금리를 높이면 시중 유동성이 감소했으나 지금은 국내 금리가 외국 금리보다 높은 경우 외국으로부터 자본 유입으로 유동성이 오히려 늘어날 수 있다. 유동성 관리를 위한 금리정책의 효율성과 독립성이 자본자유화 때문에 크게 떨어지는 것이다. 이러한 현상은 우리나라와 같이 규모가 작은 소국에서 더 많이 발생한다. 따라서 자본자유화와 같은 통화정책의 중요한 여건이 변화했을 때 중앙은행은 변화된 여건에 적합한 새로운 통화정책의 패러다임을 구축해야 한다. 과거 폐쇄경제 하에서의 통화정책을 그대로 사용한다면 유동성 관리에 실패하고 물가 안정도 기할 수 없게 되기 때문이다.

일본형 저성장·저물가의 가능성

물가 상승의 구조 역시 크게 변화하고 있다. 과거에는 고성장으로 인한 수요 견인으로 물가가 높아졌다. 그러나 최근 저성장구조가 고착화되면서 물가는 비용 상승 요인에 의해 높아지고 있다. 이는 총수요를 관리하는 금리정책으로 물가를 안정시키기 어렵다는 의미다. 따라서 유통구조의 개선으로 비용 상승 요인을 억제하고 환율 조정에 의해 수입 물가가 안정될 수 있음을 나타내고 있다고 할 수 있다.

출산율 저하로 고령화가 진전되면서 젊은 층의 비중과 소비가 감소하고 저성장구조가 고착화될 경우 부동산가격의 하락과 물가 하락도 염려된다. 아직 우리 성장률이 일본처럼 제로 수준으로 처지지는 않았기에 일본형 디플레이션까지는 가지 않을 것이다. 그러나 출산율이 더욱 낮아지고 저성장구조가 고착화될 경우 일본과 같은 디플레이션이 올 것을 우려하지 않을 수 없다. 따라서 금리 조정으로 물가를 안정시키던 기존 통화정책의 패러다임을 바꾸어야 할 필요가 있다.

신통화정책 패러다임

우리나라는 선진국경제와 다른 특성을 가지고 있다. 먼저, 비교환성 통화를 가지고 있다. 선진국이 교환성 통화, 즉 국제적으로 사용할 수 있는 국제통화를 가지고 있는 반면 우리 원화는 비교환성 통화이다. 둘째, 자본자유화를 하였다. 셋째, 규모가 작은 국가이다. 그리고 네 번째 특징은 대외 의존도가 높은 국가여서 수출 증대를 위해 적정 수준의 환율 유지가 중요하다는 점이다.

통화 당국은 이러한 특징을 가진 국가에서 통화정책과 환율정책을 어떻게 운용해야 경제가 위기를 겪지 않고 대내외적 균형을 유지할 수 있는가에 대해 충분히 분석해서 새로운 통화정책 패러다임을 구축해야 한다.

신흥시장국은 금리가 선진국보다 높고 성장률도 높아 주가 상승률이 높다. 이러한 신흥시장국이 자본자유화를 할 경우 외국 투자자본이 과도하게 유입될 수 있다. 이때 환율이 하락하고 유동성은 늘어나게 된다. 이렇게 되면 수출이 감소하고 수입이 늘어나면서 경상수지는 순식간에 악화되고 경제는 위기를 겪게 된다. 자본자유화를 한 신흥시장국은 이러한 위기를 반복적으로 겪기 때문에 외환위기는 구조적이라고 할 수 있다.

신흥시장국이 이러한 외환위기를 막기 위해서는 충분한 외환 보유고를 가지고 있어야 하며 동시에 외국 자본 유입으로 과도하게 환율이 내려가는 것을 막아야 한다. 적정 환율 유지가 필요한 것이다. 또한 유동성도 기존의 금리정책으로는 관리하기 어렵다는 점을 인식해야 한다. 자본 유출입이 있는 경우 금리 인상만으로 과거와 같이 유동성을 관리하기 어렵다.

2014년 통화 및 환율정책의 방향

출구전략에 대비해 저금리정책을 써야

2014년 통화 및 환율정책의 가장 중요한 과제는 미국의 출구전략에 대응해 과도한 자본 유출로 인한 외환위기를 피하고 내수를 부양시켜 일자리를 만드는 것이다. 그리고 지나치게 높은 경상수지 흑자를 줄여 우리 원화에 대한 미국의 평가절상 압력을 방어하고, 일본의 아베노믹스로 인한 엔화의 평가절하로 우리 수출경쟁력이 하락하는 것을 막는 것이다.

환율정책과 통화정책을 수립할 때 물가는 중요한 고려 사항이다. 다행히도 2014년 경제 여건은 국제 원자재가격과 원유가격이 안정되고 있어 수입 물가나 비용 상승에 의한 물가 상승은 크게 염려하지 않아도 되는 상황이다.

이러한 상황에서 통화 및 외환 당국이 선택할 수 있는 통화정책과 환율정책의 조합은 ① 저금리+저환율 ② 저금리+고환율 ③ 고금리+저환율 ④ 고금리+고환율정책이다.

1997년 외환위기 직전 통화 당국은 1993년부터 김영삼 정부가 시행한 신경제정책으로 과도하게 풀린 유동성을 흡수하고 과열된 내수 경기를 안정시키기 위해 ③ 고금리+저환율정책을 선택했다. 그리고 이 정책 조합은 물가는 안정시킬 수 있는 정책이었으나 결국 수출 감소로 경상수지 악화를 가져와 외환위기를 초래했다.

또한 이명박 정부는 초기에 ② 저금리+고환율정책의 조합을 시행해 내수와 수출을 부양시키려고 했으나 국제 원유가격이 상승하면서 실패했다. 수입 물가가 지나치게 올라 고환율정책에 대한 비판이 이어졌기 때문이다. 그러나 그 이후 글로벌 금융위기가 초래되었지만 고환율정책으로 수출이 늘어나면서 경상수지 흑자를 유지해 외환위기를 피할 수 있었다.

이렇게 보면 환율정책과 통화정책을 사용하는 데 경제 여건, 특히 원자재가격과 원유가격이 매우 중요한 역할을 함을 알 수 있다. 수출 증대와 더불어 물가가 안정되어야 하므로 고환율정책을 사용하는 데에는 국제 원유가격과 원자재가격의 변수가 중요하게 작용한다.

2014년 경제 여건은 미국의 출구전략으로 세계 경기 회복세 지연이 전망됨에 따라 국제 원유가격과 원자재가격은 안정될 것이라 예상된다.

반면 성장률도 2013년보다는 높아지겠지만, 하반기부터 미국의 출구전략이 적극화될 것으로 보여 저성장 기조가 지속될 것으로 예측된다. 따라서 수요 견인과 비용 상승에 의한 물가 상승은 크게 염려하지 않아도 된다. 물론 그동안 공공요금 인상을 억제했기 때문에 공공요금이 현실화될 경우 비용 상승에 의한 물가 상승이 있을 수 있다. 그러나 이러한 요인은 크지 않을 것으로 추정된다.

이러한 상황에서 통화정책의 가장 큰 과제는 내수 경기를 부양시키고 가계부채의 부실을 막는 것이라고 할 수 있다. 또한 원화 평가절상 압력의 주된 원인이 되고 있는 과도한 경상수지 흑자 폭을 줄이도록 해야 한다. 이를 위해서 정책 당국이 선택할 수 있는 옵션은 환율 인하

정책이나 금리 인하정책 중의 하나를 선택하는 것이다. 환율을 인하하면 수출이 감소해 경상수지 흑자 폭을 줄일 수 있고, 금리를 인하하면 수입을 늘려 경상수지 흑자 폭을 줄일 수 있다. 그러나 현재와 같이 일본 엔화가 평가절하되어 우리 수출경쟁력의 약화가 우려되고 있는 상황에서는 수출 감소보다는 수입 증가가 우리에게 더 유리하다고 할 수 있다.

따라서 정책 당국은 저환율정책보다 저금리정책을 먼저 사용하는 것이 바람직하다. 물론 환율을 낮출 경우 수입 물가가 더욱 낮아져 내수 경기 부양에 도움을 줄 수 있다. 그러나 수출 감소로 경상수지가 지나치게 악화될 때 미국의 출구전략과 더불어 자본 유출로 외환위기를 겪을 수 있다는 점을 고려해야 한다. 이렇게 볼 때 저환율정책은 적절하지 않다.

외환 보유고 확충하고 과도한 경기침체 막아야

통화정책을 저금리정책으로 갈 경우 미국의 출구전략으로 인한 자본 유출을 우려할 수 있다. 우리가 금리를 내리고 미국이 금리를 높인다면 자본 유출이 늘어나 외환 부족을 초래할 수 있기 때문이다. 그러나 현재 과도한 자본 유입이 경상수지 흑자와 더불어 환율을 하락시키는 요인이 됨을 고려해야 한다. 따라서 감내할 수 있는 범위 내의 자본 유출은 환율 하락을 막는 데 도움을 줄 수 있으므로 금리 인하의 반대 사유가 되지 않는다고 할 수 있다. 자본 유출에 대비해서는 금리정책보다는 외환 보유고를 확충하는 방안이나 국내 경기가 과도하게 침체되지 않도록 해서 기업의 도산과 금융회사의 부실을 막는 것이 더 중요하다고 할 수 있다.

적정 환율 수준 유지해야

과거 1995년과 2005년 미국의 금리 인상 시기의 우리 원화 환율과 일본 엔화 환율의 변동 추이를 분석하면서 미국 금리가 높아졌을 때 2~3년의 시차를 두고 세계와 아시아경제가 큰 위기를 겪었다는 점을 상기할 필요가 있다. 실제로 그전에도 미국이 금리를 높일 때 남미 국가들이 외채위기를 겪었던 적이 있었다. 1995년과 2005년 미국 금리 인상 직후 일본의 엔화 환율은 지금과 같이 평가절하되었다. 미국 달러화가 강세가 되면서 엔화가 약세가 되었기 때문이다. 이번 경우는 일본의 아베노믹스로 인해 엔화 약세 추세가 더욱 강해질 것으로 전망된다. 그러나 우리 원화는 반대로 지금과 같이 강세를 보일 것이다. 그리고 1~2년 시차가 지난 후 우리 경제는 수출 감소로 위기를 겪을 것이다. 원화 강세와 엔화 약세로 수출이 급감하면서 경상수지가 악화되고 국가신뢰도가 하락하기 때문이다.

원화와 엔화가 미국 금리 인상에 서로 다른 반응을 보이는 원인은 앞으로의 연구 과제이다. 그러나 지금 추정해보자면 엔화는 교환성 통화인 국제통화이기 때문에 국제 외환시장에서 빠른 반응을 보이는 반면 우리 원화는 비교환성 통화라는 점이 그 원인일 수 있다. 그리고 일본보다 우리나라의 주가 상승률이 높아 외국인 주식투자가 많이 들어와 있고 우리 주식시장의 규모가 작아 외국인의 선호도가 높다는 점이 원인일 수도 있다.

　이러한 점을 고려하면 우리 외환 당국은 이번 미국의 출구전략에 대응하여 환율정책을 사용하는 데 있어 수출을 뒷받침하는 적정 환율을 유지하고 환율이 지나치게 하락하는 것을 막는 정책을 사용하는 것이 적절하다.

저성장시기에는 물가보다 경기

　통화정책의 패러다임은 변화해야 한다. 과거와 달리 저성장·저물가가 지속되고 있고 자본자유화로 국제 자본 이동에 의해 시중 유동성이 영향을 받는 지금과 같은 상황에서, 금리를 높여 유동성을 줄이고 물가를 안정시킨다는 과거의 통화정책 패러다임은 더는 작동하지 않는다.

　먼저 수요 견인에 의해 물가가 높아지지 않는 경우, 즉 저성장이 지속되는 상황에서 금리정책을 수립할 때는 가계부채의 이자 부담을 줄이는 것을 고려해야 한다. 과도한 금리 인상은 가계부채의 부실을 초래해 금융부실이 발생할 수 있기 때문이다.

　또한 저성장·저물가 시대에는 물가 안정보다 기업투자와 성장을 촉진시키는 데 통화정책의 초점을 둘 필요가 있다. 우리나라와 같이 연금과 복지체제가 구축되지 않은 상황에서 저성장으로 진입한다면 일자리 부족으로 복지 수요가 늘어나게 된다. 특히 고령화되고 있는 상황에서 복지 수요의 증가는 곧 국가부채로 연결되며 이는 결국 통화량 증발 요인으로 작용하게 된다. 따라서 저물가가 지속되는 경우 통화정책은, 저성장 기조에서 탈피해 일자리를 창출해 장기적으로 복지 수요를 줄이고 국가부채에 의한 통화량 증발을 피할 수 있도록 정책 목표를 설정해야 한다.

자본자유화 시대, 유동성 관리 위한 새로운 통화정책 패러다임

자본자유화 시대에는 새로운 유동성 관리가 필요하다. 유동성을 관리할 수 있는 새로운 통화정책 패러다임이 필요한 것이다. 금리를 높이는 경우 외국에서 자본이 유입되면서 과거와 달리 유동성이 늘어날 수 있다. 따라서 금리정책을 사용할 때는 유동성의 변화를 국내 신용과 외국에서의 자본 유입 부분을 구분하여 측정해야 한다. 이러한 통계를 근거로 금리정책을 실시하여 유동성 관리의 효율성을 높여야 한다.

자본 유입으로 인한 과잉 유동성을 관리하지 못하면 결국 이는 자산가격 버블로 이어진다. 그리고 자본 유출로 자산가격 버블이 붕괴되면 국가는 금융위기를 겪게 된다. 따라서 통화정책을 결정할 때는 물가 외에 부동산가격과 주가 등 자산가격을 고려해야 한다. 자산가격 버블 생성과 붕괴를 사전에 막을 수 있는 통화정책의 새로운 패러다임이 필요하다.

또한 시중 유동성은 환율과도 밀접한 관계를 갖는다. 외국의 자본 유출입이 환율이나 환율 변화의 기대에 의해 결정되기 때문이다. 따라서 금리정책과 환율정책의 적절한 조합을 통해 시중 유동성을 관리해야 한다. 우리나라와 같은 소규모 국가는 외국의 자본 유입에 의해 유동성이 크게 영향을 받으므로 통화정책의 독립성을 유지하면서 유동성 관리를 효율적으로 할 방안을 모색해야 한다.

불가능한 삼위일체 극복해야 우리가 산다

불가능한 삼위일체를 극복할 수 있는 통화정책과 환율정책을 사용해야 한다. 무역 의존도가 높은 우리나라의 특성을 고려하여 자본자유화로 과도한 자본이 유입될 때 환율이 지나치게 하락하지 않도록 적정하게 유지하는 것이 매우 중요하다. 그러나 이 경우 외환 보유고는 증가하지만, 외환시장 개입으로 통화량이 증가할 수 있다. 또한 중화sterilization를 하는 과정에서 금리가 높아질 수 있다. 따라서 통화 당국이나 외환 당국은 과도한 자본의 유입을 규제하는 정책을 사용하는 것이 1차적으로 필요하다. 그리고 외환시장 개입으로 적정 환율을 유지할 때에도 시중 유동성이 과도하게 증가하지 않도록 관리하는 노력을 할 필요가 있다.

우리 정책 당국은 이제 변화된 경제 여건과 우리나라의 경제적 특성을 고려해서 통화정책과 환율정책을 사용해야 한다. 미국과 같이 여건과 특성이 다른 국가들의 통화 및 환율 그리고 외환정책을 그대로 사용했다가는 실패할 수 있으며 금융위기나 외환위기를 초래할 수도 있다. 새로운 경제 여건에 맞는 통화정책과 환율정책의 패러다임을 구축할 때 우리 경제는 유동성 관리에 성공할 수 있고 일본과 같은 디플레이션 상황을 피할 수 있으며 지금과 같은 저성장 국면에서 벗어날 수 있다.

김정식

연세대학교 상경대학 경제학부를 졸업하고 미국 클레어몬트대학교 대학원에서 경제학 박사학위를 받았다. 국제금융과 개방거시경제를 전공했으며 환율정책과 통화정책 분야의 전문가다. 미국 하버드대학교 경제학과 객원교수와 영국 케임브리지대학교 국제학센터의 객원교수를 역임했다. 현재 연세대학교 경제학부 교수, 상경대학 학장, 경제대학원장 그리고 한국경제학회 차기 회장으로 있다.

05-02 | 2014년 한국의 통화 및 환율정책 방향은 무엇인가?

2014년 환율정책, 어떻게 될 것인가?

신민영 (LG경제연구원 수석연구위원)

박근혜 정부는 시장에서 결정되는 환율을 따르면서 외환시장 개입에 의한 고환율정책을 사용하지는 않을 것으로 보인다.

이는 이명박 정부가 출범 초기부터 고환율정책을 사용해 경기를 부양하려고 했다가 국제 유가가 오르면서 물가가 상승하는 등 많은 부작용을 겪었기 때문이다. 고환율정책으로 수출이 늘어 경상수지 흑자폭이 확대돼 대외적 건전성은 유지되었지만, 국내 수입 물가가 오르면서 내수가 감소해 국내 경기를 회복시키는 데는 실패했다.

이렇게 보면 앞으로 고환율정책을 쓸 가능성은 상당히 낮으며 환율은 적정 환율보다 낮게 운용될 가능성도 있다. 주요 선진국보다 금리와 성장률이 높은 상황에서 일본의 양적완화정책으로 외국 자본이 과다하게 유입되는 경우 외환시장에서 환율이 낮아질 것으로 예상되기 때문이다. 즉 저환율로 내수를 부양시키는 정책을 사용할 가능성이 높은 것이다.

이러한 환율정책은 박근혜 정부의 수출정책에서도 잘 나타나고 있다. 박근혜 정부는 수출을 성장의 주요 동력으로 삼고자 하고 있다. 산업통상자원부를 만든 것만 봐도 이를 잘 알 수 있다. 통상 기능을 산업과 합쳐 수출을 통해 경제 부흥을 추진하고 있는 것이다. 그러나 수출 증대는 환율을 높이기보다는 국내 물가를 안정시키고 생산성을 높여 수출경쟁력 제고를 통해 이루려고 하고 있다. 이는 최근 기획재정부가 엔저 대응 방안으로 국내 물가를 낮추고 생산성을 높이겠다고 발표한 데에서도 잘 나타나고 있다.

박근혜 정부는 환율정책의 방향을 대외적으로 공표하지는 못하지만, 내부적으로는 필요한 경우 시장 개입을 통해 적정 환율을 유지하고 엔저에 대응하며 수출을 증가시킨다는 인식을 확실히 줄 필요가 있다. 대외적 여건이 악화되고 있는 지금 환율정책을 어떻게 사용하는가는 박근혜 정부의 성패와 밀접한 관계가 있다는 것을 외환 당국이 인식해야 한다.

원화 강세가 이어지고 있다. 2013년 상반기 북한 리스크로 약세를 보이다가 버냉키의 출구전략 시사로 2013년 6월 중 달러당 1,150원대까지 올라갔던 원화는 2013년 7월부터 다시 강세 기조로 전환되었다. 2013년 10월 이후에는 한때 달러당 1,050원 선을 위협하기도 하는 등 1,050~60원 수준에서 오르내리고 있다. 2013년 12월 하순 미국이 양적완화 축소를 결정하면서 원화 환율이 달러당 1,060원 수준으로 소폭 반등했지만, 원화 절상 추세가 꺾였다고 보기는 어렵다. 단기는 물론이고 중장기적으로 원화 강세를 지속시킬 요인들이 적지 않아 보인다. 최근 원화 강세의 배경과 전망, 그리고 정책적 대응 방안을 살펴보자.

원화 환율은 앞으로 어떻게 될 것인가?

하반기 들어 원화의 강세 폭이 가장 커

2013년 하반기 들어 각국 통화는 미국 출구전략의 향방에 따라 크게 출렁거리는 모습이었다. 양적완화 축소 예상으로 미 달러화에 대해 큰 폭의 약세를 보였던 각국 통화는 2013년 9월 중순 이후 상당 부분 회복세를 나타냈다. 2013년 9월 통화정책회의에서 미 연준이 양적완화 축소에 나서지 않았고 10월에는 미국 정부의 셧다운 사태의 여파로 양적완화 축소가 늦어질 것이라는 예상이 확산되었기 때문이다. 이후 연간 경상수지 규모가 윤곽을 드러내며 원화는 더욱 강세를 보이기도 했다.

원화는 2013년 하반기 중 지속적으로 강세를 보이면서 주요 통화 중 가장 큰 폭으로 절상되었다. 2013년 6월 말 대비 10월 말 원화의 절상률은 8.3%에 달했다. 최근 경제가 회복되고 있는 유럽 지역의 통화도 대부분 상승세였지만 원화의 절상 폭이 더 컸다. 주요 교역 상대국 통화들에 대해 교역량을 가중치로 하여 평균한 종합적인 환율 수준을 나타내주는 명목실효환율 기준으로도 원화의 강세 폭은 큰 편이다.

BIS가 추계한 국가별 명목 실효 환율 자료에 의하면 원화는 3분기 중 절상 폭이 5.4%에 달한다. BIS가 명목 실효 환율을 추계하는 61개 통화 중에서 원화의 절상 폭이 가장 크다. 소비자물가 변화까지 고려한 실질실효환율 기준으로는 원화의 절상 폭이 2013년 6~9월 중 5.2%여서 베네수엘라(10.3%)를 제외하면 원화가 가장 큰 폭으로 절상된 것으로 나타난다.

원화 강세의 기본 배경은 막대한 경상수지 흑자

원화가 강세를 보이는 기본 배경은 막대한 경상수지 흑자로 외화 공급이 늘고 있기 때문이다. 2013년 10월까지 경상수지 흑자는 583억 달러에 달해 이미 2012년 전체 흑자 규모인 431억 달러를 넘어섰다.

[그림 1] 경상수지 흑자, GDP대비 5% 넘을 듯

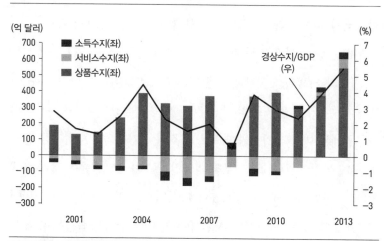

주: 2013년은 LG경제연구원의 전망치임.
자료: 한국은행, LG경제연구원

연간으로는 700억 달러에 근접할 것으로 예상된다([그림 1] 참조). 경상 GDP 대비로는 5%를 넘어 2000년대 들어 최대 규모다. 만성적인 적자 상태였던 서비스수지가 2012년에 이어 흑자를 보이고 있는 것도 경상수지 흑자를 늘리는 요인이다. 문제는 지속되고 있는 대규모 경상수지 흑자가 수출입이 동반 부진하면서 나타나는 불황형 흑자 성격이 짙다는 것이다. 원자재가격 안정도 수입 억제를 통한 경상수지 흑자 확대에 기여한 요인이다.

외국인 투자자금 유입으로 가속패달 밟은 원화 강세

대규모 경상수지 흑자는 이미 글로벌 금융위기 직후부터 나타난 현상이다. 그럼에도 그동안 원화의 절상 추세는 뚜렷하지 않았다. 2013년에는 원화가 1.7% 절하되기도 했다. 경상수지가 대규모 흑자를 보이는데도 원화 환율 조정이 빠르게 진행되지 않았던 것은 최근 몇 년간 미국과 유럽의 금융 불안 등의 요인으로 자본 유출입이 불안정했기 때문이다.

2013년 중 원화가 절하 추세를 보인 이유는 연초 불거진 북핵 리스크, 3월의 키프러스 사태와 더불어 뱅가드펀드의 벤치마크 지수 변경에 따른 영향 등으로 외국인 자금이 유출되었기 때문이다. 특히 5~6월에는 미국의 양적완화 축소 움직임이 가시화되면서 자금 유출이 크게 늘었다. 하지만 7월부터 외국인 투자자금의 흐름이 크게 바뀌었다. 상반기 중 국내 주식 매도에 나섰던 외국인 투자자들이 7월 이후 4개월째 대규모 순매수 추세를 유지했다. 미국의 양적완화 축소 움직임이 오히려 국내 주식에 대한 외국인 투자를 늘리는 요인으로 작용한 것으로 볼 수 있다. 여타 신흥국들은 구조적인 성장세 둔화와 함께 경상수지 적자, 고물가 등에 시달리면서 금융 불안 가능성이 높은 데 비해 국내경제는 점진적인 회복세를 보이고 있고 외환 부문의 안정성도 높은 것으로 평가됐다.

향후 원화 환율의 향방은?

단기적으로 외국인 자금 동향과 환율정책이 변수다

큰 폭의 경상수지 흑자가 유지되고 있기 때문에 향후에도 원화 절상 추세는 계속될 전망이다. 2000년대 이후 경상수지가 거의 균형에 근접했던 두 시점(2002년 3분기~2003년 3분기, 2008년 1~3분기)의 환율을 기준으로 할 때 2013년 11월 원화 환율은 4.3%가량 저평가된 것으로 나타난다([그림 2] 참조). 최근 몇 년간 원화의 저평가 폭이 꾸준히 줄어들었지만, 경상수지 흑자가 줄어들기보다 오히려 확대된 것은 경기 부진에 따른 수입 위축과 함께 국제 원자재가격 안정 등의 요인이 크게 작용했기 때문으로 보인다. 2014년에도 원화 강세와 경상수지 흑자가 공존하는 상황이 이어질 전망이다.

단기적으로 변수는 있다. 출구전략 결정 직후 잠시 나타난 것처럼 일시적으로 원화가 약세 압력을 받을 수 있을 것으로 보인다. 달러 강세 전망으로 글로벌 투자 수요가 달러화 자산으로 몰리면서 원화 자산에 대한 수요가 줄어들 가능성이 있다. 그러나 우리 경제의 체질이 여타 신흥국에 비해 양호한 데다 미국 주가지수 등 선진국 자산가격이

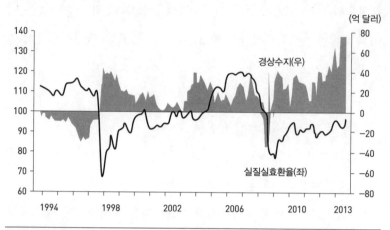

[그림 2] 원화 저평가 중에 경상수지 흑자 확대 추세

주: 실질실효환율은 2000년대 이후 경상수지가 균형에 근접했던 두 시점(2002.3~2003.2분기, 2006.1~3분기)의 평균을 100으로 한 것임.
자료: B&S, 한국은행

이미 높은 수준이라는 점을 고려할 필요가 있다. 따라서 우리나라에서 자금이 급격히 이탈하지는 않을 것이다. 지난 수년간 크게 늘었던 외국인 채권투자가 앞으로 순유출을 기록하리라 예상되지만, 보유 채권을 대거 매도하기보다는 만기 도래분의 재투자를 줄이는 방식의 완만한 조정에 나설 가능성이 높다. 경상수지 흑자로 인한 원화 강세 압력이 자본수지 측면에서 다소 완화되면서 원/달러 환율은 2014년 평균 달러당 1,030원 수준을 기록할 전망이다.

2014년, 달러당 1,000원대 초반까지 절상

단기적으로 원화 환율의 향방에는 외국인 투자자금의 움직임과 정부의 환율정책이 영향을 미칠 것으로 보인다. 정책 당국의 환율 안정 의지도 단기적으로 환율의 향방을 좌우할 주요 변수이다. 다만 눈에 뜨일 정도로 자주 외환시장 개입에 나서기가 쉽지는 않다는 점이 변수 다. 대규모 경상수지 흑자에도 원화 절상을 억제하려 한다는 외국의 시각을 의식하지 않을 수 없다. 실제로 최근 몇 년간 우리나라의 외환 시장 개입은 활발하지 않은 편이다. 경상수지 흑자 규모 대비 외환 보 유액이 증가하는 규모가 최근 들어 크게 낮아졌다([그림 3] 참조). 글로 벌 금융위기 이전에는 외환 보유 증가액/경상수지 흑자 비율이 1 이상 을 유지했다. 그러나 이 비율은 2011년과 2012년에 각각 0.54, 0.28에 불과했고 2013년 9월에는 0.13까지 떨어졌다. 최근 들어서는 직접적인 시장 개입 대신 자본 유입 억제와 자본 유출 확대 등을 통해 원화 절상

[그림 3] 최근 경상흑자 대규모지만 외환보유액 증가는 소폭

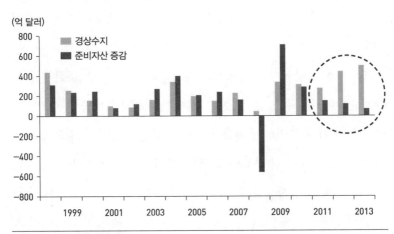

주: 2003년은 9월까지 누계치임.
자료: 한국은행

압력에 대응하고 있는 것으로 보인다.

앞으로도 적극적인 외환시장 개입이 쉽지 않을 것이라는 점을 감안하면 정책 당국이 원화 절상 추세 자체를 바꾸기는 어려워 보인다. 원화 절상 속도를 늦추는 정도의 효과가 예상될 뿐이다. 미국의 양적완화 축소는 외국인 자금의 국내 유입을 억제할 요인이 될 것이다. 그러나 경기 회복 상황과 여타 신흥국과 차별화된 경제 건전성 때문에 외국인 투자 유인은 유지될 것으로 보인다. 정책 당국의 환율 안정 노력에도 불구하고 원화 절상 압력을 완전히 해소하기는 어렵다. 따라서 2014년에는 원화가 달러당 1,000원대 초반 수준까지 절상될 가능성이 있다. 이는 일시적으로는 원/달러 환율이 900원대로 들어갈 수도 있다는 뜻이다.

단기적으로뿐만 아니라 중기적으로도 원화가 강세를 이어나갈 가능성이 높다. 원화가 강세를 띠게 되면 이론상 수출이 줄어들고 수입이 늘어나면서 경상수지가 균형을 이루는 방향으로 흑자가 줄어들게 된다.

그러나 현 상황에서 원화 강세의 경상수지 조정 메커니즘은 원활히 작동하기 어려울 수 있다. 무엇보다 수입에서 원자재 비중이 63%에 달해 수입의 가격 탄력성이 낮을 것으로 판단된다. 인구 고령화와 저성장세 등으로 가뜩이나 부진한 모습을 보이고 있는 소비와 투자가 원화 강세에 따른 경기 하강 압박으로 더욱 위축될 수도 있다. 극단적으로는 원화 강세로 수출이 줄어들지만, 수입이 더 크게 줄어 상품수지 흑자가 확대되는 경우도 생겨날 수 있다. 이처럼 경상수지 흑자가 경직성을 띠면서 자칫 흑자 규모 축소를 위해 상당히 큰 폭의 원화 절상이 필요해질 수도 있다.

올바른 환율정책의 방향은 무엇인가?

일방적인 절상 심리 막기 위해 제한적 시장 개입은 불가피

무엇보다 미국의 양적완화 축소 과정에서 국제 금리가 급등하고 신흥국에서 외국 자본이 대거 이탈하는 등 국제 금융시장의 교란이 발생할 가능성에 주목해야 한다. 국제 금융시장의 이상 징후를 조기에 파악하고 빠르게 대처할 수 있도록 자금시장 및 외환시장 모니터링을 강화해야 할 것이다.

커다란 흐름인 원화 절상에 대한 대응책 마련도 시급히 요구된다. 빠른 원화 절상 가능성은 2014년 경제 전망과 관련해 가장 큰 리스크 요인으로 지목될 정도로 중요성을 띤다. 대규모 경상수지 흑자가 유지되고 있어 금융 당국의 시장 개입이 쉽지는 않을 것이다. IMF나 미국 등 외부에서는 원화가 여전히 저평가되고 있으며, 외환 보유액 규모도 적정 수준을 초과한 것으로 보고 있다. 앞으로 대규모 경상수지 흑자가 유지되는 한 시장 개입은 점차 어려워질 것으로 보인다.

2013년 10월 말 발표된 미 재무부의 「환율 보고서」에서도 "한국 금융 당국에 대해 시장 혼란의 예외적 경우를 제외하고는 외환시장 개입을 제한해줄 것을 지속적으로 요청할 것"이라고 밝힌 바 있다. IMF나 미국 등에서는 원화가 아직 저평가 상태이며 3,369억 달러(2013년 9월 말 기준)에 달하는 우리나라의 외환 보유액 규모도 이미 적정 수준을 초과한 것으로 평가하고 있다. 이러한 외부의 시각을 고려하면 이제 빈번하고 지속적인 외환시장 개입은 가능해 보이지 않는다. 다만 외환시장에서 쏠림 현상이 발생할 때 일방적인 원화 절상 기대 심리를 막는 차원에서 제한적인 시장 개입은 필요할 것이다. 국제적인 갈등을 가져오지 않는 범위 내에서 외환시장 개입을 적절히 잘 활용할 필요가 있다.

자본 유입이 크게 늘어나는 경우에는 이른바 3종 세트로 불리는 자본 유출입 안정화 방안의 강화를 모색할 수도 있다. 2010년 이후 단계적으로 도입된 은행 선물환 포지션 규제, 외국인 채권투자 과세, 은행 단기차입에 대한 부담금 부과 등의 조치는 단기 유출 가능한 외국인 자금의 대규모 유입을 억제하는 데 기여한 것으로 평가받고 있다. 대외적으로도 3종 세트가 거시 건전성 규제 차원에서 성과가 있었던 것으로 인정되고 있는 만큼 외국 자본의 유입으로 국내 금융시장이 위협받을 때 추가적인 강화 조치를 할 수 있을 것이다.

외화 유입을 억제함과 동시에 외국 증권투자 등 외화 유출 확대를 도모하는 것도 원화 절상 압력을 완화하는 데 도움이 될 수 있다. 중기적으로도 그동안 추진해온 외환시장 건전성 제고와 외환 보유고 확충 노력을 지속함과 동시에 제2의 외환 보유고라 할 수 있는 주요국과의 통화 스왑 규모를 확대하는 일도 필요하다. 아울러 국가신용등급 개선 등을 통해 국제 금융시장 불안 상황에서도 여타 신흥국과 차별화된 안정세를 유지할 수 있는 토대를 확충해나가야 할 것이다.

내수 성장이 바로 환율정책

더욱 근본적으로는 규제 완화와 인프라 확충을 통해 내수부문에서의 수요 창출력을 높이는 것이 잠재적인 성장 능력을 증가시키고 빠른 원화 절상을 막는 방안이다. 특히 내수시장에서 대외 개방도를 높여 수출과 수입의 균형 있는 증가를 도모하고 경상수지 흑자가 과도하게 누적되는 것을 피해야 한다. 이와 관련해 장기 성장정책도 환율 대책이 될 수 있다.

앞서 본 바와 같이 수지 흑자를 조정하기 위해서는 환율을 통하기보다는 직접적으로 대응하는 것이 바람직하다. 장기적 성장 기반 확충을 위해 투자를 늘린다면 자본재 수입이 늘어 흑자 폭도 줄고 원화 절상 압력이 완화된다. 특히 우리 경제의 질적 전환과 저성장 추세 탈피의 핵심 과제로 떠오르고 있는 서비스산업 활성화에 주목할 필요가 있다. 의료와 관광, 교육 등 고부가가치 서비스 분야에 대한 투자가 늘어난다면 그간 충족되지 못해온 서비스 소비를 통해 국민 행복도가 늘어나는 동시에 소비 증가에 따라 원자재 수입이 증가하게 된다. 경쟁력 있는 서비스 분야에 대한 투자가 늘어날 수 있도록 규제를 완화하고 혁신 지원체제를 갖추는 등 공급 측면에서 중장기적인 해법 모색이 요구되고 있다.

신민영

LG경제연구원에서 경제연구부문장으로 일하고 있다. 관심 분야는 국내외 거시경제이다. 세계경제의 중장기적 흐름과 각종 트렌드 그리고 그러한 환경에서 우리 경제의 나아갈

길 등에 대해 살펴보고 있다. 우리 경제의 안정을 어떻게 이룰 것인지, 저성장을 벗어나기 위해 어떤 대응 방안이 필요한지, 그때 어떤 결과를 기대할 수 있을지 등에 대한 답을 찾아보고자 한다. 서울대학교 국제경제학과를 졸업하고 동 대학원에서 경제학 석사과정을 마친 후 미국 퍼듀대학교에서 경제학 박사학위를 받았다.

06 | 2014년, 세제 개혁 다시 어떻게 추진할 것인가?

이영(한양대학교 경제금융학부 교수)

한국 정부는 지난 10년간 조세를 바탕으로 한 국가재정을 통해 너무나 많은 일을 이루려고 했다. 조세의 저부담 관행이 지배적이었는데도 말이다. 그러나 2013년 우리가 목격한 것 중 하나는 국가재정 능력의 급격한 약화였다. 1997년 동아시아 위기와 2008년 글로벌 위기를 겪는 과정에서 국가재정력은 엄청나게 취약해졌다.

2014년 한국은 조세부담체계에 대해 확실한 입장을 정리해야 할 과제를 안게 되었다. 여기에는 고소득자와 저소득층이 동반해서 확대된 현실을 반영되어야 한다.

정부는 기존 저부담체제에서 고부담체제로의 조세정책 전환을 과감하게 시도했었다. 하지만 저성장 기조 하에서 국민을 설득하는 데 어려움이 있었으며 특히 정치·정책 프로세스의 한계에 봉착했다. 재

PART 2 2014년 한국경제 전망과 단기 경제정책 과제 161

정력 확보를 위한 정부의 과감한 정책 추진은 앞으로의 과제로 등장하고 있다.

국민 고부담체제로의 전환은 불가피해졌다. 이런 인식의 공유와 국민적 합의를 위해 각고의 노력이 요구된다. 정치권의 변화도 요구된다. 부가가치세를 도입했던 1977년과 같은 정치적 결단이 필요한 시점이다.

폭증하는 복지 수요와 현실성 낮은 재원 마련 계획

복지 수요가 늘어나는 것은 전 세계적인 현상이다. 세계화, 숙련 편향 기술 발전, 정보화, 인적자본과 기술의 급속한 감가상각, 소득분배 악화 등의 메가 트렌드가 지구촌 모든 국가에 영향을 주고 있기 때문이다.

우리나라는 이런 메가 트렌드와 함께 우리나라 고유의 요인이 덧붙여 복지 수요가 폭증하고 있다. 저출산 고령화, 복지제도로서의 가족의 역할 축소, 소득 증가의 변화는 복지에 대한 국민적 요구를 늘렸다. 정치권은 이런 복지 수요 확대에 민첩하게 대응했다. 18대 대통령선거에서는 여당과 야당의 후보들이 모두 복지사업의 대폭 확대를 공약했다.

박근혜 정부는 복지를 중심으로 한 공약사업의 시행을 위해 앞으로 5년간 135조 원의 재원을 조달해야 하며 이 금액을 지출 구조조정(81조 원)과 세입 확충(50조 원)을 통해 마련할 것이라고 밝혔다. 정부가 공약 가계부라는 이름으로 공약 재원 마련 계획을 소상히 밝힌 것은 매우 긍정적인 조치다. 하지만 정부의 공약 재원 마련 계획은 현실성이 낮아 보인다.

정부는 세율 인상이라는 직접적인 증세 없이 비과세·감면 축소, 지하 경제 양성화, 금융 과세 강화를 통해 재원을 만들겠다는 계획이다. 하지만 직접적 증세 없이 50조 원을 마련하는 일은 매우 어려운 과제이다. 더구나 글로벌 금융위기가 유로존 사태로 이어지면서 장기간의 경기침체가 발생한 현실 여건에서는 거의 실현 불가능해 보인다.

2014년 예산안에 7조 6,000억 원의 세입 확충이 계획되어 있기는 하다. 하지만 비과세·감면 축소가 계획만큼 강하게 추진되지 못하고 있고 대규모로 설정된 지하경제 양성화를 통한 세원 확충이 실현될 수 있을 것인가에 대한 논란이 존재하는 형편이다.

금융정보분석원FIU: Financial Intelligence Unit 정보를 통해 지하경제 거래를 파악하고 전두환 추징금을 환수하며 대기업 탈세에 대해 엄정한 조치를 함으로써 대폭적인 세수 증대를 할 수 있다는 주장도 존재한다. 하지만 이런 징세 강화 효과는 비과세·감면 조항이 정비되지 않은 상태에서 일시적이고 제약적일 수밖에 없다는 지적이 설득력을 얻고 있다.

세제 고안: 효율성, 형평성, 운영비용, 정치적 수용성을 꼼꼼히 따져봐야

세제를 고안하는 데 있어서 고려해야 할 요소는 크게 보아 효율성,

형평성, 운영비용, 정치적 수용성의 네 가지다.

먼저, 효율성은 과세로 인한 경제행위의 왜곡을 최소화해야 한다는 것이다. 이러한 과세로 인한 경제행위의 왜곡은 '초과 부담'이라 불린다. 초과 부담을 최소화하기 위해서는 과세가 되었을 때 행동 변화가 가장 작은 곳에 과세하는 것이 바람직하다.

둘째, 조세제도 고안에 있어 형평성은 지불 능력이 더 높은 납세자에게 더 높은 과세가 바람직함을 의미한다. 세금을 납부할 수 있는 능력은 소득, 소비, 재산 등 여러 지표로 대변될 수 있다. 한편 더 높은 과세는 누진적인 세율 구조를 의미한다.

셋째, 조세 운영비용을 최소화해야 한다. 조세 운영비용에는 국세청에 들어가는 행정비용뿐 아니라 납세자가 세금제도를 이해하고 납세 자료를 제출하는 데 들어가는 순응비용도 포함된다. 조세의 운영비용은 세금제도가 복잡해질수록 더 높아진다. 행정력이 더 들어가고 이해하는 비용도 커지기 때문이다. 그런데 각종 비과세·감면제도는 세제를 복잡하게 만드는 요소이다. 따라서 비과세·감면제도의 축소는 세수를 증대시킬 뿐 아니라 조세의 운영비용을 낮추는 긍정적 효과가 있다.

넷째, 조세에 대한 정치적 수용성이 높아야 한다. 세제 개편의 입안과 입법이라는 정치적 과정에서 납세자와 국회의원 등 관계자들이 동의가 필요하다. 아무리 효율성이 높은 세제라 할지라도 정치적으로 수용되지 않는다면 실행될 수 없다.

2014년, 세제 개편 어떻게 추진해야 하는가?

이러한 효율성, 형평성, 운영비용, 정치적 수용성을 고려하여 증대한 복지재원을 마련하기 위한 세제 개편 방안을 8가지로 정리해서 살펴보자.

첫째, 세수 확충 목표치를 GDP의 21.5%까지 높여야 한다.

2017년 20.1%로 설정된 현재의 세수 목표치는 공약사업에 필요한 재원에 턱없이 부족하다. 재정수지를 균형으로 맞추도록 세수 확충과 지출 축소 둘 다 필요한 실정이다. 2018년의 조세 부담률 목표치를 현재의 20.1%에서 21.5%로 높여야 한다. 이를 위해서는 일부 세목의 세율을 올리는 직접적인 증세가 필요하다.

둘째, 누진성을 높이는 방향으로 개인소득세를 개편해야 한다.

우리나라의 GDP 대비 개인소득세 세수 비중은 OECD 평균의 절반 수준으로 지나치게 낮다. 또한 개인소득세의 누진성이 높지 못하여 조세 정의를 적절히 실현하지 못하고 있다. 현재의 야당안을 수용하여 개인소득세 세율을 40%로 높이고, 최고세율이 적용되는 과표기준도 현재의 3억 원에서 1억 5,000만 원으로 인하하는 것이 바람직한 것으로 판단한다. 2013년 12월 31일 최고세율 적용 과표기준을 1억 5,000만 원으로 인하하는 안이 여야 합의로 통과되었다. 이러한 개인소득세제의 개편은 소폭의 세수 증대와 더불어 세제 개편에 대한 정치적 수용성을 높이는 장점을 지니고 있다. 이처럼 효율성과 형평성이라는 경제적 논리와 함께 정치적 수용성까지 고려하여야만 실행 가능한 세제 개편안이 마련될 수 있다.

셋째, 비과세·감면 축소 후에도 필요하면 법인세 세율을 24~25%까지 인상해야 한다.

법인세율 인상은 조세 경쟁과 높은 효율성 비용으로 당장 시행하기 어렵다. 비과세·감면 축소, 세원 양성화, 개인소득세 인상 등의 세제 개편 이후에도 목표한 세수를 달성하지 못한다면 법인세율의 인상을 고려해야 한다. 현재의 22%로 되어 있는 세율을 24~5%로 인상하는 것을 검토할 필요가 있다. 2013년 12월 여야 합의로 최저한세 세율으르 17%로 인상한 것은 바람직한 세제 개편으로 평가한다. 이러한 법인세율 인상과 함께 세율구조를 하나의 세율로 단순화하는 것을 추진해야 한다. OECD 국가 중에서 법인세 누진구조를 가진 나라는 9개국에 불과하다. 그리고 이 9개 나라는 미국과 벨기에를 제외하고는 우리나라보다 훨씬 단순한 누진구조를 갖고 있다. 더욱이 법인세의 누진구조를 이론적으로 합리화하기는 매우 어렵다.

넷째, 법인세제 중의 각종 비과세·감면제도를 정비해야 한다.

고용 창출 투자 세액공제제도는 세제 감면 혜택이 대기업에 집중되어 있다. 그리고 고용 창출이나 경기 부양이라는 목적 달성에 그다지 효과적이지 못하다. 따라서 이를 폐지하는 것이 바람직하다. 그 대신 고용 창출을 목적으로 새롭게 도입된 사회보험료 감면제도를 확대하는 것이 필요하다. 중소기업을 대상으로 하는 지나치게 커진 비과세·감면들을 축소해야 하며, 업무용 자동차 비용을 공제하는 데 상한을 설정하는 등 사업비용으로 개인소비지출을 공제하는 것을 억제해야 한다. R&D 관련 비과세·감면제도도 일정 정도 축소하는 것이 합리적이다. 제조업에 우호적으로 되어 있는 현재의 연구개발 지원이 서비스업에도 비차별적으로 적용될 수 있도록 관련 제도를 지속적으로 개선해야 한다. 현재 중소기업에 대한 비과세·감면은 지나치게 많다. 중소기업에 대한 비과세·감면제도를 정비하는 것이 필요하다. 또한, 중소기업—중견기업—대기업으로의 성장 사다리가 작동할 수 있도록 여러 세제 혜택을 성장에 따라 점감하도록 디자인해야 한다. 중소기업의 정의 자체를 지난 3년간의 평균매출액으로 변경한 것은 바람직한 변화이다. 이렇듯 여러 세제 지원을 단일 기준이 아니라 다층 기준에 따라 단계적으로 설정해야 할 것이다.

다섯째, 부가가치세 세율 인상은 당분간 지양하는 것이 옳다.

부가가치세는 생산과 유통 각 단계에서 매입과 매출이 이중 점검되어 탈세를 억제하는 장점을 지니고 있다. 따라서 세수 확충 능력이 높으며 소득세나 재산세에 비해 조세 저항이 크지 않다는 장점을 지니고 있다. 하지만 부가가치세는 원칙적으로 소비에 대한 단일 세율 과세로 누진성이 높지 못하다는 단점을 지니고 있다. 따라서 서민 과세로 보여 정치적으로 수용되기 어려울 것이다. 특별한 계기가 발생할 때만 세율을 올리는 것이 수용될 수 있다. 우리나라에서는 통일이 부가가치세 인상의 특별한 계기가 될 수 있다.

여섯째, 담배와 술에 대한 부담금을 높이는 것이 바람직하다.

담배와 술은 그 소비가 사회적으로 긍정적이지 않은 재화이다. 따라서 소비에 대해 과세함으로써 소비를 줄이는 것이 자연스럽다. 담배와 술에 대한 부담금 수입은 건강보험에 사용하는 것이 좋다.

일곱째, 파생상품에 대한 과세, 종교인 소득에 대한 과세, 미술품 양도소득에 대한 과세 등 아직 과세가 되지 못하고 있는 세원에 대해서 과세하는 방안이 필요하다.

파생상품에 대한 과세는 거래량보다는 양도소득에 대한 과세가 바람직할 것으로 판단한다.

여덟째, 종합부동산세는 지방세인 재산세로 통합시키는 것이 합리적이다.

재산세는 소득이 아닌 재산의 소유 자체에 대한 과세이므로 조세에 대한 저항이 매우 큰 특징이 있다. 이렇게 높은 조세 저항을 낮추기 위해서 통상적으로 사용되는 방식은 재산세를 해당 지역의 교육이나 공원의 재원인 지방세 형태로 운영하는 것이다. 이를 통해 해당 재산과세가 세금이 아니라 납세자가 소비하는 교육이나 공원의 가격으로 인식하게 만든다.

현재의 종합부동산세는 지방세여야 할 재산세를 국세로 잘못 만든

세금이다. 따라서 앞으로 이를 폐지하고 재산세로 통합하는 것이 바람직하다.

이영(한양대학교 경제금융학부 교수)

서울대학교 경제학과에서 학사와 석사과정을 마치고, 미시간대학교에서 1998년 경제학 박사학위를 받았다. 이후 메릴랜드대학교의 IRIS 경제연구소와 한국개발연구원의 연구위원을 거쳐 2002년 한양대학교 경제금융대학에서 교수직을 시작하였다. 조세, 재정, 경제발전, 교육재정 등에 대해 활발한 연구와 정책자문을 수행하고 있다. 우수한 연구실적으로 2007년에는 한국재정공공경제학상, 2008년에는 한국경제학회의 청람상을 수상했다. 현재는 한양대학교 기획처장을 겸직하고 있다.

07 | 고공행진의 생활물가, 안정시킬 대책은 무엇인가?

오정근(아시아금융학회장)

여전히 높은 우리 생활물가

생활물가지수란 소비자물가지수를 구성하고 있는 500여 개 품목 중에서 일반 소비자들이 자주 구입하는 142개 기본 생필품의 평균적인 가격 변동을 지수로 나타낸 것이다. 소비자들이 피부로 느끼는 장바구니물가에 더욱 근접한 물가지수로 1995년부터 작성해오고 있다. 지수 품목 중에서는 식품이 43개로 가장 많다. 그다음으로 농·축·수산품(35개 품목) 생필 공산품(19개 품목)이 뒤따른다. 그 밖에 교통비, 전기·가스·석유제품, 공공요금, 약·의료비, 미·이용요금과 영화·TV·서적·신문대금으로 구성되어 있다.

2010~2011년 사이에는 생활물가지수 상승률이 너무 높아서 서민

[그림 1] 생활물가상승률 변동 추이

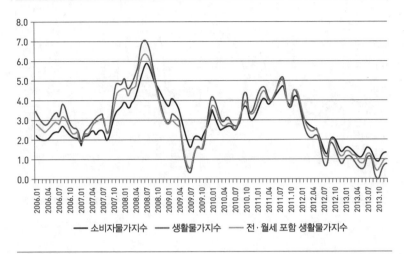

자료: 통계청

[그림 2] 연간 생활물가 상승률 변동 추이

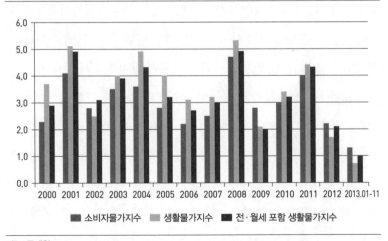

자료: 통계청

[그림 3] 부문별 생활물가 상승률 변동 추이

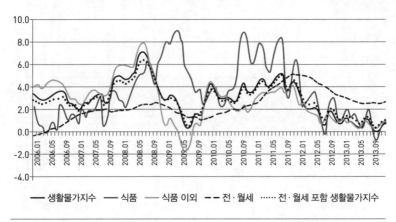

자료: 통계청

들의 고통이 컸다. 그러나 2013년 들어서는 1~11월 평균 0.7% 상승해서 같은 기간 소비자물가 상승률 1.3%보다 오히려 더 낮은 모습을 보였다. 같은 기간 전·월세를 포함한 생활물가지수 상승률은 1.0%를 기록하고 있다. 이처럼 생활물가지수 상승률이 소비자물가지수 상승률보다 낮은 수준을 보이기 시작한 것은 2012년부터다. 그동안 생활물가 상승의 주요 원인이었던 식품가격 상승률이 낮아졌기 때문이다.

2012년부터 생활물가 상승률이 낮아졌다고 해서 생활물가에 따른 서민들의 고통이 줄어든 것은 아니다. 2010~2011년에 생활물가가 이미 폭등한 상태였다. 그래서 생활물가 수준 자체가 매우 높은 실정이다. 생활물가지수 변동 추이를 보면 2010년 하반기부터 2011년 사이에 크게 상승했음을 알 수 있다. 식품가격이 폭등하고 전·월세가격이 급등한 것이 가장 중요한 이유였다. 2010년 하반기부터 물가가 폭등하자 정부는 2011년 초 물가 안정 종합 대책을 발표했다. 비난을 무릅쓰고 직접적인 물가 관리도 하는 등 전방위적인 대책을 추진했다. 그러나 그 효과는 미미했다. 결국 경제성장률이 하락하기 시작한 2012년에 들어서야 물가가 안정되기 시작했다.

높은 생활물가, 배경과 원인은 무엇인가?

농·축·수산물과 원유가격 상승

이처럼 2010~2011년에 생활물가지수가 급등했던 이유로는 크게 농·축·수산물 가격 급등과 이에 따른 식사요금 급등, 석유가격 급등과 연이은 공공요금 인상을 들 수 있다.

첫째, 구제역과 태풍 등으로 농·축·수산물 가격이 급등했다. 극심한 가뭄으로 작황이 나빴던 미국의 애그플레이션(농산물가격 상승) 영향으로 수입 농산물 가격도 상승했다.

둘째, 이러한 농·축·수산물 가격 급등으로 식재료값이 크게 오르면서 음식점의 식사요금이 급등했다. 이 무렵 식사요금이 품목에 따라서는 2배 이상 오르는 등 심각한 실정이었는데도 당국은 속수무책이었다. 당시 정부가 조사해 발표한 자료에 따르면 한국은 주요 OECD 국가들에 비해 돼지고기값은 2배, 쇠고기값은 1.5배나 비싼 것으로 나타났다. 이 자료는 한국 소비자들의 생활물가가 국제적으로 비교해서도 얼마나 높은 수준인가를 보여주었다.

셋째, 승용차용 휘발유값이 1L당 2,000원 이상으로 폭등하는 등 기름값이 급등했다. 우선 달러화 약세에 따른 투기 수요와 중동 정정政情 위기로 국제 원유가격이 상승했다. 이와 덧붙여 재정 사정으로 석유 소매가격의 47%를 구성하고 있는 높은 유류세가 탄력적으로 인하되지 못했다. 결과적으로 석유제품가격이 폭등했다. 이후 알뜰주유소 설립, 주요소 원가 공개 압박 등의 대책이 나왔다. 하지만 이런 미봉책으로는 폭등하는 석유제품가격 상승을 막기에 역부족이었다.

넷째, 석유가격 상승을 배경으로 전기요금, 기차요금, 고속도로 통행료 등 공공요금 인상이 러시를 이루었다.

생활물가 상승의 구조적 문제

이 밖에도 구조적인 문제점이 존재한다. 한국의 생활물가는 고비마다 상승하는 모습을 보여왔다. 이런 현상의 배후에는 농·축·수산물에 대한 과도한 보호와 그에 따른 저생산성 및 유통구조 미발달이라는 구조적인 문제점이 자리 잡고 있다.

한국의 농·축·수산물 생산구조는 장기간 과도하게 보호받았다. 그 결과 우루과이 라운드 출범 이후 20년간 쌀 관세화 유예 등 개방을 유예받고 있음에도 20년 전과 비교해 별다른 차이가 없을 정도로 정체되었다.

한국 농·어가는 여전히 영세하다. 축산농가 역시 폐쇄적인 축사에서 비싼 수입 사료로 가축을 키우는 영세성을 벗어나지 못하고 있다. 그런데도 대기업의 기업농은 동반 성장 차원에서 제재를 받는 실정이다.

그래서 자유무역협정 체결 때마다 농·축·수산물 문제가 걸림돌로 등장한다. 그뿐만이 아니다. 비싼 농·축·수산물 가격은 결국 음식요금의 인상으로 연결되어 서민들의 생활물가를 압박하는 실정에까지 이르렀다.

이런 상황에서 유통 혁신도 이루어지지 않고 있다. 전통시장 보호를 명분으로 대형 마트나 기업형 슈퍼마켓이 규제를 받고 있다. 높은 유통 마진을 소비자가 고스란히 떠안을 수밖에 없는 형국이 되었다. 한때 파격적으로 가격을 낮춘 '통 큰 피자', '통 큰 치킨' 등이 등장하기도 했지만, 기존 상인들의 반발에 밀려 모두 자취를 감추고 말았다.

농·축·수산민과 재래상인의 보호와 소비자 후생 간에 피할 수 없는 상반 관계가 형성되었다. 서민들은 높은 생활물가로 고통을 받는 실정이다. 우리는 1인당 국민소득이 2만 달러가 넘는 나라에 산다. 하지만 웬만한 중산층 가족조차 전통 대표 음식인 갈비 외식을 하기 부담스러운 실정이다. 이는 아이러니한 현실의 한 단면이다.

어떤 품목이 많이 올랐나?

어떤 품목 물가가 많이 상승했는가를 보다 심층적으로 살피기 위해 2000~2012년 동안 품목별 물가 상승률을 살펴보았다. 142개 생활물가지수 구성 품목 중 연평균 물가 상승률이 5% 이상인 품목은 49개였으며 이 중 10% 이상인 품목은 고춧가루(10.1%) 하수도요금(9.6%) 등유(10.0%) 경유(10.8%) LPG(10.7%) 5개 품목이었다.

품목 분류별로는 에너지, 가공식품, 공공요금, 농·축·수산품의 순으로 많이 상승했다.

[그림 4] 2000~2012년 중 연평균 5% 이상 품목별 생활물가 상승률

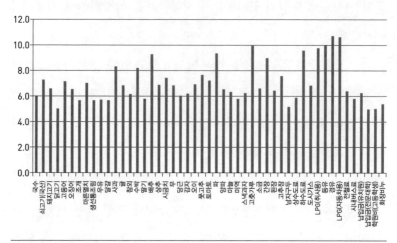

자료: 통계청

[그림 5] 2000~2012년 중 연평균 5% 이상 품목 분류별 생활물가 상승률

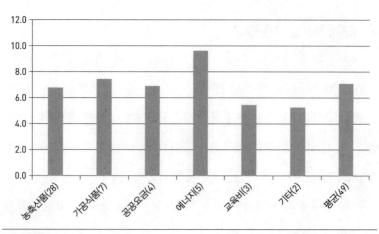

자료: 통계청

생활물가, 점진적으로 연착륙시켜야

한 번 올라간 물가 수준을 낮추는 것은 여간 어려운 일이 아니다. 불가능할지도 모른다. 물가는 강력한 하방 경직성이 있고 물가 하락은 경기침체의 원인이 되는 디플레이션을 유발하기 때문이다. 그렇다고 너무 높은 농·축·수산물 가격, 음식요금, 식료품가격, 외식비, 석유류 가격 등을 그냥 두고 볼 수도 없는 형편이다. 지금과 같은 높은 생활물가 수준은 서민생활을 어렵게 하고 급기야는 임금 인상 요인이 되어 국민경제 전체의 경쟁력을 약화시킨다.

딜레마가 아닐 수 없다. 이것이 바로 2010~2011년 중 물가 당국이 물가 안정에 실패한 대가다. 한 번 실패한 결과는 장기간 여파를 미칠 수밖에 없다. 따라서 경기 상승기에도 물가가 더 오르지 않고 점진적으로 안정적인 수준으로 연착륙하도록 유도하는 방안을 추진할 필요가 있다.

박근혜 정부가 들어선 2013년 중에는 1~11월 생활물가 상승률이 0.7%로 낮은 수준을 지속하고 있다. 그러나 지금 서민들의 생활을 힘들게 하고 있는 것은 생활물가 상승률이 아니다. 2010~2011년에 걸쳐 과도하게 오른 생활물가 수준 그 자체이다. 2010~2011년 중 2배 이상 오른 식품가격을 비롯해 석유류 등 에너지가격 등은 여전히 요지부동이다.

박근혜 정부의 생활물가 안정 대책

이에 따라 박근혜 정부는 유통구조 개선에 역점을 두고 생활물가 안정 대책을 추진해왔다.

첫째, 농산물 유통구조 개선책을 추진했다. 도매시장 운영 효율화를 위한 법적·제도적 토대를 마련하고 직매장 개설 등 직거래 확대, 안성도매물류센터 개장(9월 27일), 5대 채소 수급 조절 매뉴얼 수립(9월 30일) 등 유통구조 개선을 위한 기반을 닦았다.

둘째, 수산물 유통구조 개선 대책도 추진했다. 중규모 산지 거점 유통센터 2개소 착공, 소비지 분산 물류센터 시범 조성단지 부지 확보 등을 추진했다.

셋째, 석유 유통구조 개선 대책도 추진했다. 알뜰주유소, 전자상거래, 혼합 판매 등 3대 유통 대책을 중점적으로 추진했다. 알뜰주유소는 1,020개로 확대되어 전체 주유소의 8%에 이르렀다. 전자상거래도 정유 4사가 참여하는 등 거래량이 증가하고 있다.

넷째, 상·하수도요금 등 지방 공공요금의 안정을 위해 지방자치단체 공공요금 산정 기준을 마련하는 등 지자체의 자발적인 노력을 유도했다. 이 밖에 추석 물가 안정 대책, 휴가철 바가지요금 신고센터 운영 등의 사업을 펼쳤다.

2014년 생활물가 안정 대책은 무엇인가?

2014년 생활물가 안정 대책에 대해 살펴보자.

첫째, 유통구조 개선을 계속 추진해야 한다. 정부도 2014년 중에 유통구조 개선을 지속적으로 추진할 계획을 갖고 있다. 농산물 직거래 활성화를 위한 법률 마련, 도매시장 시설 현대화 5개년 계획 수립 등 농산물 유통구조 개선 과제를 추진하고 있다. 또한 '수산물 유통 관리 및 지원에 관한 법률'을 제정하는 등 수산물 유통 개선도 시행할 계획에 있다. 그러나 정부 주도의 이 정도 유통구조 개선만으로는 이미 너무 높아진 생활물가를 안정시키기에 역부족이다. 동반 성장 차원에서 전통시장 보호를 위해 규제하고 있는 민간 주도의 유통 혁신이 필요하다. 유통 혁신 규제가 전통시장을 살리는지도 확실치 않은 실정에서 외국 슈퍼마켓이나 외식업체들만 세력을 확장하고 있는 점에 유의할 필요가 있다. 대형 마트나 기업형 슈퍼마켓을 규제만 할 것이 아니라 전통시장과 연계해서 발전시킬 방안이 없는지 연구해볼 필요가 있다.

둘째, 산지 물가에 대한 사전 모니터링을 하고 이상 징후 발견 시 즉각적으로 실기하지 않는 대책을 마련하는 일이 긴요하다. 2014년은 경기 변동 순환 사이클로 보면 경기가 회복기에 들어가는 시기다. 이때는 물가도 상승하게 된다. 그러나 2014년 중에도 여전히 GDP 갭률이 마이너스를 지속하는 등 수요 측면의 압력은 높지 않을 전망이다. 따라서 공급 및 비용 측면의 요인들을 면밀하게 모니터링하면서 대책을 사전에 수립·시행하는 일이 중요하다. 2011년 중 물가 상승 요인도 공급 및 비용 요인이 92%였고 수요 요인은 6%, 기대 인플레이션 요인도 2%에 불과했다.

공급 및 비용 요인 중에서도 앞서 살펴본 2010~2011년 물가 파동 때처럼 농·축·수산물 가격 동향이 중요하다. 농·축·수산물은 가계의 주요 생활비용을 이루기 때문에 중요하다. 그뿐만 아니라 음식요금, 식료품가격, 외식비 등으로 줄줄이 연쇄 파급효과를 유발하기 때문에 더욱 중요하다. 우선 적어도 6개월 전부터는 모니터링을 잘해야 한다. 2011년 마늘이나 고추가격 파동 때도 산지에서는 이미 6개월~1년여 전부터 가격이 오르고 있었다. 그런데도 중앙 물가부처는 가격이 본격적으로 폭등한 뒤에야 뒤늦게 수입 물량을 확대하는 등 뒷북치는 대책만 내놓아 실효성이 없었다.

지방자치단체 읍·면·동·리 단위의 일선 관서들과 연계해서 효율적이고 선제적인 모니터링 시스템을 구축해서 미리미리 모니터링을 하고 이상 징후가 발견되면 즉시 선제적 대책을 강구해야 한다. 필요하다면 공공 일자리 창출 차원에서 임시 모니터를 채용하는 방법도 권장할 만하다. 너무 복잡한 농·축·수산물 유통구조와 과하게 높은 음식요금도 적절한지, 개선 대책은 없는지를 다각적으로 검토해볼 필요가 있다.

셋째, 중기적으로 농·축·수산 생산체계가 개방과 경쟁체제로 전환되어야 한다. 한국의 농·축·수산 생산체계가 이대로 지속된다면 생활물가 안정을 달성할 수 없다. 개방과 경쟁으로 생산성이 제고되어야 품질 향상과 가격 안정이 이루어진다. 보호 속에서 개방을 거부하기만 한다면 품질 향상과 가격 안정은 요원하다. 그리고 그 부담을 고스란히 일반 소비자가 지고 있는 구조가 굳어지고 있다. 이제 더는 지속하기 어려울 정도로 경제 전체에 부담을 주는 상황에까지 이르렀다는 점에 유념해야 한다.

넷째, 유류세 인하를 전향적으로 검토할 필요가 있다. 재정 사정이 힘들긴 하지만 현실 가능한 방안을 찾아야 한다. 과도한 유류세는 석유류 제품가격의 고공행진은 물론 각종 공공요금 인상의 주요 원인이 되고 있다. 석유가격은 중요한 생산비용 중 하나이다. 생산비용을 낮춤으로써 수익성이 악화되고 있는 기업과 침체된 경제에 새로운 활력을 줄 수도 있다. 유류세 인하로 인한 세수 감소를 경제 활력 증대에 따른 세수 증대가 보전할 수도 있을 것이다.

서민생활 안정에 중요한 전·월세가격 안정은 두말할 필요 없이 중요한 과제다.

3
PART

한국경제 구조적 과제,
장기추세선 하락을 우려한다

01 | 기로에 선 한국경제: 성장, 고용, 복지의 선순환을 위한 주요 정책 과제

임원혁(한국개발연구원 경쟁정책연구부장)

이 글의 제목은 '기로에 선 한국경제'다. 이렇게 말하면 많은 사람이 한국경제가 기로에 안 섰던 적이 언제 있었느냐고 반문할 수도 있다. 따라서 현재 우리가 서 있는 기로가 어떤 종류의 기로인지를 우선 살펴보고자 한다.

현재 금융 안정성이나 유동성 지표, 전반적인 경제 상황을 볼 때 우리나라가 1997년 외환위기나 2008년 글로벌 금융위기와 같은 급박한 위기 상황에 직면해 있다고 보기는 어렵다. 대신 내수 침체가 지속되면서 총수요를 확충하기 위한 재정지출이 증가하고 있고 그 과정에서 시장을 통한 자원 배분보다는 정치적인 자원 배분이 늘고 있다. 결과적으로 서서히 경제의 역동성이 저하되는 일본식 장기 침체의 가능성이 제기되고 있다.

하지만 일본과 비교할 때 아직 그렇게 심각한 상황은 아니다. 그러므로 지금부터라도 생산성 향상에 초점을 맞춰 구조개혁을 추진하면 큰 문제가 없다는 것이 이 글의 요지다. 또한 이 과정에서 성장과 고용·복지 간의 선순환을 달성하는 것이 중요하다는 점을 강조하고 싶다. 현 상황에 대한 인식을 바탕으로 성장과 고용·복지의 선순환을 주요 정책 부문별로 나누어서 중장기적인 관점에서의 구조개혁 과제를 살펴보자.

한국경제의 과거, 현재, 미래

[그림 1]은 구매력 균등PPP 기준 미국 대비 한국과 일본의 1인당 소득 추이를 보여주고 있다. 실선으로 표시된 것이 우리나라이고, 점선이 일본이다. 우리나라의 경우를 보면 1970년에는 미국의 1인당 소득 대비 12% 정도 됐고, 민주화가 이루어진 1987년에는 27% 수준까지 도달했다. 2012년 들어서는 미국의 64% 수준 정도라고 보면 된다. 다른 나라와 비교해볼 때 우리나라는 선진국과의 소득 격차를 급속하게 줄인 매우 성공적인 국가로 평가를 받고 있다. 그러나 최근 성장이 둔화됨에 따라 과거 고도성장을 구가하다가 장기 침체에 빠진 일본의 전철을 밟을 가능성이 제기되고 있다.

점선으로 표시된 부분을 보면, 일본은 1970년대 초반에 미국과 비교할 때 1인당 소득이 60% 정도 됐다. 미국과의 상대적 1인당 소득 기준으로 볼 때, 현재 우리 상황이 일본의 1970년대 초반 정도라고 생각

[그림 1] 미국 대비 한국과 일본의 1인당 소득 추이(미국 = 100)

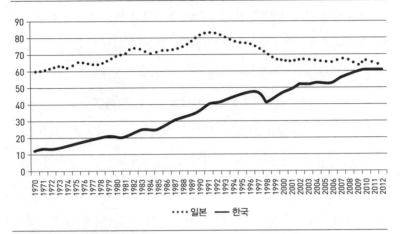

주: 2009년 구매력 균등(PPP) 환율 기준
자료: *OECD ECONOMIC OUTLOOK* DB

하면 되겠다. 일본은 1973년 석유파동 이후 1인당 소득이 연평균 3.5% 정도 증가하면서 1990년까지는 상당히 좋은 성과를 보였다. 1980년 대 후반만 하더라도 일본이 넘버 원이 된다는 말이 많았다. 그러다가 1990년 이후 자산 버블이 붕괴된 후 구조개혁이 지연되고 정치적인 자원 배분이 늘어나면서 성장세가 급속히 하락했다. 미국의 1인당 소득 증가율보다도 못한 상황이 되었다. 1990년부터 2010년까지 미국은 연평균 1인당 소득 증가율이 2% 내외인 데 반해 일본은 1%도 될까 말까 한 수준이다. 따라서 미국과 일본 간의 소득 격차가 오히려 늘어난 형국이다. 지금은 한국과 일본의 1인당 소득이 구매력 균등 기준으로 거의 비슷한 수준에 근접해 있다.

이상이 우리나라의 과거부터 현재까지 미국 대비 1인당 소득을 기준으로 본 결과이다. 그리고 앞으로 우리나라의 미래가 어떻게 될 것인지 생각해볼 필요가 있다. 우리나라의 경제성장 전망과 관련해서는 후발자의 이점이 점점 줄어든다는 사실에 주목할 필요가 있다. 과거 개발연대나 1980~1990년대만 하더라도 우리가 후발 개도국으로서 선진국이 이미 달성해놓은 성과를 보고 시행착오를 피하면서 급속하게 추격하는 것이 가능했다. 이제는 우리나라 자체가 생산성의 첨단에 와 있다. 따라서 스스로 생산성의 경계frontier를 개척하면서 성장을 이뤄야 하는 상황이다. 후발자의 이점이 줄어들면 경제성장의 대부분이 생산성 향상에서 나와야 한다. 이런 생산성 향상이 이루어지려면 구조개혁을 하느냐 마느냐가 상당히 중요한 과제가 된다.

한국과 주요 선진국의 성장 궤도 비교

[그림 2]는 우리나라와 미국, 일본, 독일, 이탈리아의 성장 궤도를 보여주고 있다. 1인당 소득 수준을 수평축에, 1인당 소득 증가율을 수직축에 놓고, 2005년 PPP 기준으로 1만 달러, 2만 달러, 3만 달러, 4만 달러에서 각각의 1인당 소득 증가율이 얼마가 되는지를 그려보았다. 우리나라의 경우, 1980년도만 하더라도 1인당 소득이 1만 달러가 채 되지 않았다. 이후 꽤 빠르게 증가하다가 서서히 둔화되는 추세를 보여주고 있다. 지금은 1인당 소득이 3만 달러 정도 된다.

일본의 경우, 1990년도까지는 1인당 소득 증가율이 3.5% 정도까지 되다가 자산 버블이 붕괴하면서 급격한 하락을 보인다. 나중에는 1인당 소득 증가율이 거의 0%에 가까운 수준으로 내려앉았다.

미국의 경우는 1인당 소득이 3만 달러, 4만 달러가 넘었는데도 1인당 소득 증가율이 2% 내외로 증가했다. 그러다 글로벌 금융위기를 맞으면서 성장이 급격하게 둔화되었다.

독일은 1인당 소득 2만 5,000달러 이후 성장세가 주춤했다. 하지만 2000년대 들어 구조개혁에 매진하면서 다시 어느 정도 성장세를 회복했다. 지금은 경제성과가 상당히 좋은 나라로 평가받고 있다.

마지막으로 이탈리아의 경우에는 1인당 소득이 2만 5,000달러 수준이 된 다음에 성장세가 급격히 꺾였다. 특히 1999년 유로화 출범 이후에는 저금리 자본에 의존하면서 구조개혁을 도외시했다. 그 결과 최근에는 경제위기에 직면한 상황을 맞았다. 1인당 소득 증가율은 마이너스로 떨어졌다. [그림 2]에서 보이는 것처럼 소득 수준이 과거 2만

[그림 2] 1인당 소득 증가율 추이(1980-2012)

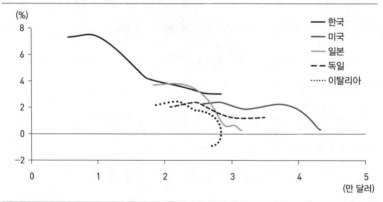

주: 2005년 구매력균등(PPP) 환율 기준, Hodrick-Prescott filter로 1인당 소득 증가율 평활화(smoothing)
자료: 세계은행

7,000~8,000달러에서 최근 2만 5,000달러 수준으로 회귀하고 있다.

이처럼 선진국 경험은 하나의 강력한 메시지를 던지고 있다. 후발자의 이점이 줄어드는 상황에서는 생산성 향상을 통해 경제성장을 이뤄낼 수밖에 없다는 것이다. 그리고 이를 위해서는 구조개혁이 필수적이다.

반면교사로서의 일본

우리는 흔히 반면교사로서 일본을 이야기한다. 일본경제에 대해 비교적 잘 알려져 있는 부분이 1990년대 초 자산 버블 붕괴와 최근의 아베노믹스다. 그런데 이보다는 덜 알려져 있지만 매우 중요한 지점이 존재한다. 바로 일본이 중간 단계에서 겪었던 경험을 이해하는 것이다.

우선 자산 버블 붕괴와 관련해서 살펴보자. 1985년 플라자합의로 엔화가 급격하게 절상된 이후 일본은 기업들을 위해 저금리 기조를 유지했고 그 과정에서 자산가격이 급등했다. 1985년에서 1990년 사이 부동산가격과 주가가 3배로 뛸 정도였다. 그러다가 버블이 붕괴되면서 자산가격이 폭락하고 민간부문의 지출이 위축되어 불황을 겪게 되었다. 그러자 일본 정부는 내수를 확충하기 위해 재정지출을 늘렸다. 그런데 비효율적인 정치 논리를 가지고 재정지출을 증가시켰다. 그 때문에 잠재 부실이 확대되고 경제의 역동성은 점점 저하되었다. 부실 정리와 생산성 제고를 위한 구조개혁은 지연되었다.

그러다가 2000년대 들어서 고이즈미 총리가 집권하면서 구조개혁을 추진했다. 그 상당 부분은 시장경제의 범위를 늘리고 정부의 역할을 줄이는 내용이었다. 구조개혁을 통해 효율 제고는 어느 정도 이루어졌지만, 일본식 양극화인 '격차 사회' 현상이 심해졌다. 일반적인 일본 국민들은 구조개혁에 대해 반감을 갖게 되었고 복지 수요가 증가했다. 그래서 2009년 선거에서 자민당이 패배하고 구조개혁은 후퇴하게 되었다. 이런 과정을 겪으며 자민당에서 민주당으로 정권교체가 이뤄진 이후에는 민주당뿐만 아니라 자민당도 구조개혁에 유보적인 입장을 보이게 된다.

하지만 '잃어버린 20년'이 흐르면서 동아시아에서 일본이 차지하는 상대적 위상은 특히 중국과 비교해서 크게 하락했다. 세계경제에서도 중국과 일본의 위치가 역전되었다. 이에 자극을 받은 일본은 아베노믹스를 추진하게 되었다.

자산 버블 붕괴와 아베노믹스 추진 사이에 일어난 일들은 우리나라에 많은 시사점을 준다. 1990년대 구조개혁이 지연되고 정치적 자원 배분이 늘어나면서 재정이 악화된 점, 2000년대 들어 고이즈미 총리가 구조개혁을 추진하는 데 양극화 문제에 대한 고려를 제대로 하지 않아 사회통합이 약화되고 구조개혁을 추진할 수 있는 정치적 기반이 무너진 점, 자민당의 선거 패배 이후 구조개혁이 후퇴하고 재정이 더욱 악화된 점 등에 주목해야 할 것이다.

일본의 GDP 대비 정부부채 비율을 보면, 1991년에는 67% 정도밖에 되지 않았다. 하지만 방만한 재정지출이 늘어나고 감세 정책이 추진되면서 눈덩이처럼 늘었다. 2001년 135%, 2011년 200%에 이르게 되

[그림 3] 업종별 좀비 기업 증가율 대 생산성 증가율

[그림 4] 부분별 한계생산성과 공공투자 비중

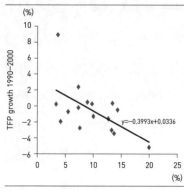

자료: Caballero, Hoshi, Kashyap(2009),
"Zombie Lending and Depressed
Restructuring in Japan," AER.

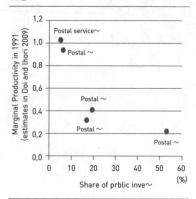

자료: Hoshi and Kashyap(2011), "Why Did
Japan Stop Growing?"

었다. 재정지출은 늘어나는데 감세를 추진한다면 생산성 향상 효과가 수반되는 감세여야 하는데 실제로는 그렇지 않았다. 점점 더 재정수지가 악화되는 결과를 낳게 된 것이다. 그리고 앞에서 말한 것처럼 자원이 시장에서 배분되기보다는 점점 더 정치적으로 배분되는 경향이 심해졌다.

[그림 3]은 업종별로 좀비 기업의 비중이 증가한 비율과 생산성 증가율 간의 관계를 보여준다. 여기서 좀비 기업은 어떤 이유로든 우량 기업보다도 낮은 금리를 적용받는 기업이다. AAA 등급을 적용받는 기업과 거기에 적용되는 금리가 있었는데 그 금리보다도 낮은 금리로 재원을 조달했던 기업들이 바로 좀비 기업이다. 정책적인 이유에서든 금융기관 자체의 이유에서든, 상당히 부실한데도 불구하고 연명시켜준 기업을 좀비 기업이라고 할 수 있다. 그런 좀비 기업의 증가율이 높은 업

종일수록 건실한 우량 기업이 자라는 데 문제가 생긴다. 따라서 그 업종의 생산성 향상이 둔화된다.

[그림 4]는 1991년 당시 공공투자의 부문별 한계생산성과 1992~2003년 공공투자의 부문별 비중을 보여주고 있다. 1991년 당시 IT 쪽은 한계생산성이 상당히 높았다. 반면 도로나 항만, 공항과 같은 부문은 이미 기반시설이 포화 상태에 이르렀기 때문에 한계생산성이 상당히 낮았다. 그런데 실제로 1992년부터 2003년 사이의 공공투자는 도로·항만·공항 부문 등에 집중되었다. 한계생산성은 낮지만 중후장대한 부문이라 정치적 효용이 컸기 때문이다. 이처럼 비효율적인 정치적 자원 배분이 확장되면서 일본은 서서히 경제적인 활력을 잃어갔다.

성장과 고용·복지의 선순환

선진국의 성장 경로나 반면교사로서 일본의 경험을 볼 때 결론은 명확하다. 우리나라는 구조개혁의 지연 문제를 극복하는 동시에 성장과 사회통합의 선순환을 이루어야 한다. 성장이라는 첫 번째 토끼와 고용·복지에 기초한 사회통합이라는 두 번째 토끼를 동시에 쫓아야 한다는 것이다.

성장이 중요한 것은 고용을 창출함과 동시에 복지에 필요한 재원을 확충하기 때문이다. 그런데 고용·복지를 통한 사회통합 역시 중요하다. 만약 GDP 상의 성장은 이루어지지만 고용이나 복지를 통해 일반 국민이 체감할 수 있는 혜택을 주지 못한다면 성장이 오래가지 못

[그림 5] 성장과 고용·복지의 선순환

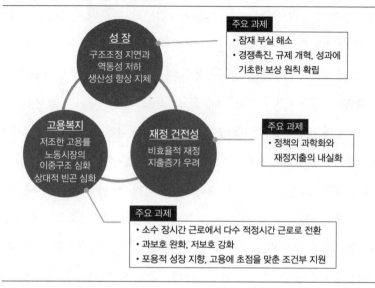

성장
구조조정 지연과
역동성 저하
생산성 향상 지체

주요 과제
· 잠재 부실 해소
· 경쟁촉진, 규제 개혁, 성과에
  기초한 보상 원칙 확립

재정 건전성
비효율적 재정
지출증가 우려

주요 과제
· 정책의 과학화와
  재정지출의 내실화

고용복지
저조한 고용률
노동시장의
이중구조 심화
상대적 빈곤 심화

주요 과제
· 소수 장시간 근로에서 다수 적정시간 근로로 전환
· 과보호 완화, 저보호 강화
· 포용적 성장 지향, 고용에 초점을 맞춘 조건부 지원

한다. 구조개혁을 추진하는 데 필요한 정치적 기반이 무너지고 성장의 지속가능성 그 자체가 훼손되기 때문이다. 이는 앞의 일본 사례에서도 볼 수 있었다. 만약 성장과 고용·복지 간의 선순환이 이뤄지지 않는 가운데 재정만으로 사회통합 문제를 해결하려고 하면 재정 건전성이 훼손될 수밖에 없다는 점을 강조하고 싶다.

성장과 관련해서는 잠재 부실을 해소하는 한편 경쟁을 촉진하며 규제 개혁을 하고, 무엇보다도 성과에 기초한 보상 원칙을 확립하는 일이 필요하다. 정부가 지원한다면, 지원에 따른 성과를 보고 성과에 기초해서 추가적 지원을 할지 말지를 결정해야 한다. 고용과 관련해서는 노동시장이 이중 구조로 이루어진 점을 고려해야 한다. 대기업 정규직 노조 부문의 경직성을 완화하면서 중소기업 비정규직 비노조 부문의 불안정성을 보완해야 하는 과제가 제기된다. 복지와 관련해서는 상대적 빈곤이 서서히 심화되는 상황에서 포용적 성장을 지향하면서 고용에 초점을 맞춘 조건부 지원을 확대할 필요가 있다. 이를 과제별로 나눠서 살펴보자.

성장을 위한 최우선 과제: 잠재 부실 해소와 경제의 역동성 제고

성장을 위한 최우선 과제는 잠재 부실 해소와 경제의 역동성 제고라고 할 수 있다. 다음 그림에서는 좀비 기업 기준이 아니라 이자 보상 배율이 3년 연속 1배 미만인 기업을 잠재 부실기업으로 규정하고 있다. 제조업 쪽은 비교적 국제경쟁에 노출돼있기 때문에 어느 정도 괜찮다. 그러나 서비스업 부문은 2000년대 이후에 건설업을 포함해서 잠재 부실기업이 늘어나는 추세다. 진입률과 퇴출률은 동반 하락하는 경향을

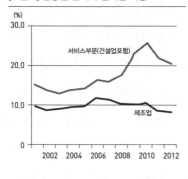

[그림 6] 업종별 잠재 부실기업 비중

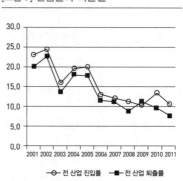

[그림 7] 진입률과 퇴출률

보인다. 이와 같은 잠재 부실 규모는 1997년처럼 급박한 위기를 불러올 정도는 되지 않는다. 하지만 경제 역동성 제고를 위해서 구조조정이 이뤄질 필요가 있다.

성장을 위한 두 번째 과제: 경쟁 촉진과 규제 개혁

성장과 관련된 두 번째 과제는 경쟁 촉진과 규제 개혁이다. 제조업과 서비스업 부문 둘 다 2000년대 이후 시장집중도가 늘어나고 있다. 경쟁 주창 기능을 강화하고 수입부문의 경쟁 압력을 높이는 동시에 담합이나 반경쟁적 행위를 차단하여 시장경제를 활성화하기 위한 정책 당국의 노력이 필요한 상황이다. 경쟁 촉진과 규제 개혁과 관련된 또 하나의 과제는 개방이다. 국내 부가가치를 높이는 방향으로 무역자유화와 외국인 직접투자를 촉진하는 것이 그 주요 과제다.

우리나라는 통상국가로서 WTO를 통한 다자무역체제의 발전에 기여하는 한편, 현실적인 여건을 고려하여 FTA를 전략적으로 추진할 필요가 있다. 그리고 국제역학 관계도 고려하여 TPP(환태평양동반자협정)와 RECP(역내포괄적동반자협정)를 적극 추진하는 것이 바람직하다. 우리나라는 독일이나 일본과 마찬가지로 산업 기반이 상당히 탄탄하다. FDI(외국인 직접투자) 잠재력이 높은 것이다. 그런데도 FDI 실적은 그렇게 좋지 않다. 그것 자체로 문제가 되지는 않는다. 그렇더라도 FDI를 통해 경쟁을 제고할 수 있고 선진적인 기법을 들여올 수 있는 여지가 있다. 따라서 외국인 직접투자를 확대하는 방안을 모색할 필요가 있다.

성장을 위한 세 번째 과제: 서비스산업의 선진화

성장과 관련된 세 번째 과제는 서비스업의 선진화다. 많은 전문가가 주장하다시피 현재 서비스업은 제조업에 비해 생산성이 턱없이 낮다. 그러나 1990년대 이전으로 돌아가 보면 서비스업의 생산성이 제조업보다 더 높았다. 그 사이 무슨 일이 일어난 것일까? 1990년대 들어 중국을 비롯한 후발 개도국의 추격이 가속화되면서 우리나라는 노동집약적인 제조업 부문을 중심으로 급격하게 구조조정이 이루어졌다. 봉제, 신발 등 노동집약적인 산업이 도태되기 시작했고 설상가상으로 1997년 외환위기가 닥치면서 많은 사람이 제조업 쪽에서 서비스업 쪽으로 방출되었다. 기업 도산에 따른 실직 외에도 조기 퇴직이나 명예퇴직이 대규모로 이뤄지면서 영세 자영업이 급증했다. 이에 따라 서비스업의 상대적 생산성은 급격히 하락했다. 아직 그 충격을 제대로 해소하지 못하고 있기 때문에 서비스업종별로 맞춤형 전략이 필요한 실정이다.

이를 좀 더 자세하게 살펴보자. [그림 8]에서 수평축은 OECD 평균과 비교했을 때의 우리나라의 업종별 고용 비중을 보여준다. 수직축은 OECD 평균과 비교했을 때의 노동생산성을 보여준다. 이 그림의 왼쪽 윗부분에 주목할 필요가 있다. 우리나라가 IT서비스나 보건의료 같은 업종은 상당히 높은 생산성을 가지고 있는데 고용 비중은 그렇게 높지 않음을 알 수 있다. 그러므로 이 부문에 대해서는 고용 비중을 확대하고 외국으로 진출하는 것을 장려하며 동시에 외국 고객을 유치하면서

[그림 8] 업종별 노동생산성 및 고용 비중(2010)

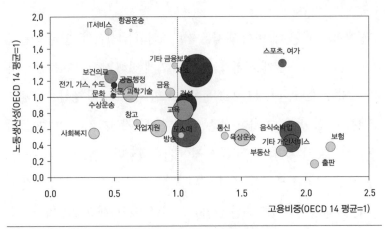

자료: OECD STAN-DB; 한국은행, 산업연관표; 통계청, 「경제활동연구조사」

발전시켜나가야 한다. 잠재력이 있고 생산성이 뒷받침되기 때문에 확장될 여지가 상당히 크다.

[그림 8]의 왼쪽 아래를 보면 사업 지원과 사회복지서비스가 있다. 이쪽은 생산성과 고용 비중 둘 다 OECD 평균보다 낮다. 따라서 이 부문은 생산성을 제고하면서 고용 비중도 높일 필요가 있다.

문제가 되는 부문은 [그림 8]의 오른쪽 아래에 있는 음식·숙박업이나 개인서비스와 같은 소비자서비스업종이다. 이 부문은 1990년대 초 이후 많은 인력이 제조업 쪽에서 방출되어 영세 자영업자 문제가 상당히 심각하다. 이 부문은 규제 완화가 아니라 구조조정과 기업화가 핵심 이슈다. 다른 부문에서 인력이 대규모로 방출되지 않도록 하는 한편, 주된 인력이 기업화를 통해 생산성을 제고하도록 해야 한다. 영세 자영업보다는 가맹점이나 기업 형태의 준비된 창업이 이뤄지도록 하는 것이 바람직하다. 또한 괜찮은 일자리에서 사람들이 조기에 퇴출되지 않도록 정년을 연장하되 생산성에 기초한 임금을 책정함으로써 영세 자영업자가 양산되지 않도록 하는 일이 필요하다.

그리고 가맹점과 관련된 불공정거래행위를 해소하여 가맹점이 기여한 만큼 정당한 보상을 받을 수 있도록 해야 한다. 지난 10년 동안 영세 자영업자의 숫자가 800만 명에서 700만 명으로 줄어들기는 했지만, 영세 자영업자의 고용 비중이 축소되고 생산성이 높아지도록 하는 것이 중요하다고 본다.

성장을 위한 네 번째 과제: 성과에 기초한 보상 원칙

성장과 관련된 네 번째 과제는 중소기업정책 등과 관련하여 성과에 기초한 보상 원칙을 확립하는 것이다. 기존 보호 위주의 정책을 변화시켜야 한다. 기회를 균등하게 부여하고 경쟁을 촉진하면서 성과에 기초하여 보상하는 방향이 바람직하다.

예를 들어 신용보증제도의 경우 원래 취지는 기업이 창업했을 때 신용력이 없으므로 공공기관이 보증해서 금융에 접근 가능하게 하는 것이다. 그런데 기업 업력이 늘어나 신용을 축적할 기회가 있다면 그와 같이 성숙한 기업에 대해 공공기관이 굳이 신용보증을 제공할 필요는 없다. 따라서 장기 보증 기업이나 거액 우량 기업에 대해서는 보증 졸업제를 운용하고 업력에 기초하여 신용보증 수수료를 더 많이 부과하든지 해서 기업 성과와 상관없이 보증이 계속 제공되는 관행을 개선할 필요가 있다.

고용과 복지부문의 과제: 고용의 양적 개선과 질적 개선 및 상대적 빈곤 문제 완화

그다음으로 고용과 복지부문의 과제를 살펴보겠다. 고용부문에서는 양적 개선과 함께 질적 개선이 모두 중요하다. 우리나라의 고용 관련 주요 지표는 OECD에서 가장 높거나 가장 낮은 양극에 있다. 연평균 근로시간, 임시직 비중, 자영업자 비중 등은 OECD에서 가장 높은 수준이고, 청년 고용률과 여성 경제활동 참가율 등은 가장 낮은 수준이다. 이미 청년 고용을 확대하고 여성 고용을 늘리는 것과 관련된 여러 정책이 추진되고 있다.

하지만 최근 당면 과제는 소수의 장시간 근로에서 다수의 적정 시간 근로로 전환하는 문제다. 예를 들어 대기업·공기업 정규직 노조부문은 우리나라에서 10%도 되지 않는 비중을 차지하고 있는데 그 부문은 장시간 근로를 한다. 그러나 나머지 부문의 고용 조건과 근로시간은 상대적으로 부족한 수준이다. 더구나 유연한 근무를 선택하려고 할 때 직장을 그만두어야 하는 등의 문제도 있다. 따라서 실제 근로시간을 줄여나가면서 시간 선택제 근로를 확대하는 것이 중요하다. 우리나라에서 공기업·대기업 정규직 노조부문은 전체 근로자 수 기준으로 7.4%다. 무노조 비노조 비정규직이 26.2% 정도 되고 그 외 근로자가

66% 정도이다. 10%도 안 되는 부분이 너무나 과보호되어 있고 반대로 무노조 비노조 중소기업 쪽은 사회 안전망도 제대로 갖춰져 있지 않다. 둘 사이에 균형을 찾아가는 것이 중요한 과제라 하겠다.

복지와 관련된 핵심 과제는 깊어지는 상대적 빈곤 문제를 완화하는 것이다. 이와 관련해서는 고용과 복지를 연결함으로써 일자리를 만들어내면서 복지를 전달하는 부분이 상당히 중요하다. 단순히 빈곤을 구제하는 차원을 넘어 고용 역량을 높이는 적극적 노동정책이 필요하다.

위험 요인의 관리: 상대적 빈곤 문제 완화, 가계부채의 완화와 재정지출의 내실화

거시·금융 안정과 관련된 과제로는 가계부채의 안정 관리가 우선적이다. 현재는 가계부채와 관련해서 일시에 상환하도록 하는 대출상품이 대부분을 차지하고 있는데, 그보다는 원리금을 비교적 오랜 기간 나눠서 분할 상환할 수 있도록 바꾸는 것이 바람직하다. 이를 위해 금융감독을 강화하고 세제 혜택 등의 인센티브를 주는 것이 긴요하다.

그리고 일본 사례를 소개하면서 강조했듯 재정지출의 내실화가 중요하다. 우리나라 SOC와 보건·복지 분야를 살펴보자. 고속도로나 일반도로의 2012년 교통량은 2003년의 95%에서 98% 수준이다. 물론 노선에 따라 차이는 있지만, 고속도로와 일반 국도는 전반적인 포화 상태에 이르렀다. 여기에 계속 공공투자를 집중하는 것은 그리 효율적이지 않다. 복지 수요도 늘어나고 있고 다양한 정책 수요에 부응하기 위한 재원이 마련돼야 하는 상황인데 재정 여건이 만만치 않다. 그러므로 SOC와 관련된 투자 우선순위와 시기를 조절할 필요가 있다.

보건·복지와 관련해서도 과제를 살펴보자. OECD 평균과 비교했을 때 우리나라의 복지 수준은 낮은 편이다. 이 때문에 빠르게 복지 지출을 확대하고 있다. 그런데 지출의 효용성에 대한 평가가 제대로 이뤄지지 않는 것 같다. 과거 개발국가체제 때처럼 주무부처가 중심이 돼서 건강보험 급여를 책정하는 등의 의사결정이 이뤄지고 있다. 이보다는 민간 전문가가 함께 참여해서 실제로 비용 대비 효과가 있는지를 점검하고 보건·복지 지출을 효율화하는 방식이 바람직하다.

우리나라는 그동안 건강보험 쪽에서 비교적 비용을 잘 통제해왔다. 그런데 이번에 비용 효과가 아직 검증되지 않은 신의료기술을 급여화하는 파격적인 계획을 채택했다. 이와 같은 급여 지급 방식이 채택되고 확장되면 보건·복지 재정이 급속히 악화될 것이므로 검증을 강화해야 한다. 재량보다는 준칙에 기초하여 재정을 집행하는 것이 옳다.

공약 이행의 과학

마지막으로 공약 이행의 과학Science of Delivery에 입각할 필요가 있다. 공약이 있다면 계량화된 정책 목표를 제시해야 한다. 기획·집행·평가를 분리해서 순차적으로 진행할 것이 아니라 상호 침투적으로 실시해서 정책 효과를 제고할 필요도 있다. 만약 기획한 것과 달리 부작용이 발생한다면 왜 그와 같은 부작용이 일어났는지 점검하고 이에 대한 평가를 통해 기획을 재조정하는 방식이 요구된다. 주기적인 성과 점검을 통해 평가 결과를 궤도 재조정에 반영하는 것이다. 물론 유효 경쟁이 도입 가능한 부문에서는 시장 기제를 적극 활용하는 게 효과적일 것이다. 이와 같은 접근 방식은 재정지출의 내실화가 요구되는 시점에서 더욱 중요한 개혁 과제가 된다.

임원혁

경쟁, 규제, 기업 지배구조와 국제개발 분야의 전문가이다. 미국 스탠퍼드대학교 물리학과와 사학과를 졸업하고 같은 대학에서 경제학 박사학위를 받았다. 1996년부터 한국개발연구원(KDI)에 재직하고 있다. 2002년 대선 후 대통령직인수위원회와 대통령 직속 동북아위원회에 참여하였고 2005~2006년 브루킹스연구소 CNAPS 연구위원, 2008년부터 KDI 경제개발협력연구실장으로 활동했다. 현재 KDI 경쟁정책연구부장과 글로벌경제연구TF장을 맡고 있다.

02 | 한국경제 장기추세선 하락 전망, 이대로 둘 것인가?

김정식(연세대학교 상경대학장, 차기 한국경제학회 회장)

한국은 과연 일본형 장기 저성장 현상을 따라갈 것인가? 이에 대한 예측은 분분하다. 하지만 한국이 일본의 '잃어버린 20년'을 따라가지 않으리라는 보장은 없다. 최근 한국의 저성장 기조는 국외부문에서 아직 진행 중인 세계 경제위기 때문에 수출 증가가 둔화와 함께 국내투자 감퇴가 주원인이라고 할 수 있다.

국내부문에서는 가계부문의 구조적 위축과 기업투자 마인드가 되살아나지 못하는 환경적인 요인이 존재한다. 한국경제는 함정에 빠져 있다. 높은 임금과 과도한 노사분규로 기업 설비투자와 일자리가 감소하고 있다. 그리고 일자리 부족은 다시 과도한 노사분규를 불러와 기업투자가 감소하는 악순환에 빠지게 되었다. 연금과 복지체제가 제대로 구축되지 않은 상황에서 고령화와 저성장 국면으로 진입해 복지 수요가 증가함으로써 국가부채 또한 늘어나는 현실이다.

한국경제 장기추세선 하락 추세, 이대로 둘 것인가?

국가경제가 지속적으로 성장하기 위해서는 다양한 조건이 필요하다. 부존자원이 많거나 노동과 자본의 생산성이 높아야 한다. 그리고 기업투자가 늘어날 수 있어야 하며 단기적으로는 경기를 부양시키기 위한 올바른 거시경제정책도 필요하다. 또한 출산율이 높아 젊은 인구의 비중이 커야 한다. 개방경제하에서는 국부의 창출이 무역이나 금융투자를 통해 이루어지기 때문에 국부 창출을 통해서도 성장잠재력이 높아질 수 있다.

중상주의mercantilism에 따르면 환율을 높이는 등의 방법으로 수출을 늘리거나 보호무역으로 수입을 줄여 국부를 창출할 수 있다. 또한 자본시장 자유화 환경에서 국외 금융투자를 통해 국부를 늘릴 수 있다.

우리나라는 인적자본 외에 부존자원이 많지 않다. 그래서 그동안 인적자본을 고도화시키고 동시에 수출을 통해 국부를 증가시켜왔다. 그 결과 높은 성장률을 유지할 수 있었다. 그러나 최근 들어 출산율이 낮아지고 자본시장이 개방되는 등 경제 여건의 변화에 올바르게 대응하지 못하면서 잠재성장률이 낮아지고 저성장 기조가 고착화될 가능성이 높아졌다. 우리 경제를 부활시키고 잠재성장률을 높이기 위해 적극적인 정책 대응을 할 필요가 있다.

우리 경제 여건의 변화

우리 경제 여건은 최근 크게 변화하고 있다. 자본자유화가 진전되어 국경 간 자본이동이 활발해졌으며 이 때문에 통화정책의 효율성과 독립성이 저하되었다. 그리고 과도한 자본의 유입에 따른 갑작스러운 자본의 유출로 구조적으로 외환위기의 위험에 노출되어 있다.

고령화가 진전되고 가족에 의한 노인 부양이라는 전통적 패턴이 사라지면서 노후가 불안해지고 있다. 연금과 복지체제가 구축되지 않은 상황에서 고령화와 저성장 국면으로 진입했다. 이에 따른 복지 수요 증가로 국가부채도 늘어나고 있다.

산업구조 역시 큰 변화가 있었다. 중국의 부상으로 제조업이 중국으로 이전하면서 서비스업의 비중이 높아졌으며 실업이 늘어나고 있다. 앞으로 우리 주력산업의 중국 이전이 가속화된다면 이러한 현상은 더욱 심해질 것이다. 산업구조 변화에 따른 인적자원 공급체제, 즉 교육체제의 변화가 요구된다.

무역체제 또한 변화가 예상된다. 자유무역협정FTA과 환태평양동반자협정TPP으로 국경 간이나 지역 간 관세장벽이 없어지고 세계는 하나의 시장으로 변화하고 있다. 이러한 추세는 앞으로 더욱 진전될 것이다. 관세를 보호무역의 수단으로 사용하지 못하게 되면서 환율을 통해서 수출을 늘리고 수입을 줄이려는 환율전쟁이 심화될 것이라 전망된다.

이러한 변화에 효과적으로 대응하지 못하면서 우리 경제는 현재의 저성장 국면으로 진입하게 되었다. 1997년과 2008년 두 번의 외환 부족을 경험하기도 했다. 비록 무역에서는 국부가 창출되었으나 금융부문에서 국부가 유출되면서 성장이 정체되고 있다.

기업투자가 감소하고 일자리도 부족해졌다. 과도한 노사분규와 기업투자 부진의 악순환으로 야기된 저성장 국면에서 벗어나기 위해 우리 경제를 새롭게 구축Reshaping할 필요가 있다. 각종 변화에 부응하여 연금제도. 교육제도, 유통제도 등도 개선해야 한다. 과거의 틀과 제도로는 경제가 더는 성장하기 어렵기 때문이다.

이렇듯 변화에 대응하기 위해 정부는 중장기 계획을 수립해 우리 경제의 청사진을 제시할 필요가 있다. 이를 통해 국민과 기업에게 우리 경제에 대한 자신감을 줌으로써 소비와 투자가 늘어나도록 하는 것이 중요하다.

우리 경제의 현안들

일자리 부족과 저성장 국면 지속

우리 경제는 지금 함정에 빠져 있다. 높은 임금과 과도한 노사분규로 기업 설비투자와 일자리가 감소하고 있다. 일자리 부족은 다시 과도한 노사분규를 불러와 기업투자를 감소시킨다. 우리 경제는 이런 악순환의 고리를 끊지 못하고 있다. 기업투자 부진으로 청년실업이 증가함은 물론 조기 퇴직으로 40~50대 실업까지 늘고 있다. 일자리 구하기는 점점 어려워지고 있다.

장기적으로도 우리 경제의 전망은 밝지 않다. 출산율 저하와 기업투자 부진으로 우리나라의 잠재성장률은 현재의 3% 후반에서 2020년에 2% 후반대로, 그리고 2030년대에는 1%대로 낮아져 저성장 국면으로 들어갈 것이 예상된다. 또한 제품 라이프사이클 가설에 따라 현재 우리의 주력산업인 조선, 철강, 자동차, 전자 등의 산업생산지가 점차 중국으로 이전될 것이라는 점에서 보면 앞으로도 일자리가 늘어나기는 쉽지 않고 성장률을 높이기도 어렵다는 것을 알 수 있다.

가계부채 및 국가부채 증가

이러한 일자리 감소와 성장률 저하는 소비를 줄이고 경기침체를 심화시켜 중소기업은 물론 금융회사의 부실을 늘릴 수 있다. 또한 생계형 가계부채를 증가시키는 요인이 된다. 현재 가계부채는 1,000조 원에 근접하고 있으며 가처분소득 대비 가계부채 비중은 155%이다. 세계 9위에 해당하는데 OECD 평균 135%를 넘어선 비율이다.

또한 연금과 복지 시스템이 확충되지 않은 상태에서 우리 경제가 저성장 국면으로 들어갈 경우 복지 수요가 증가하면서 재정적자와 국가부채가 큰 폭으로 늘어날 것이 예상된다. 현재 우리나라의 GDP 대비 국가부채는 정부부채만 고려하면 35% 수준으로 문제가 없다. 그러나 공기업 부채를 포함한 국가부채는 위험 수준인 60%를 넘어서 70%에 달하고 있다.

고령화와 연금체제 미비

고령화도 급격히 진전되고 있다. 출산율이 OECD 국가 중 최저인 1.18명이기 때문이다. 고령화는 급속히 진전되는데 연금·복지체제가 구축되지 않아 사회적 불안 요인이 되고 있다. 노후를 염려한 노동자들이 직장에 근무할 동안 노후 생계자금을 마련하기 위해 임금 인상을 요구하고 있으며 과격한 노사분규를 발생시키고 있다.

높은 생활물가

소비자물가지수 등 지표물가의 상승률은 3% 이내에서 안정되고 있으나 식탁물가와 주택비용, 의료비용, 교육비 등 서민들의 생활과 밀접한 관계가 있는 생활물가가 높아 임금 상승의 원인으로 작용하고 있다.

자본 유출과 외환위기

우리나라는 선진국보다 높은 금리하에서 자본자유화를 했기 때문에 과도한 자본 유입surge과 갑작스러운 자본 유출sudden stop을 반복하고 있다. 즉 과도한 자본 유입으로 환율이 하락하면서 경상수지가 악화되면 유입된 자본이 유출되면서 외환 부족으로 인한 외환위기가 발생할 위험에 노출되어 있다. 또한 자본자유화에 대응해서 통화정책을 효율적으로 사용하지 못함으로써 시중 유동성을 조절하지 못하고 경기를 부양시키지 못하는 문제가 발생하고 있다.

금융산업 경쟁력 약화와 국부 유출

금융산업 중 특히 은행산업은 주인이 없는 경우가 많아 장기적인 경쟁력을 높이기 위한 충분한 투자를 하지 못하고 있다. 그 결과 금융산업의 경쟁력이 낮아 외국에 진출 시 손실이 발생하고 있으며 국내에서도 증권시장에서 국부 유출이 발생하는 원인이 되고 있다.

성장잠재력을 높이기 위한 과제

우리 경제가 지금의 함정에서 벗어나 일자리를 만들고 성장률을 높이기 위해서는 정부의 체계적이고 장기적인 대책 마련이 필요하다. 정부는 과거 경제개발 5개년 계획과 같은 성장전략과 제도 개선을 포함하는 중장기 계획을 제시해 기업과 국민에게 자신감을 불어넣어야 한다.

기업투자 활성화

먼저 일자리를 늘려야 한다. 그래야 소비가 늘어나고 복지 수요가 줄어들어 국가부채도 줄일 수 있기 때문이다. 일자리를 늘리기 위해서는 일자리 부족의 원인인 기업투자가 늘어나지 않는 이유를 살펴볼 필요가 있다.

기업투자가 부진한 원인은 다양하다. 기업투자를 감소시키는 요인으로는 높은 법인세와 금리, 과도한 정부 규제, 대기업과 중소기업의 불공정거래 관행, 우리 경제의 미래에 대한 불안감 그리고 과도한 노사분규와 높은 임금 등이 있다. 이 중에서 가장 중요한 것은 역시 과도한 노사분규와 높은 임금이라고 할 수 있다. 그동안 정부는 금리와 법인세를 인하하고 정부 규제를 완화했으며 동반 성장을 통해 중소기업과 대기업의 공정거래 관행을 마련해주려고 노력했다. 그런데도 기업의 설비투자가 늘어나지 않고 있다. 그 이유는 우리 경제의 미래에 대한 불안감과 과도한 노사분규와 높은 임금이라고 때문이라고 할 수 있다.

따라서 우리 경제의 성장잠재력을 높이기 위해서는 과도한 노사분규와 높은 임금의 원인인 연금체제 미비와 높은 생활물가 문제를 해결할 수 있는 정책 방안을 수립해야 한다.

민간연금제도 구축

기업 설비투자가 늘어나게 하기 위해서는 생산성보다 높은 임금 인상과 과도한 노사분규를 해소하는 것이 중요하다. 지금과 같이 연금체제가 확립되지 않은 상황에서는 노동자들이 노후를 준비하기 위해 직장에 다니는 동안 퇴직 후 생활비용을 미리 마련하려고 높은 임금 인상을 요구한다. 그래서 이에 따른 과도한 노사분규가 발생한다. 정부는 높은 임금 인상과 과도한 노사분규의 원인을 해소하는 데 주력할 필요가 있다. 실제로 현재 교사, 공무원, 군인을 제외하고는 대부분의 국민을 위한 연금체제가 구축되어 있지 않다. 현재 최고 월 120만 원을 받게 되는 국민연금으로는 노후생활을 하기에 충분하지 않다. 따라서 정부는 중장기적으로 국민연금을 보완할 수 있는 민간연금체제를 하루빨리 구축해 현재 30대가 퇴직할 때는 모두 충분한 연금 혜택을 받도록 제도를 보완해야 한다.

또한 이러한 연금체제의 구축은 대기업 노조의 과도한 이익 추구를 막아 중소기업의 수익률을 높여주어 중소기업 고용을 늘리게 할 수도 있다. 연금체제가 구축될 경우 현 직장에서 노후 소득을 적극적으로 마련할 필요가 줄어들기 때문이다.

라이프사이클 임금에서 초임과 최고 임금 사이의 격차 축소

조기 퇴직은 큰 사회적 문제이다. 소득 부족은 가계부채가 증가하는 원인이 되고 있으며 동시에 복지 수요를 늘려 국가부채가 늘어나게 하고 있다. 조기 퇴직을 막기 위해서는 임금피크제도 등도 필요하다. 하지만 그보다도 먼저 초임과 피크타임의 격차가 과도한 임금구조를 개선해야 한다. 현재 3~4배 임금 차이를 축소해서 독일 등처럼 2배 정도가 되도록 조정할 필요가 있다. 이 경우 연령별 생산성에 적합한 임금구조를 만들 수 있다. 조기 퇴직을 막을 수 있고 퇴직연령을 연장할 수 있어 연금 지불을 늦추고 복지 수요를 줄일 수 있다. 그러나 이러한 임금구조 개선을 위해서는 연금 시스템 구축이 전제되어야 한다. 연금체제가 구축되어야 높은 임금 인상을 요구하지 않게 된다. 따라서 피크타임 임금이 과도하게 높아지지 않아도 된다.

생활물가 안정을 위한 유통구조 개선

높은 임금 인상을 억제하기 위해서는 식탁물가와 같은 생활물가를 안정시켜야 한다. 우리나라는 소비자물가지수와 같은 지표물가는 안정되어 있으나 식탁물가 상승률이 높다. 식탁물가를 안정시키기 위해 미국 등 선진국의 사례를 분석할 필요가 있다. 현재의 비효율적인 다단계 유통구조를 단순화하고 수급에 대한 전자 시스템을 구축하여 식탁물가를 안정시키도록 해야 한다.

주택가격 안정을 위한 광역교통망 구축

생활물가를 안정시키기 위해서는 주택가격을 안정시켜야 한다. 주택가격 안정을 위해서는 도심 재건축에 의한 주택공급 등의 정책을 고려할 수 있다. 하지만 이보다는 부심의 교통망을 확충함으로써 부심의 주택 수요를 증가시켜서 주택가격과 전세가격을 안정시킬 필요가 있다. 그러면 미분양 주택을 소진시켜 주택가격을 안정시킬 수 있으며 동시에 주택 경기도 부양할 수 있다.

실제로 주택과 교통망은 결합재의 성격을 가진 재화인데 우리는 이를 분리하여 공급함으로써 주택가격이 불안정한 문제가 발생한다. 주택가격과 전세가격을 안정시키고 주택 경기를 부양하기 위해서는 선진국과 같이 부심에서 도심까지 30~40분 이내에 왕래할 수 있는 급행 지하철 건설을 서둘러 하거나 혹은 기존 지하철에 급행 지하철 라인을 신설하는 문제를 검토해야 한다.

과학기술 인력 양성과 중소기업 기술 지원 강화

기업투자를 늘리는 또 다른 방법은 과학기술 수준을 높이는 것이다. 높은 임금에도 불구하고 기업투자가 늘어나게 하기 위해서는 높은 수준의 과학기술력이 필요하다. 그리고 이는 이공계 대학에 우수한 인재가 갈 수 있도록 다양한 유인을 제공해야 가능하다. 현재와 같이 이공계 기피 현상이 지속될 경우 앞으로 설비투자가 감소하면서 일자리 문제는 더욱 심각해질 수 있다. 우리의 주력산업이 중국으로 이전하는 것을 지연시키기 위해서도 과학기술 인력의 양성은 중요하다.

또한 일자리의 88%를 차지하는 중소기업의 기술경쟁력을 높이기 위해 정부의 지원이 필요하다.

미래 성장동력 육성 계획 수립

미래의 성장동력에 대한 육성 계획 수립과 지원도 중요하다. 글로벌 금융위기 이후 산업정책과 산업금융의 중요성은 다시 높아지고 있다. 주력산업의 중국 이전에 대비하여 미래 성장산업에 대한 정부의 지원과 육성 계획을 중장기적으로 수립해야 한다. 우리 경제의 미래에 대한 밝은 전망을 기업들에 심어주어야 기업투자가 늘어날 수 있다. 투자는 현재의 경제 여건도 중요하지만, 미래의 전망에 따라 결정되기 때문이다.

자본자유화에 맞는 통화정책 패러다임 구축

우리는 자본자유화를 했으나 자본자유화에 맞는 통화정책 패러다임을 찾지 못하고 있다. 무역 의존도가 높고(환율을 일정 수준에서 안정시켜야 하는) 소국이면서 자본자유화를 한 국가(불가능한 삼위일체의 함정이 존재) 그리고 비교환성 통화를 가진 국가의 경우 통화정책의 독립성과

효율성이 저하된다. 자본자유화 시대 통화정책의 독립성을 높이고 효율성을 제고하는 방안을 시급히 마련해 외환위기로 인한 국부 유출을 막아야 한다.

비교환성 통화를 가진 신흥시장국은 과도한 자본 유입surge에 의해 환율이 적정 수준 이하로 하락하고 그 결과 경상수지가 악화되면 갑작스러운 자본 유출sudden stop에 의해 외환 부족을 겪게 된다. 이를 방지하기 위해서는 과도한 자본 유입에 대한 규제가 필요하다. 또한 외환 보유고를 확충하는 등 자본 유출에 대한 대비가 있어야 한다.

출산율 제고

경제가 성장하기 위해서는 수요가 중요한데 이는 출산율을 높여야 가능하다. 젊은 인구 비중이 높아져야 소비가 늘어날 수 있기 때문이다. 그러나 우리나라의 출산율은 OECD 국가 중에서 최저이며 일본보다도 낮다. 15~49세 사이 가임 여성의 평균 자녀수인 출산율은 미국이 2.0명인 데 비해 우리는 1.18명에 불과하다. 여성의 사회 참여가 늘어나고 있어서 앞으로 출산율이 더욱 낮아질 가능성이 높다.

출산율을 높이기 위해서는 일자리가 만들어져야 하고 동시에 교육비와 주택비용도 낮추어야 한다. 경제적 여유가 있어야 출산율이 높아질 수 있기 때문이다. 또한 보육비를 지원하고 여성들이 직장과 육아를 병행할 수 있도록 각종 제도를 개선해야 한다.

금융산업의 경쟁력 강화

외국인 금융투자로 인한 국부 유출을 최소화하고 금융산업에서 국부를 창출하기 위해서는 금융 전문인력을 양성할 필요가 있다. 이를 위해서는 현재의 금융 건전성 지표 중에 교육훈련비 지출 항목을 포함할 필요가 있다. 금융 인재 양성은 미래의 금융 건전도를 높여줄 수 있기 때문이다.

우리 경제는 1965년부터 고속성장을 해왔으나 이제 성장잠재력이 소진되면서 저성장 국면으로 들어가고 있다. 성장잠재력을 높이기 위해서는 먼저 현재의 경제 여건을 점검해볼 필요가 있다. 고령화와 자본자유화, 중국의 부상으로 경제 여건이 많이 변했다. 변모한 경제 여건에 맞게 교육제도, 유통제도, 연금제도 등 각종 제도를 보완하고 변화시켜야 한다. 또한 경제정책의 패러다임도 변화된 여건에 맞게 바꾸어야 한다. 물론 제도의 개선에는 많은 이익집단이 개입되기에 쉽지 않은 과제이다. 그러나 국민을 설득하고 정부의 리더십으로 이를 이루어야 하고 변화된 경제 여건에 맞는 새로운 정책 패러다임을 가져야 한다. 그렇게 해야 우리 경제는 성장잠재력을 높여 부활할 수 있다.

복지정책 수요 증가와 재정 건전성 확보, 정부의 올바른 선택은 무엇인가?

늘어나는 복지정책 수요와
정부의 올바른 대응은?

김용하(순천향대학교 금융보험학과 교수)

한국의 복지 수요는 그야말로 폭증하고 있다.

고령화, 저출산 등에 따른 인구구조적 문제로 복지 수요는 폭발적으로 증가 중인데, 국가의 재정력은 이에 비해 턱없이 취약한 것이 현실이다. 인구의 고령화는 급속히 진전되고 있는 반면 연금·복지체제는 제대로 구축되지 않아 사회적 불안 요인이 되고 있다.

하지만 정치권에서의 포퓰리즘적 복지의 병폐는 심각하다. 복지정책은 한 번 시작하면 되돌리기 어렵고 시간이 흐르면 재정 수요가 눈덩이처럼 불어나는 특징이 있다. 그리고 복지의 대부분은 기득권화되는 경향이 있다는 점에서 더욱 문제가 크다.

2013년은 복지의 필요성과 재정의 한계를 동시에 보여주었던 한 해였다. 2012년 대통령선거에서 제시되었던 복지 공약 실천을 위한 구체적인 정책들이 추진되었으나 이를 뒷받침할 재정은 빈약했다. 2014년 이후에도 당분간 이러한 상황은 크게 변하지 않고 계속 이어질 것으로 전망된다.

늘어나는 복지정책 수요에 따라 적재적소에 꼭 필요한 선별적 복지정책의 시행이 시급하다. 정부의 올바른 대응은 무엇인가?

2020년의 복지 수요 전망과 늘어나는 재정부담

2013년 기준으로 노인인구 비율은 12.2%이고 1인당 GDP는 2만 5,000달러 수준인 우리나라의 복지 재정지출은 GDP의 10% 수준이다. 10년 뒤인 2020년, 우리나라의 노인인구 비율은 15.6%, 1인당 GDP는 3만 3,000만 달러 시대로 접어들 것이다. 노인인구 비율과 1인당 GDP가 1.5배가 되는 선진화된 경제사회로 성장할 것으로 전망된다.

2020년에는 국민연금 급여율(40년 가입 기준)이 현재보다 5%p 하락한 44%가 되고 기초연금의 도입으로 노인 소득 보장을 위한 정부지출은 급속히 높아질 가능성이 있다. 연금 수급 개시 연령도 현재의 60세에서 62세로 높아진다. 그렇지만 국민연금 수급자 수는 현재의 300만 명 수준에서 500만 명으로 늘어난 시대에 돌입할 것으로 전망된다. 그렇지만 베이비붐 세대가 은퇴하고 노인인구로 진입하기 시작하는 현시점은 고령화에 따른 부담이 본격적으로 증가되는 시기이기도 하다. 국민연금과 기초연금의 재정지출이 GDP의 2.1%(2010년 1.2%)로 늘어날 것으로 전망된다.

건강보험 지출은 현재의 보장률 수준을 그대로 유지한다 하더라도 2010년 현재 GDP의 2.8% 수준에서 2020년경에는 3.4% 수준으로 0.6%p 높아질 것으로 예측된다. 따라서 보험급여 지출의 증가로 보험료와 정부 보조 양 측면에서 압박이 크게 늘어날 것으로 전망된다. 게다가 노인장기요양보험의 부담도 0.44%로 현재의 2배 수준으로 증가할 것으로 예상되어 획기적인 재정 투입이 전제되지 않는 이상, 건강보험 보장률은 현 수준(65% 내외)을 넘어서기가 쉽지 않을 것이다.

보육 등 가족에 대한 지출은 현재의 정부투자 수준을 그대로 유지할 경우, 2020년경에 가서도 GDP의 0.5% 선에 머물 것으로 전망된다. 일반적으로 노동보험으로 통칭되는 산재보험과 고용보험은 현재의 비중과 거의 유사하게 유지될 것이고, 국민기초생활보장 및 여타 복지 수준 역시 현재의 기조를 그대로 유지할 것으로 예상된다. 따라서 현재의 복지제도를 그대로 유지한다 하더라도 복지 수요가 GDP의 12.0% 수준으로 증가할 것으로 전망된다.

복지를 바라보는 우리의 시각

과거 우리 국민이 복지를 바라보는 관점은 구빈적인 시각이 지배적이었다. 생활이 어려운 사람을 있는 사람이나 국가가 돕는 것을 복지라고 생각해왔다. 그렇지만 적어도 1997년 금융위기 이후부터 이러한 시각은 조금씩 변했고 지금은 확연히 달라져 있다. 이제 한국에서 구빈적 차원의 복지는 전체 복지의 10%도 채 되지 않는 상황에 와 있다.

1997년 금융위기를 지나면서 절대적으로 안정적인 국민이 없는 사회가 되었다. 대마불사로 인식되던 재벌그룹조차도 맥없이 해체되는 과정을 보았고 부자도 한순간에 신용불량자가 되는 마당이기에 중간 계층은 더더욱 안심하고 살 수 없는 세상이 된 것이다.

그렇지만 분명한 사실은 우리 국민의 평균적·물질적 생활 수준이 지속적으로 개선돼왔다는 점이다. 아마 요즘 보통 사람의 생활 수준은 조선 시대 왕과 양반들의 수준보다 높으면 높았지 낮지는 않을 것이다. 그만큼 풍요로워진 것이다. 우리나라가 OECD 국가 중 빈곤율이 높은 국가라고 하지만 지금의 빈곤 개념은 과거 보릿고개 식의 빈곤 개념과는 차원이 다르다. 워킹푸어, 하우스푸어 같은 영문식 빈곤 개념이 등장하는 것도 이러한 빈곤의 내용에 대한 변화를 상징적으로 설명한다.

지난 10여 년 동안 GDP는 세계 10위권으로 격상되고, 1인당 GDP도 1997년 당시 1만 달러에서 2013년 2만 5,000달러로 2배 이상이 되었다. 하지만 더 큰 대한민국이 되었음에도 국민의 불안전성은 더욱 증폭되었다. 직장을 다니는 사람이나 새롭게 사회에 진출하는 사람 모두 자신의 일자리를 걱정해야 한다. 아프거나 다치지 않을까 하는 건강과 안전에 대한 불안도 여전하다. 또 결혼과 출산 여부에서부터 자녀를 훌륭하게 키우는 문제는 대부분 사람이 공통적으로 가지고 있는 고민거리다. 시골의 부모님을 어떻게 모실 것인지, 나 자신의 노후는 어떻게 챙겨야 할지에서부터 당장의 전셋값, 장바구니물가까지 모든 고민이 발등의 불이다.

생존만이 당면한 문제였던 근대화 초기에 비해 선진국의 문턱에 있는 지금의 우리는 여러 가지 과제를 동시에 풀어가야 한다. 국가적으로는 이제까지 올려놓은 국가 위상을, 기업은 시장지배력을, 개인은 자신의 생활 수준을 유지 또는 발전시켜야 하는 불확실성에 직면한 것이다. 다시 말해 누리고 있는 것이 늘어난 만큼 근심 걱정도 커진 것이다. 또 불확실성에 의한 위험은 이제 일부 불행한 서민들이 아닌 대부분의 국민이 경험하는 것이다. 국민이 느끼고 있는 불안감도 한정된 것이 아닌 포괄적인 성격을 가지게 되었다. 그 때문에 복지제도 한두 가지 개선만으로 문제를 해결하기가 매우 어려운 상황이라고 할 수 있다. 국가의 책임도 일부 국민이 아닌 국민 전체로 대상이 확대되었기에 현재 우리나라의 복지 문제는 총체적이라고 할 수 있다. 게다가 우리가 직면하고 있는 어려움 중 상당 부분은 우리가 어떻게 해도 해결하기 어려운 대외적 요인이 크다. 그러나 이것만으로 국민의 양해를 얻을 수도 없다.

박근혜 정부의 주요 복지정책

신정부의 주요 복지정책을 보면, 첫째, 저소득층 복지 지원체계를 맞춤형으로 개편한다. 생계·주거 등 급여별 선정 기준 및 지원 내용이 차별화되도록 기초생활보장제도 급여체계를 개편하고 사각지대를 해소하는 데 주력(6조 3,000억 원)하고 있다. 둘째, 노후 소득 보장 강화를 통한 노인 빈곤 완화를 위해 노인에게 기초연금(최대 월 20만 원)을 지급할 계획(17조 원)이다. 셋째, 보장성 강화를 통해 의료비 부담을 완화하기 위해 암, 희귀 난치성 질환, 심장질환, 뇌혈관질환 등 4대 중증 질환 관련 필수 의료서비스에 대해 건강보험 적용을 확대(2조 1,000억 원)하고 소득 계층별 본인부담 상한액 조정 및 등급 세분화를 실시한다. 이와 함께 노인 임플란트 급여화 및 틀니 지원을 단계적으로 확대할 계획이다. 넷째, 장애인의 삶 전반에 걸친 통합 지원체계를 구축하기 위해 장애인 연금의 기초급여는 기초연금 도입과 연계하여 2배 수준으로 확대하고 부가 급여도 현실화할 계획이다. 다섯째, 맞춤형 출산장려정책을 적극 추진할 계획이다. 자녀장려세제 도입을 통해 새 아기에게 장려금을 지급하고, 셋째 아이 이상에 대해 대학 등록금을 전액 지원한다. 여섯째, 부모와 아이가 행복한 육아 시스템 구축을 위하여 국공립·공공형 어린이집 지속 확충, 일시 보육 서비스 지원 및 육아종합지원센터를 신축 확대한다. 그리고 지원 대상 확대 등을 통해 육아휴직의 활성화를 지원하며, 초등학생 돌봄 교실 확대를 통한 학교 내 돌봄을 강화할 계획이다. 일곱째, 영유아 보육·교육에 대한 국가 완전 책임의 실현을 위해 5세 보육료 또는 양육수당을 전 계층에 지원(5조 3,000억 원)하고, 3~5세 누리 과정 지원 단가를 단계적으로 인상할 계획(6조 5,000억 원)이다.

신정부는 집권 5년 동안 수행할 공약으로 27조 6,000억 원, 대선 공약으로 94조 6,000억 원, 지방 교부세 9조 2,000억 원 합계 131조 4,000억 원이 소요되는 국민 약속을 했다. 분야별로는 경제 부흥 33조 9,000억 원, 국민 행복 79조 3,000억 원, 문화 융성 6조 7,000억 원, 평화통일 기반 구축 17조 6,000억 원으로 구성된 총합 134조 8,000억 원의 공약 이행을 위한 추가 예산 소요를 제시했다. 2013년에는 6조 6,000억 원만 집행되고 있으므로 향후 4년간 부담은 더욱 늘어날 것으로 판단된다.

2104년 복지예산, 100조를 넘어

2014년 복지 관련 정부 예산안을 2013년 예산과 비교해보면, 2013년 대비 8.7% 증가하여 정부 총지출 증가율 4.6%보다 거의 2배가

[표 1] 2014년 복지예산 규모

구 분	2013 예산		2014안	증가율 (본예산 대비)
	본예산	추경		
총지출	342.0	349.0	357.7	4.6
보건 · 복지 · 고용 (총지출 대비/%)	97.4 (28.5)	99.3 (28.5)	105.9 (29.6)	8.7

[그림 1] 복지 재정지출 중기 5개년 계획 비교

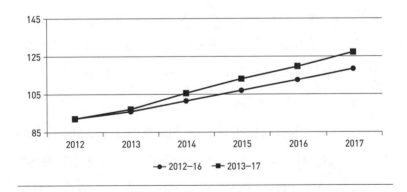

량 확대 편성했다. 복지지출에 대한 배려가 뚜렷함을 알 수 있다.

　2013~2017년 국가재정 운용계획을 2012~2016년 국가재정 운용
계획과 비교해보면, 2012~2016년 계획에서는 같은 부문 연평균 증
가율을 5.1%로 계상했지만, 2013~2017년 계획에서는 7.0%로 계상
하여 증가율 면에서 1.9%p 높게 책정했다. 2013~2017년 계획에 따
르면, 2015년 113조 5,000억 원, 2016년 120조 3,000억 원, 2017년
127조 5,000억 원으로 지속적으로 증가하여 2017년에는 총지출 대
비 31.8%로 높일 계획이다. 이는 대선 공약의 이행과 복지 수요의 증
가 등을 감안할 때 불가피한 선택이다.

2014년 복지정책 주요 과제는 무엇인가?

　2014년에 눈에 띄게 늘어나는 복지지출 항목은 기초연금제도 도입
이다. 전체 노인의 70%에게 20만 원을 지급하겠다는 것이 주요 골자이
다. 정부의 기초연금안은 이들 수급 대상자 중 국민연금을 일정액 이
상 받고 있는 노인 일부에게 국민연금 급여 수준에 따라 10~20만 원
을 차등 지급하도록 되어 있어, 이를 반대하는 야당과 이견이 있었다.
하지만 2014년 7월부터 시행될 것으로 예상된다. 기초연금의 차등 지
급은 단기적인 재원 조달 측면에서 예산 절감 효과보다는 기초연금과
국민연금의 관계 정립 측면에서 평가될 필요가 있다. 기초연금을 차등
지급하지 않는다는 것은 기초연금(10%)+국민연금(40%)의 2층 체계를
정립하는 것을 의미한다. 반면 차등 지급한다는 것은 국민연금(40%)을

기준으로 하되 일정액의 연금을 확보하지 못하는 계층에 대한 최저 보증 연금(10%)를 의미한다. 2007년 연금 개혁의 취지는 노후 소득 보장 기준을 40%로 하되 국민연금의 사각지대 해소를 위한 10% 기초노령연금의 신설로 해석하는 것이 타당하다. 따라서 차등 지급하는 방안이 바람직하다. 다만 정부의 차등 지급안은 최소한 10만 원(5%)은 모두 지급하고 10만 원만 그것도 전체 대상자의 10%에 한정하는 것이므로 사실상 차등의 재정적 효과는 크지 않다.

기초생활보장제도의 개별 급여화와 부양 의무자 기준 완화 등도 추진될 예정이다. 개별 급여화는 기초생활보장제도의 유연성을 높이는 방안이다. 일부 복지학계의 반대가 있지만, 장기적으로 추진해야 할 방향으로 판단된다. 부양 의무자 기준 완화 등도 필요하지만, 기초생활보장의 예산의 총량 규모는 제한적으로 높여나가야 할 것이다. 기초연금, 노인장기요양보험 등의 발전으로 기초생활보장제도의 부담은 상대적으로 감소함을 인식해야 할 것이다.

2013년에는 무상보육이 전면적으로 실시됨에 따라 지방정부의 부담도 함께 늘어나지만, 취득세 감면 등으로 지방정부의 세원은 오히려 감소했다. 기초연금, 국민기초생활보장 등의 지출도 증가하게 됨에 따라 2014년 이후의 지방정부 부담은 더욱 늘어날 것으로 전망된다. 2014년의 지방정부의 재정 부담 완화 조치는 지방정부에서는 여전히 부족할 것으로 판단된다. 따라서 2014년에도 지방정부 재정 불안은 지속될 것으로 전망된다. 중장기적으로는 급속히 늘어날 것으로 예상되는 국민기초생활보장, 기초연금, 보육 등 3대 항목에 대해서는 전액 국고로 조

달하고 이를 전제로 중앙과 지방 간 재정 조정 작업이 이루어져야 할 것이다.

연 예산규모 10조 원에 달하는 기초연금제도는 단기적인 재정 압박뿐만 아니라 장기적인 재정 부담으로 작용하는 만큼 이에 대한 재원 조달 대책의 수립이 필요할 것이다. 한편 기초연금의 도입으로 노후소득 보장이 개선된 만큼 노인 일자리사업도 양적인 측면에서의 확대보다는 사업의 내실화 방향으로 전환되는 것이 필요하다. 사회 곳곳에서 큰 의미 없는 노인 일자리사업 모습은 예산이 비효율적으로 쓰이는 것으로 국민 인식을 만들고 있다. 자활사업, 보육사업, 노인장기요양보험 등에서 서비스 공급체계 상의 비효율성이 예산의 증가와 함께 커지고 있는 만큼 보건·복지 서비스 공급체계의 전반적인 개혁이 필요할 것이다. 영세기업 종사자에 대한 사회보험료 지원사업인 두리누리사업의 경우는 정책 효과가 미미한 만큼 신중한 접근이 요망된다. EITC(근로장려세제)는 기초생활보장제도와 별개로 근로 빈곤 완화 목적으로 시행되고 있으나 예산 규모에 비해 정책 효과가 미미한 만큼 전면적인 재검토가 요망된다. 기초연금제도가 시행되는 만큼 노인의 지하철 무임승차제도는 개편이 필요할 것이다.

박근혜 정부 복지정책의 방향은?

한국의 복지제도는 지속적으로 발전해왔지만 아직 완성된 단계는 아니다. 잘 갖추어진 복지제도에도 불구하고 광범한 사각지대가 존재하고 인구 고령화와 분배구조 양극화로 복지 수요가 폭발적으로 증가하고 있다. 따라서 한국은 복지제도의 내실화와 함께 복지재정의 안정화라는 상충된 정책 과제를 동시에 해결해야 하는 딜레마에 빠져 있다고 할 수 있다.

한국 복지 문제의 근본 원인은 선진국 문턱에 와 있는 경제 수준에 비해 복지를 포함한 사회 및 정치 시스템은 그렇지 못하다는 데 있다. 이는 단순히 복지 재정지출 수준이 낮다는 이야기도, 복지제도가 선진국에 비해 미흡하다는 지적도 아니다. 미래는 어차피 불확실하기에 누구도 정확히 예측할 수는 없겠지만, 현재 주어진 변수와 여건에서 가능한 모든 리스크에 대해 총체적으로 점검하고 이에 대응할 수 있는 비전과 구체적인 매뉴얼이 요구된다.

예산을 늘리는 복지와 함께 예산을 절감하는 복지 공급 시스템을 효율화시키기 위한 입법 노력도 함께 이루어져야 할 것이다. 선거 과정에서는 표를 의식하여 감히 주장하지 못하는 구조개혁정책들을 과감히 추진해나가야 한다. 현재의 복지 공급 시스템은 복지가 제한적이고 선별적으로 제공될 때는 효율적이었을지 모르지만 이제 복지가 국민 대부분에게 제공되는 상황에서는 한계점을 노출하고 있다. 특히 인구가 고령화됨에 따라 보건의료서비스의 대폭적인 수요 증가에 대응해야 한다. 그런데 현재와 같은 낭비적인 시스템으로는 지속 불가능하다. 노인 장기요양서비스, 보육서비스 등 사회서비스 전달체계도 수요자 중심으로 개편되어야 한다. 현재와 같이 민간이 주도하는 시장에서는 예산이 증액되어도 증액된 만큼 복지 만족도를 높이지 못할 우려가 있기 때문이다. 현재의 복지 공급체계는 비용 효과성 측면에서 개선의 여지가 분명히 존재하지만, 이해관계자와의 갈등 조정이 수반되기 때문에 과거 국회에서 논의가 제대로 이루어지지 못했다. 이제 일부 계층만을 위한 복지가 아닌 국민 대부분을 위한 복지를 하기 위해서는 과거의 복지 시스템으로는 한계가 있음을 인식하고 적극적인 개혁 노력이 국회 차원에서 전개되어야 할 것이다. 한편 중앙정부와 지방정부 간의 복지재원 분담도 중앙정부와 지방정부의 복지 책임을 명확하게 함으로써 전면적으로 재조정되어야 한다.

　마지막으로 선진국형 복지제도 발전 과정에서 재원의 한계를 검토하지 않을 수 없다. 1990년 이후의 복지지출 통계에서 보듯이 복지지출의 급속한 증가가 이루어지고 있어 정책 과제로 대두되고 있다. 특히 향후 저출산 고령화 현상의 심화가 예상되는 만큼 복지재원의 조달 문제가 복지제도의 발전 과정에서 가장 큰 고려 요소가 되어야 할 것이다. 가장 우려되는 상황은 일본의 유형이다. 일본은 증세 없이 복지 확대를 추진하여 국가부채로 이를 해결해왔다. 대책 없는 복지 확대 주장도 포퓰리즘이지만 증세가 불가피한데도 증세하지 않거나 감세를 주장하는 것도 포퓰리즘이다. 일본은 국가부채가 GDP의 200%에 이르러서야 문제의 심각성을 깨닫고 증세 방안을 내놓고 있지만 이미 때늦은 감이 있다. 복지제도는 사회보험료와 조세로 운영될 수밖에 없기에 국민의 부담 의지가 반드시 전제되어야 한다. 조세나 사회보험료 등 부담에 대한 의지 없이 복지 확대를 요구한다면 이는 장기적으로 지속 가능하지 않다. 그러므로 적정 부담과 적정 급여 수준에 대한 사회적 합의 도출이 무엇보다도 중요하다. 복지 재정지출의 확대가 불가피하므로 속도를 조절하는 것과 우선순위를 정하는 것이 필요하다.

복지 문제에 대한 해답은 더욱 근원적이고 실증적 논리의 기반 위에서 모색되어야 할 것이다. 몇 가지 대표적인 대안 중심의 접근법도 필요하지만, 그보다 먼저 큰 그림이 그려져야 한다. 좁은 의미의 복지 대책이 아닌 넓은 의미의 국민 행복 대책이 나와야 하고, 이는 경제 문제를 포함한 국민 일상생활의 불안을 해소시킬 수 있는 것이어야 한다. 그리고 그 과정에서 국가, 기업, 개인이라는 세 축의 책임이 분명하게 명시되어야 하며 국민 합의 도출 과정 또한 더욱 투명하게 이루어져야 할 것이다.

김용하

한국 복지정책의 대표 학자이다. 성균관대학교 경제학과를 졸업하고 동 대학원에서 석사와 박사학위를 받았다. 한국개발연구원(KDI), 한국보건사회연구원에서 한국의 사회보험 정책을 14년 연구하고, 현재는 순천향대학교 금융보험학과에 재직 중이다. 한국의 연금정책에 관한 최고 전문가로 평가받고 있으며 한국재정정책학회 회장, 한국보험학회 부회장, 한국연금학회 차기 회장 등의 직책을 수행하는 등 학회에서 활동하고 있다.

03-02

복지정책 수요 증가와 재정 건전성 확보, 정부의 올바른 선택은
무엇인가?

2014년 재정정책 방향은?

박종규(한국금융연구원 선임연구위원)

2013년 11월 20일, 김용환 전 장관, 정덕구 전 장관, 현정택 국민경
제자문회의 부의장, 허경욱 전 OECD 대사, 정은보 기재부 차관보, 김
준일 한국은행 부총재보, 김정식 차기 한국경제학회 회장, 윤창현 한
국금융연구원장, 오정근 아시아금융학회 회장 등 이름만 들어도 내로
라하는 한국의 주요 경제 인사들이 모두 명동에 있는 은행회관에 모
였다. 2014년 한국경제를 전망하기 위한 NEAR재단의 경제 세미나 때
문이었다. 이 자리에 모인 패널들은 2014년이 우리나라 경제에 있어 여
러 가지 의미로 중요한 분수령이 될 것이라는 데 의견을 모았다. 세부
적인 정책 방향에서 몇 가지 엇갈리는 의견들도 있었지만 2014년 정부
가 제시해야 할 큰 그림과 방향에서는 모두 한목소리를 내었다. 그 방
향은 바로 경기 활성화였다.

경기 활성화가 한국의 주 방향이 되어야 한다는 데에는 이견의 여지가 없다. 하지만 재정 건전성을 무시해서는 안 된다. 더욱이 한국의 인구는 고령화되고 있어 복지정책의 수요가 폭증하고 있다. 안 그래도 국가재정력이 부족한 판에 정치권이 이에 편승해 복지정책을 남발하고 있는 듯하다. 재정 건전성에 빨간불이 켜질 수밖에 없는 형국이다.

2014년, 재정 건전화 대책은 무엇인가?

새 정부가 출범한 지 1년이 되어간다. 출범 이전에 수립했던 정책 목표를 다시 한번 점검해보고, 목표 달성을 위한 정책 방향 및 세부 전략을 가다듬어야 할 때다. 재정정책에 국한하여 살펴보자면, 박근혜 정부 임기 첫해의 상황은 비교적 양호했다고 생각한다. "출범 직후부터 세입예산을 대폭 삭감하는 추경편성을 했는데도 삭감된 예산보다 세수가 모자라게 생겼는데 재정 상황이 양호했다니 도대체 무슨 소리냐?"고 할 것이다. 그러나 과거 정부와 비교해보면 박근혜 정부의 임기 첫해는 상당히 순조롭게 지나갔던 것임을 알 수 있다.

순조로운 출발

김대중(1998년 외환위기), 노무현(2003년 카드 사태), 이명박(2008년 글로벌 금융위기) 정부 때에는 출범과 동시에 엄청난 경제위기 또는 그에 준하는 사태에 직면했었다. 그러나 박근혜 정부 첫해인 2013년에는 그런 일이 일어나지 않았다. 매년 어김없이 찾아오던 태풍조차 오지 않았다.

지난 정부들은 위기 극복을 위해 재정을 대폭 확대하면서 임기를 시작해야 했지만, 이번에는 그럴 필요가 없었다.

출발은 일단 비교적 순조로웠다. 그러나 앞으로 2017년까지의 재정 여건은 만만치 않아 보인다. 2017년까지뿐 아니라 그 이후의 장기적 미래까지 함께 내다볼 때, 이번 정부 임기 중 세입과 세출 면에서 중대한 구조변화를 만들어내지 못한다면 한국 재정은 희망이 없을 거라는 생각에 마음이 여간 무겁지가 않다.

새 정부의 첫 예산에 담긴 의미

'2014년 예산안'과 '2014년 세제 개편안'이 국회를 통과했다. 이와 함께 '2013~17년 국가재정 운용 계획'도 국회에 보고되었다. 거기에는 2014년 한 해의 세입·세출 내역뿐 아니라 새 정부가 임기 동안 추구해나갈 재정정책의 기본 방향과 전략에 대한 메시지가 담겨 있다. 증세를 하지 않으면서 복지를 비롯한 공약사업들을 차질 없이 지원해야 했으니 서로 상충되는 목표를 조화시켜 세입·세출 예산으로 담아내야 했던 실무자들의 고충이 다른 어떤 해에 못지않게 컸을 거라고 짐작된다.

새 정부는 출범 이전부터 세출 구조조정을 하면 증세 없는 재원 조달이 가능하다고 누누이 말해왔었다. 물론 '불요불급'한 지출을 줄인다면 그만큼의 복지재원은 당연히 증세 없이도 마련할 수 있다. 그런데 이번 예산에서 공약사업 재원 조달에 충분할 정도로 괄목할 만한 세출 구조조정이 이루어진 흔적은 눈에 띄지 않았다.

오히려 가장 먼저 눈에 들어온 부분은 새 정부 임기 말인 2017년까지 관리 대상 재정수지를 적자로 남겨둔 부분이었다. 2017년 관리 대상 재정수지 적자 7조 4,000억 원은 국내총생산GDP 대비 0.4%에 불과하므로 사실상의 균형으로 보아도 큰 무리는 없다. 그러나 그것을 없애버리지 않음으로써 재정수지를 임기 내내 적자인 채로 남겨둔 것은 아쉬운 점이었다.

김대중·노무현 정부는 임기 말의 관리 대상 재정수지를 흑자로 만들어놓고 나갔었다. 이들 정부의 재정정책 공과에 대한 나의 의견을 여기서 일일이 개진할 겨를은 없다. 하지만 어쨌든 재정수지만큼은 소폭이나마 흑자로 전환시켜놓은 뒤 다음 정부에 물려주었던 것이다. 반면 이명박 정부는 임기 내내 재정적자에서 벗어나지 못했고 새 정부에게도 굉장히 커다란 적자를 물려주는 바람에 새 정부로 하여금 부랴부랴 세입 추경을 할 수밖에 없도록 했다.

그리고 박근혜 정부 역시 임기 말년까지 재정수지를 흑자로 만들어놓을 생각이 없음을 이번에 제출한 예산안을 통해 분명히 밝힌 셈이다.

진보 정부가 재정 흑자를, 보수 정부가 재정적자를 남긴다는 것은 아이러니다. '저 사람들이 정말 김대중 정부와 노무현 정부 때 국가채무가 너무 빨리 늘어난다며 신랄하게 비판하던 사람들 맞나?'라는 허탈한 생각마저 든다.

2014년의 선택: '고령화 사회 진입' 대비를 위한 재정 구조개혁

새 정부가 재정 건전화에 대한 적극적인 의지를 예산에 담지 않았던 것은 우리 재정의 미래를 위해 우려할 만한 일이 아닐 수 없다. 현재 우리나라 재정 여건은 상당히 위험해질 수 있는 변곡점에 와 있기 때문이다. 한국 사회는 2018년, 그러니까 차기 정부 첫해부터 65세 이상 인구가 전체 인구의 14%를 넘는 고령사회에 진입한다. 말로만 들어오던 고령사회가 어느새 코앞에 닥친 것이다. 이때가 되면 인구 고령화가 재정에 미치는 영향이 피부로 느껴지기 시작한다. 세입과 세출, 그리고 수지 차를 통해 고령화의 그림자가 점점 더 뚜렷해진다.

문제는 우리나라가 고령사회에 진입하는 차기 정부부터다. 차기 정부가 출범한 이후 어느 시점부터는 경제가 성장해도 세수가 예전만큼 걷히지 못하는 현상이 나타날 것이다. 인구 고령화가 세입에도 영향을 주기 시작하는 것이다. 세금을 낼 젊은 사람들이 점점 줄어들기 때문이다. 게다가 경제성장세도 지금보다 더욱 약화될 가능성이 높다. 반면 재정의 씀씀이는 노인들이 많아짐에 따라 자꾸 늘어나게 되어 있다. 이에 따라 차기 정부부터 재정적자는 마치 롤러코스터를 탄 것처럼 매년 급격하게 악화되기 시작한다.

그러나 그렇게 되기 전, 그러니까 앞으로 4~5년 동안 우리 재정 여건은 과거와 큰 차이 없이 괜찮은 모습을 보일 것이다. 차기 정부가 시작되자마자 재정수지는 해를 거듭할수록 매년 걷잡을 수 없이 점점 더 열악해질 테지만 현 정부 임기까지는 비교적 양호한 상태가 유지될 것이다. 적자 폭이 무자비無慈悲하게 커지는 악화일로惡化一路의 시작 지점은 이제 멀지 않았지만 적어도 박근혜 정부 임기 중 롤러코스터는 막바지 오르막길을 올라가고 있을 것이다.

2014년의 재정정책 방향을 결정함에 있어서 재정을 통한 경기 활성화도, 재정 건전성 확보도 소홀히 할 수 없는 매우 중요한 이슈이다. 그러나 새 정부가 서둘러야 할 가장 중요한 과제는 고령사회에 대비하여 세입과 세출구조를 정비하는 일이다. 지금의 세입·세출 구조로는 고령화에 따른 재정 부담을 절대로 감당할 수 없기 때문이다.

2030년대 중반에 이르면 우리 재정은 남유럽식 재정위기를 겪을 가능성이 매우 높은 것으로 분석된다. 만약 그때까지 재정 구조개혁을 미루다가 정말로 남유럽식 재정위기를 맞는다면, 위기 극복을 위해 세입을 늘리고 지출을 줄이기란 지금보다 훨씬 어려울 것이다. 왜냐하면 2030년대 중반, 다시 말해 지금부터 20년 뒤의 한국 사회는 65세 이상 인구가 전체 인구의 28%, 생산가능연령인구의 46%에 달하는 고령화가 상당히 진전된 사회일 것이기 때문이다.

세금 낼 젊은 사람들은 지금보다 꽹장히 줄어들어 있을 것이고 정부 지원이 필요한 노인들은 지금보다 훨씬 늘어나 있을 것이다. 이런 상황에서 재정위기가 발생하고 강제적으로 재정 건전화를 시작해야 한다면 그것은 엄청나게 고통스러운 경험일 것이다.

더구나 유로존에 들어 있는 남유럽 국가들과 달리 우리나라는 사실상 고립무원의 신세이다. 일단 재정위기가 발생하면 자금 유출로 환율이 폭등하고, 그에 따라 물가가 크게 오르며, 경우에 따라서는 외환위기가 동반될 가능성도 배제할 수 없다. 만약 우리나라가 남유럽식 재정위기를 맞는다면 우리가 견뎌야 할 고통은 2010년 이후 남유럽 재정위기 국가들이 겪었던 것과는 비교가 안 될 정도로 클 것이다.

앞으로 남은 이번 정부의 임기 4년은 우리 사회가 '고령사회'로 진입하기 직전, 대비할 수 있는 마지막 기회라는 점에서 특별한 의미를 갖는다. 노후 준비는 노인이 되기 전에 끝내야 하듯이 고령사회 대비 또한 고령사회 진입 이전에 끝내는 것이 순리다. 이런 의미에서 새 정부는 원하든 원치 않든 임기 내에 고령사회 대비를 위한 제도적 개편을 마무리해야 할 시대적 책무를 안고 있다. 박근혜 정부가 이 점을 잘 인식해주기를 바라는 마음 간절하다.

2012년에 발표된 국회예산정책처의 추계에 따르면 GDP 2.5%p 정도의 재원을 추가 확보하는 세제 개편을 2017년까지 마무리해놓을 필요가 있다. 이렇게만 해두면 향후 50년 이후까지도 고령화로 인한 재정위기는 피해갈 수 있는 것으로 예측된다. 이를 위해 세원을 발굴·확대하는 것은 물론 일부 세목의 경우 세율도 올릴 필요가 있다. 한 가지 주의할 점은 이런 재원 조달 노력은 오로지 고령화로 인한 재정 부담을 미래 세대와 나누기 위한 것일 뿐, 새 정부의 공약 이행을 위한 재원 조달과는 전혀 별개의 것으로 진행되어야 한다는 점이다.

국민연금도 갹출료율을 올리고 수급 개시 연령을 미루는 대대적인 수술이 필요하다. 국민연금이 고갈될 경우 정부가 지원해야 한다는 강제 조항을 법률에 마련해두면 모든 문제가 해결될 것처럼 생각하는 사람이 많은 것 같다. 그러나 법률이 모든 경제 문제를 해결해줄 수는 없는 일이다. 이를테면 "한국경제는 매년 7%의 성장을 지속해야 한다"는 문구를 법률이 아니라 설사 헌법에 갖다 놓는다고 해서 우리 경제가 정말 매년 7%의 성장을 달성할 수 있단 말인가?

국민연금에 대한 신뢰할 만한 분석 결과에 따르면 2050년대 초반에 이르러 국민연금은 고갈될 것으로 예상된다. 물론 정부는 2060년까지 아무 문제가 없다는 입장이다. 그렇다면 국민연금의 고갈로 정부가 국민연금에 대규모 재정 지원을 해주어야 하는 사태는 빨라야 2050년대 초반에 발생하게 된다. 그런데 문제는 국민연금이 고갈되기 훨씬 이전에, 그보다 약 20년쯤 전인 2030년대 중반에 중앙정부 재정 자체가 이미 위기 상황을 겪게 된다는 점이다.

20년 전에 이미 거덜이 난 재정이 무슨 수로 국민연금의 막대한 부족분을 메꾸어준단 말인가? 아무리 법률로 정해놓는다 하더라도 그런 법률이 지켜지길 기대하는 것은 어리석은 일이다. 국민연금의 지속성을 위해 해야 할 일은 재정지원을 강제하는 법 조항을 만드는 것보다도 보험료율을 올리고 수급 연령을 늦추는 국민연금 자체에 대한 개혁이다.

2014년의 선택: 경기 활성화 vs 재정 건전화

2012년에 이어 2013년에도 우리 경제의 성장률은 2%대에 머물렀다. 2014년에는 대체로 3% 후반으로 전망되고 있다. 우리 경제가 위기를 맞아 성장률이 마이너스로 내려갔던 적은 더러 있었어도 2%대의 저성장을 2년 연속하여 기록했던 것은 경제개발 이후 우리 경제 역사상 이번이 처음이었다. 한 번 내려가면 크게 튀어 올랐던 게 우리 경제의 과거 모습이었다. 그런데 글로벌 금융위기 이후 우리 경제는 이러한 탄력 resilience을 잃어버린 채 마치 바람 빠진 공인 양 아무리 내려가도 튀어오를 줄 모르는 무기력한 경제가 되어버린 것이다.

한국경제가 무기력증에 빠진 것은 상당히 구조적인 원인을 가지고 있다. 그러므로 저성장의 덫에서 벗어나기 위해서는 구조적 원인을 해소하는 구조개혁이 필요하다. 금리를 인하하고 재정을 확대한다고 해서 문제가 풀리는 게 아니다. 1990년대의 일본은 이 점을 알아차리지 못한 채 재정지출을 대규모로 확대하고 과감한 감세를 거듭하다가 10년이 못 되어 재정을 완전히 망가뜨려버렸다.

일본이 장기 불황에 빠진 1990년대 초부터 경기 활성화와 재정 건전화 가운데 양자택일을 해야 할 순간이 닥칠 때마다 일본 사람들은 언제나 경기 활성화를 선택해왔다. "경기만 살아난다면 세입이 늘어나 재정은 저절로 건전해진다. 그러므로 경기를 살리기 위해 일단 세금을 깎고 재정자금을 풀고 보자"는 달콤한 유혹에서 20년째 벗어나지 못하고 있다.

주지하다시피 일본은 지금 아베노믹스라는 위험한 모험을 하고 있는 중이다. 이를 통해 실물경제가 살아나는 조짐을 보인 것도 사실이다. 그러나 적어도 재정만큼은 점점 더 파탄을 향하여 가고 있다. 현재의 일본 재정을 가계에 비유하자면 연봉이 4,000만 원인데 씀씀이는

9,000만 원이어서 매년 5,000만 원 정도 빚을 내야 하는 가정과 같다. 이제까지 진 빚은 10억 원에 달한다. 누가 보아도 로또에 당첨되지 않는 한 파산할 수밖에 없는 구조다. 그런데도 아베 정부는 경기 활성화를 도모한다는 이유로 재정적자를 더욱 확대시켜 이 구조를 더더욱 악화시키고 있다.

경기 활성화와 재정 건전화를 선택함에 있어서 가장 중요한 기준은 지금의 경기 부진이 구조적인 현상이냐 아니냐에 달려 있다. 구조적인 현상이 아니라면 당연히 재정을 확대하여 경기를 활성화시켜야 한다. 그러나 우리 경제의 저성장은 구조적인 현상이지 재정 확대로 살아날 수 있는 순환적 경기 위축이 아니다. 그러므로 2014년 현재 재정을 통한 경기 활성화와 재정 건전화 가운데 하나를 선택해야 한다면 당연히 재정 건전화를 택해야 한다.

저성장의 첫 번째 구조적 원인: 임금 없는 성장

현재의 저성장은 2008년 이후의 '임금賃金 없는 성장', 즉 노동생산성의 꾸준한 향상에도 불구하고 실질임금이 정체되어 있는 현상과 '기업 저축의 역설', 다시 말해 과다한 기업 저축으로 경제가 활력을 잃어버리게 된 현상 등 두 가지 구조적 원인으로부터 말미암고 있다.

과거 우리 경제는 실질임금과 노동생산성이 거의 비슷한 빠르기로 증가해왔었다. 그러다가 2008년 1분기 이후 노동생산성은 꾸준하게 증가하는 가운데 실질임금은 마치 낫으로 볏단을 잘라낸 모양처럼

6년째 정체 상태에 머물러 있다. 이자소득의 경우는 1999년부터 이미 하락세로 돌아섰고, 활발하게 증가해왔던 배당소득도 글로벌 금융위기를 계기로 완전히 정체되었다. 게다가 가계소득의 70% 이상을 차지하는 임금마저도 2008년 1분기부터 실질가치로 완전히 동결되어 오늘에 이르고 있다. 가계가 기업으로부터 얻는 이자, 배당, 임금이 모두 정체되었다는 것은 가계와 기업이 절연絕緣 상태에 빠졌음을 의미한다. 이런 상태에서는 기업이 아무리 좋아진다 해도 가계소득의 증가로 연결될 수 없다. 소위 낙수 효과trickle-down effect의 실종이다.

실질임금이 정체된 데에는 뜻밖에도 인구 고령화라는 구조적 원인이 숨어 있다. 인구가 고령화되다 보니 근로자의 나이도 점점 높아져 월급을 가장 많이 받는 40대 근로자 비중이 과거에 비해 낮아지는 반면, 40대보다 월급 수준이 낮은 50대와 60대의 비중이 점점 높아지고 있다. 그 결과 전체 평균임금 수준에 대한 하방 압력이 나타나기 시작한 것이다. 이러한 구조적인 원인이 개제되어 있는 한 인위적 노력 없이 실질임금이 저절로 노동생산성을 쫓아 증가하는 것은 점점 더 기대하기 어려워진다.

저성장의 두 번째 구조적 원인: 기업 저축의 역설

한편 저성장의 두 번째 원인인 과다한 기업 저축은 실질임금 정체와 더불어 나타난 또 다른 구조적 현상이다. 실질임금 정체에 따라 기업부문의 총매출액 대비 인건비 비중은 2008년 이후 큰 폭으로 떨어졌다. 인건비 부담의 감소는 기업 수익의 증가를 의미하는데, 기업들이 이렇게 늘어난 수익을 투자에 쓰지 않고 쌓아두기만 했다. 게다가 2009년부터는 법인세 감세까지 가세加勢했다. 기업의 가처분소득이 전례 없이 크게 늘어난 것이다. 그 결과 2006년까지만 해도 OECD 국가들 가운데 중간 수준에 그쳤던 우리나라 기업 저축률은 2008년부터 대폭 증가하기 시작했고 2010년 현재 우리나라는 OECD 국가 중 일본에 이어 두 번째로 기업 저축률이 높은 나라가 되었다. 빚을 내서라도 왕성하게 투자를 해야 할 기업이 저축에 몰두하고 있는 것이다. 실정이 이러하니 경제가 무기력해질 수밖에 없다. 이런 원인으로 인해 무기력해진 경제에다 재정투입을 늘리고 돈을 더 풀어보았자 근본적인 해결책이 될 수 없음은 자명하다고 하겠다.

2014년의 선택: 재정 건전화를 위한 정책 방향

실질임금이 6년씩이나 정체되었던 것은 경제개발 이래 이번이 처음이다. 심지어 1998년 외환위기 당시에도 실질임금은 2년 반 뒤 위기 이전 수준을 돌파하고 왕성한 증가를 재개했었다. 실질임금이 정체되었다 함은 근로자 입장에서는 살림살이가 하나도 나아지지 않았음을 의미한다. 우리나라 근로자들은 2008년 이후 지금까지 그 어느 때보다도 답답한 세월을 보내고 있다. 이런 상황은 많은 국민이 세금 증가에 대해 전례 없이 과민하게 반응하고 있는 가장 근본적인 이유가 되고 있다.

임금뿐 아니라 앞에서 언급한 바와 같이 이자소득, 배당소득 등 가계가 기업으로부터 얻는 소득원이 모두 증가를 멈춘 상태다. 반면 글로벌 금융위기와 뒤이은 글로벌 재정위기로 국내외 경제 여건이 매우 불리했었음에도 불구하고 기업의 처분가능소득은 역사상 가장 빠른 속도로 증가하고 있다. 이런 상황에서 2013년 봄에 나온 새 정부 첫 세제 개편안의 주요 내용이 다름 아닌 근로자들의 소득공제를 줄이겠다는 것이었으니 국민으로부터의 거센 반발은 당연한 반응이 아니었을까.

만약 조세를 통해 재원을 더 조달하고자 한다면, '소득이 있는 곳에 조세가 있다'는 조세의 가장 기본적인 원칙에 따라 가계보다는 기업의 세 부담을 더 늘렸어야 했다. 가계의 세 부담은 오히려 줄여주었어야 맞다. 적어도 실질임금이 정체 상태에서 벗어나 노동생산성에 맞추어 증가를 재개할 때까지는 그러하다. 이자소득, 배당소득도 정체에서 벗어나 전반적인 가계의 처분가능소득이 좀 더 활발하게 늘어날 때까지, 그렇게 해서 내수도 활발해지고 고용도 증가하고 복지 요구도 완화될 때까지 가계에 대한 세 부담은 지금보다 증가시키지 않는 것이 좋다. 고소득층에 대한 누진과세를 강화하더라도 중·저소득층의 세 부담을 덜어주거나 조세지출을 늘여줌으로써 가계에 대한 세 부담의 총합이 지금보다 늘어나지 않도록 하는 것이 바람직하다.

대신 기업에 대한 세 부담은 지금보다 더 강화해야 한다. 투자도 하지 않고, 고용도 늘리지 않으며, 배당도 하지 않고, 인건비 절약으로 늘어난 이익을 오로지 쌓아두기만 하고 있는 지난 10여 년 동안의 소극적 행태에 변화가 생길 때까지 기업에 대한 세 부담은 증가시켜도 무방하다고 생각한다. 이같이 가계소득에 대한 세 부담은 줄여주고 기업소득에 대한 세 부담은 증가시킴으로써, 우리 경제가 창출한 부가가치가 지나치게 기업에 편중되게 배분되었던 메커니즘을 조세를 통해 교정하는 동시에 재정수입을 증가시킴으로써 재정 건전화도 도모하는 것이 바람직한 재정정책 방향이다.

지금 당장보다 미래에 대비한 정책 정비가 필요

박근혜 정부의 남은 임기 4년은 우리 재정이 고령사회 진입에 대비하여 관련 제도를 정비할 마지막 기회다. 세계에서 가장 빠른 인구 고령화가 우리 재정에 감당키 어려운 부담을 주는 것도 사실이지만 각 세대가 나누어 질 부담의 크기는 고령화 대비를 서두르면 서두를수록 가벼워진다.

앞서 언급한 바와 같이 "4~5년 뒤부터 급격히 나빠지기 시작하지만 당분간은 괜찮다"는 점이 바로 박근혜 정부의 재정정책 방향 설정을 매우 어렵게 만들고 있다. 새 정부의 임기 동안의 재정 여건은 양호하여 '좀 더 쓰자, 세금을 좀 더 깎아주자' 하는 생각을 얼마든지 할 수 있다. 그러나 그런 생각을 따르다가는 그렇지 않아도 차기 정부부터 손댈 수 없을 만큼 빠르게 나빠질 재정 여건을 더더욱 악화시키는 결과가 초래될 것이다.

결국 4~5년 동안만 보느냐 아니면 그 이후까지, 앞으로 50~60년 이후까지를 내다보느냐에 따라, 쓸 수 있을 때 다 써버리느냐 아니면 미래를 위해 당장의 지출 확대 및 감세의 유혹을 자제하느냐에 따라 우리 재정의 미래가 결정되는 것이다. '아직은 괜찮으니 더 쓰자, 더 깎아주자'는 유혹에 대한 최종 선택은 어디까지나 국민의 몫이다.

박종규

서울대학교 경제학과를 졸업하고 미국 노스캐롤라이나대학교(채플힐)에서 통계학 석사 학위를 받았으며 군 복무 뒤 프린스턴대학교에서 경제학 박사학위를 받았다. 귀국 후 한국조세연구원과 한국금융연구원에서 거시경제 및 재정정책, 통화정책 분야에서 많은 연구를 했다. 2009~2012년 국회 예산정책처 경제분석실장을 역임했다. 한국재정학회 이사를 지냈으며 현재 한국국제경제학회 이사 및 한국금융학회 학회지 《금융연구》의 공동편집위원장을 맡고 있다.

04-01

신성장동력 확보와 창조경제,
어떻게 구현할 것인가?

김주한(산업연구원 위촉선임연구위원)

최근 뉴스를 보면 '창조경제'라는 말이 화두이다. '창조경제'란 무엇
인가? 미래창조과학부에 의하면, '창조경제'란 국민의 상상력과 창의
성을 과학기술과 ICT에 접목하여 새로운 산업과 시장을 창출하고, 기
존 산업을 강화함으로써 좋은 일자리는 만드는 새로운 성장전략으로
정의된다.

과연 박근혜 정부의 '창조경제'가 얼마만큼의 성공을 거둘지 모르지
만, 우리나라의 산업이 역량의 한계에 부딪힌 것을 감안했을 때, 굉장
히 의미 있는 시도인 것으로 보인다.

현재의 한국의 산업 역량은 한계에 와 있다. 육안으로는 한국의 산
업이 수출경쟁력이나 기타 대외부문에 있어서 높은 경쟁력을 가지고
있는 것처럼 보이지만, 이는 몇 가지 착시 현상 때문이라는 평가가 설

득력을 얻고 있다. 특히 중국 특수에 의한 착시 현상, 삼성의 성공 뒤에 가려져 있는 통계적 착시 현상, 그리고 동북아시아의 부가가치 사슬의 이동 과정에서 산업기술이 축에 몰리고 있는 숨겨진 현상 등이 바로 이것이다.

이러한 산업 역량의 한계를 넘기 위해서는 신성장동력의 확보와 창조경제 구현이 필요하다. 과연 어떻게 구현할 것인가?

고용 없는 성장과 급락하는 성장잠재력

20세기 후반 정보통신기술의 발달로 세계경제가 지식기반경제로 전환했다. 지식기반경제는 기술 투입과 인적자본 투입에 있어서 비교적 지식집약도가 높은 산업이 성장을 주도하는 경제를 의미한다. 그러나 지식기반경제는 기술집약적 고부가가치 제품 생산에 치중하여 생산 과정에서 지식을 창출·가공·활용·유통하는 데 기여한 지식근로자와 그렇지 않은 근로자 간의 소득 양극화를 초래하고 있다. 기술집약적, 제조업 중심의 지식기반경제는 경제의 저성장, 생산과 고용의 연결고리 약화 등으로 '고용 없는 성장'을 야기했다.[1]

특히 산업구조의 고도화 과정에서 국내 투자 여건 악화, IT 등 고용 절감형 산업 발전, 부품·소재산업의 경쟁력 취약, 신성장동력 확보 부재 등으로 국내경제의 고용 유발력이 크게 약화되었다. 제러미 리프킨[2]의 주장과 같이 제조업의 생산성 증가가 소비자 수요 증가나 고용 증가로 연결되지 않고 오히려 일자리 및 구매력 감소로 이어지는 현상이 나타나고 있는 것이다. 우리나라 제조업의 고용탄성치(=고용 증가율/실질 GDP 증가율)는 1970년대 1.11에서 1980년대 0.49, 1990년대 −0.24, 그리고 2000년대 −0.19로 크게 감소하고 있는 것으로 나타났다.[3]

성장잠재력 또한 급락했다. 투자와 노동 등 투입 요소 증가세 둔화, 연구개발 역량과 인적자본 경쟁력 취약에 의한 총요소 생산성 향상의 부진으로 잠재적 성장률의 급속한 하락을 초래하고 있다. 우리 경제의 성장잠재력 둔화는 투자의 부진에 따른 자본 스톡의 증가율 둔화를 주요 요인으로 지적하고 있다.[4][5]

최근의 투자 부진에 따른 자본 축적의 둔화는 잠재성장에 있어서 자본의 역할이 여전히 중요함을 역설적으로 보여주는 것이다. 우리 경제의 성장률은 1980년대 10.0%에서 1990년대 6.5%, 그리고 2000년대 3.7%로 크게 둔화되었다. 우리나라 성장에서 가장 큰 비중을 차지한 것은 자본 투입으로 1980년대에는 연평균 5.8%를 기록했으나 2000년대는 연평균 1.8%의 증가율을 보이는 데 그쳤다. 성장에 대한 자본 투입의 기여도도 1980년대 58%에서 2000년대에는 43%로 그 비중이 크게 감소한 것으로 나타났다. 그러나 투자 활성화를 통해 성장의 시계추를 과거로 돌리는 것은 국내외 여건상 현실적으로 사실상 불가능하다.

FDI 하락과 ODI 확대 현상

우리나라의 투자 부진은 외국인 직접투자FDI와 외국 직접투자ODI를 통해 확인할 수 있다. UNCTAD 자료[6]에 의하면 우리나라의 외국인 직접투자는 2000년 이후 100억 달러에서 답보 상태를 보이고 있다. 반면 우리나라의 외국 직접투자는 2005년을 기점으로 급증하여 2012년 300억 달러를 넘어섰다.

2000년대 중반 이후 중국의 부상과 함께 우리나라의 투자환경이 개선되지 않으면서 외국인 직접투자는 줄곧 정체돼왔다. 그러나 수출을 위한 우리 기업의 외국 직접투자는 급속히 늘어나는 실정이다. 그만큼 국내외 기업들이 우리나라보다는 외국에서 미래 성장동력을 모색하거나 국내에서 미래 성장동력 확보를 위한 투자기회가 점차 줄어들고 있다는 해석이 가능하다. 향후 이러한 추이가 지속될 경우 미래 성장잠재력의 확충은 더 요원한 일이 될 것이 분명하다.

한편 2000년대 들어 우리나라 제조업 성장세가 둔화되면서 발전에 한계를 보이고 있다. 제조업의 실질 성장률은 2001~6년 연평균 7.7%였으나 2007~12년 5.0%로 크게 하락했다. 제조업 성장률 둔화의 배경으로는 다음과 같은 요인들을 들 수 있다.

첫째, 전통 제조업에서 공급 과잉이 구조화된 상태이며, 일부 성장산업에서도 구조적 과잉 현상을 보이고 있다. 철강, 석유화학, 조선 등의 산업은 물론 자동차, LCD 패널 등으로 과잉 현상이 확산되고 있다. 둘째, 중국의 기술 추격에 쫓기는 현상이 전개되고 있는 데다 엔저 현상에 따른 일본의 가격 공세가 강화되고 있다. 셋째, 성장산업에서도 국외 생산이 빠르게 증가하고 있다. 국내 기업의 세계시장 점유율이 계속 상승함에도 불구하고 국내 생산 확대 유발이라는 긍정적 효과를

[그림 1] 우리나라의 FDI와 ODI 추이

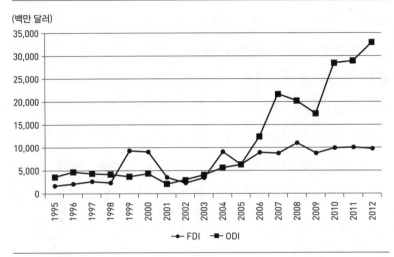

(백만 달러)

자료: UNCTAD DB

나타내지 못하는 요인이 되고 있다. 넷째, 한국경제의 성장을 견인하던 제조업의 경제적 파급효과도 약화되는 추세에 있다. 고용 분야에서 파급 효과가 줄어들면서 경제에 주는 긍정적 효과가 크게 감소하고 있다. 다섯째, 제조업 내 양극화 현상이 심화되고 있다. 대기업과 중소기업, 수출산업과 내수산업, 완제품과 부품·소재산업 간의 불균형이 확대되고 있다.

과거의 성장동력

그동안 제조업의 높은 성장에는 정부가 지속적으로 추진한 성장동력이 주요한 역할을 했음을 부인할 수 없다. 1990년대 성장동력정책은 선진국 추격전략이었다. 1980년대의 단편적인 양적 확장으로 인해 1990년대 제조업 경쟁력 상실이 우려되자 제조업 경쟁력을 강화하고 21세기 선진국 대열에 동참하는 것을 목표로 했다. 2000년대 들어 중국의 급부상으로 추격형 전략이 한계에 직면하자 국민의 정부는 혁신 주도형 전략을 마련하여 주력 제조업 중심에서 고부가가치·첨단산업으로 전환하고자 했다. 이어진 노무현 정부에서의 정책 목표는 당시 고착화되어 있던 1만 달러 시대의 탈출이었다. 노무현 정부의 차세대 성장동력은 당시 성장주도산업이던 조선, 자동차, 반도체 등에서 벗어나 지능형 로봇, 바이오 신약, 차세대 전지, 디지털 콘텐츠 등 미래의 먹거리에 해당하는 산업이 중심이 되었다.

이명박 정부에서는 경제성장의 지속성을 확보할 수 있는 산업 체질 개선 및 제조업 중심의 성장 한계를 극복할 수 있는 신기술 창출형 산업 육성에 집중했다. 신재생에너지와 그린수송과 같은 녹색기술, 방송통신 융합 및 IT 융합 등의 첨단 융합, 관광 및 녹색금융 등의 고부가 서비스 등의 산업군에 대한 관심이 증대했다. 정권이 이어질수록 시장성보다도 산업의 파급효과에 대한 관심이 높아져온 것은 사실이다. 이는 산업 자체의 발달도 중요하지만 그 산업이 경제 전체에 미치는 긍정적인 영향에도 관심이 높아지고 있음을 의미한다.

그러나 역대 정부의 성장동력정책은 정부 주도의 '선택과 집중'의 틀을 크게 벗어나지 못했다. 그 결과 우리 경제가 내포하고 있는 경제의 양극화, 투자의 비효율, 산업의 파급 효과 미흡은 여전히 해결하지 못한 과제로 남아 있다. 역대 정권의 노력에도 불구하고 최근 제조업의 성장 한계가 가시화됨에 따라 주력 제조업의 신성장동력 발굴에 대한 관심이 높아지고 있다.

신성장동력 확보 방안은 무엇인가?

신성장동력은 '특정 시점에서 주력산업의 성장 한계를 극복하고 미래의 주력산업으로 발전하여 양질의 일자리 창출, 기업의 성장, 세계시장 선점 등을 통해 경제의 지속 성장과 삶의 질 향상에 기여할 것으로 기대되는 신기술, 신제품, 신서비스'로 정의하고 있다.[7] 신성장동력의 창출과 산업화는 '새로운' 성장동력에만 집중하여 접근하기보다는 기존의 경제·산업 기반과의 관련성을 고려해야 하며 동시에 중장기적인 산업경쟁력 강화와 고도화를 목표로 해야 한다. 이는 신성장동력의 탐색·창출 과정은 현재의 산업구조 및 산업경쟁력을 강화하기 위한 전략으로서의 의미를 지니는 동시에 새로운 제품과 산업을 발굴하고 강화하면서 산업구조를 고도화하는 과정이 되어야 한다는 점을 강조하는 것이다.

신성장동력의 산업화를 가능하게 하는 동인은 크게 수요 변화, 기술의 발전, 사회·제도적 환경의 변화에서 찾아볼 수 있다. 먼저 수요 변화 동인은 사회와 소비자의 기호가 변화하면서 새로운 수요가 발생하고, 이에 대한 산업 또는 기업의 대응에 의해 신성장동력이 출현하게 된다. 다음으로 급속한 기술의 발전과 융·복합화의 진전 동인 또한 새로운 제품과 서비스를 상업화하고 획기적인 부가가치 창출과 생산성 향상을 가져오게 한다. 마지막으로 사회적 니즈와 제도의 변화 동인으로서, 안전성이나 건강에 대한 요구가 높아지고 에너지 효율성과 지구 환경의 중요성이 높아지면서 환경 규제가 강화되는 것은 신재생에너지, 고효율 집적 소재의 수요 확대를 가져오는 등 신성장동력의 산업화를 촉진하게 된다.

정부의 신성장동력 창출전략은 민관이 역할을 분담하는 것이다. 민간기업은 상용화 기술 개발, 설비투자 확대, 신규 고용 창출 등 기술·설비투자를 확대하는 한편, 정부는 고위험 원천기술 개발, 법·제도 개선, 시범사업 전개 등 주로 투자환경 조성에 주력한다. 특히 향후 성장 유망 분야로의 진출에 따른 리스크와 불확실성을 낮추어 기업의 신성장 분야로의 진입과 투자를 확대하도록 유인하는 비즈니스 환경 조성이 강조되고 있다. 신성장동력 창출전략은 과거에는 주로 IT, BT 등 특정 기술 중심이었으나, 점차 그 범위가 제조업과 서비스를 모두 아우르는 산업 전반으로 확대되고 있다.

변화하는 여건과 환경에 대응하여 창조경제에서 제조업의 신성장동력 확보 방안은,[8] 첫째, 기술 및 지식 확보가 목표인 분절형 R&D를 벗어나 신산업 창출을 위한 일련의 과정을 통섭하는 '생태계 창조형 R&D'를 지향해나가야 한다. 이러한 방향은 기존의 분절적인 R&D를 개선할 뿐만 아니라 중소기업 또는 벤처 등이 생태계에서 성장할 수 있도록 뒷받침해줌에 따라 제조업에서의 양극화 해소 및 새로운 성장동력 발굴에 크게 기여할 수 있다. 둘째, 창조경제는 과학기술과 아이디어 및 상상력을 융합한 신산업 창출을 지향한다. 창조경제는 기존의 제조업의 영역이 확장될 수 있다는 점을 암시한다. 융합을 통해 기존 산업의 고도화 등 기술 개발에 진전을 가져올 수 있다. 또한 다른 분야와의 융합을 통해 새로운 수요를 창출해낼 수 있다는 점에서 성장동력 발굴의 기회로 작용할 수 있다. 2차전지, 바이오의학, 신소재 장기, 첨단영상 진단기기 등은 융합을 통해 얻어진 대표적인 성공 모델이라고 할 수 있다.

융합 현상은 산업 패러다임 변화를 초래하는 주요 요인이 되고 있다. 스마트폰은 기존의 피처폰 시장을 순식간에 잠식하고 관련 산업구조를 파괴함으로써 새로운 제품과 서비스가 기존의 규칙과 틀을 깨고 경쟁력을 한순간에 무너뜨릴 수 있다는 것을 보여주었다. 스마트폰은 휴대기기에 이질적 분야인 콘텐츠, 소프트웨어, 서비스가 융합되어 탄생된 것으로 이를 통해 산업 생태계는 기존의 하드웨어 중심에서 소프트웨어와 콘텐츠 중심으로 빠르게 변화했다.

시장경쟁 구도 측면에서 융합이 활성화되면서 기업 간 경쟁은 단일 제품 중심에서 기업 생태계 간의 경쟁으로 빠르게 전환되고 있다. 기업의 독자적인 내재적 개발과 혁신은 초경쟁적인 비즈니스의 수요를 충족시키기에는 역부족이기 때문이다.

자동차의 경우 친환경차 및 스마트카 개발로 융합 부품 및 텔레매틱스 수요가 증가하면서 R&D 투자 부담이 늘어났다. 완성차업체와 협력업체 간의 공동 개발 필요성이 높아지고 있다. 기계산업은 정밀화, 스마트화로 지능형 센서, 융합 부품 수요가 증가하고 이에 따라 내장형 SW 역량 강화의 필요성이 높아지고 있다. 전자산업에서는 고화질화, 스마트화로 혁신 디자인, 첨단 부품 수요가 증가하고 융합 소재 개발, 플랫폼 구축이 활성화되고 있다. 산업 및 기업의 경쟁력 강화를 위한 개방형 생태계 조성의 필요성이 높아지고 있는 이유이다.

경쟁구도의 변화는 산업구조에도 영향을 미치고 있는데 과거에는 소수 대기업을 중심으로 가치사슬 상의 전후방산업과 기업들 간의 수직적 결합을 통해 부가가치를 창출했다면 융합 환경에서는 이종 제품 간, 제품과 서비스 간 수평적 결합이 활성화되면서 이 과정에서 중소·중견기업들의 역할이 중요하게 부각된다.

경쟁전략 측면에서도 지금까지 선진 기업들의 혁신 결과를 빠르게 모방·습득·개선하는 것이 주된 성장전략이었다면 융합이 주도하는 산업환경에서는 핵심·원천기술의 확보뿐만 아니라 다양한 경쟁력 요인을 창의적으로 결합하여 새로운 것으로 창조하는 역량이 중요한 전략이 된다. 소비자 측면에서 볼 때도 융합 제품은 수요자가 필요로 하는 기능과 서비스뿐만 아니라 제품에 포함된 감성이나 이미지까지를 제공함으로써 다양한 욕구 실현에 기여하고 있다.

따라서 융합이 주도하는 산업 패러다임 변화 속에서 창조경제 시대에는 성장의 원천도 변화가 불가피하다. 즉 가치 창출, 감성, 중소·중견기업, 창의성과 아이디어, 협력적·개방적 생태계 등이 성장을 촉진하게 될 것이다.

창조경제에서 제조업의 성장동력은 기존의 기술이나 제품의 개발 중심에서 벗어나 과학기술과 상상력, 아이디어를 융합하여 기존의 주력산업을 창조산업화함으로써 발굴하고 육성할 수 있다. 융합은 중소·중견기업이 주도하는 신산업 창출과 미래 성장동력 육성의 기회를 증대시킨다는 점에서 매우 중요하다. 성장동력을 이끄는 핵심 요소인 상상력과 창의성은 조직이나 시스템에 얽매인 대기업보다 자율성과 개인적 역량이 중시되는 중소기업이 더 큰 잠재력을 보유하고 있다고 할 수 있다.

창조경제, 그리고 우리의 현실

저성장 기조 지속, 고용 없는 성장 심화, 성장잠재력 하락 등 국내경제의 현실과 정보통신기술ICT 등 과학기술 급속 발전, 기술과 산업의 융·복합화 확산 등 대외경제 여건의 급변 등이 창조경제전략의 수립 배경이 되고 있다.

우리나라는 그동안 선진국 추격형 성장과 '선택과 집중' 방식의 경제 운용 및 전략으로 국민소득 2만 달러, 무역규모 1조 달러의 양적 성과를 거두었다. 그러나 성장동력 약화, 고용률 정체, 국민 체감도 저하 등 새로운 도전에 직면하고 있다. 또한, 대기업, 수출산업, 제조업과는 달리 중소기업, 내수산업, 서비스산업의 생산성은 정체되고 이들 부문 간의 불균형이 심화되고 있다. 그리고 대외적으로는 2008년 시작된 글로벌 금융위기가 완전히 극복되지 않은 상황에서 유럽 재정위기와 신흥국의 성장세 둔화 등 새로운 위험과 불확실성이 증대되고 있다. 대내적으로는 고령화 등으로 기존 하드웨어 중심의 성장이 한계에 도달하고 미래 성장잠재력이 지속적으로 하락하고 있다.

창조경제란 창의성을 경제의 핵심 가치로 두고 새로운 부가가치, 일자리, 성장동력을 만들어내는 경제로서 국민의 창의성과 과학기술, 정보통신 기술의 융합을 통해 산업과 산업이 융합하고, 산업과 문화가 융합해 새로운 부가가치를 창출함으로써 새로운 성장동력과 일자리를 만들어내는 경제로 정의되고 있다.[9] 따라서 창조경제는 새로운 경제발전 패러다임을 모든 분야에 적용함으로써 우리 경제가 직면한 구조적 문제점과 성장잠재력의 저하 문제 등을 효과적으로 극복하고 지속적인 성장세를 회복하는 데 초점이 있다는 점에 유의할 필요가 있다.

창조경제는 상상력과 창의성, 과학기술에 기반을 둔 경제 운영을 통해 새로운 성장동력, 시장, 일자리를 창출해가는 것을 목표로 하고 있다. 창의성을 핵심 가치로 두고 과학기술과 정보통신의 융합을 통해 산업과 산업이, 산업과 문화가 융합해서 새로운 부가가치를 창출하고 일자리를 만들어내는 경제를 지향하고 있는 것이다.

경제성장에만 치중하던 기존의 틀에서 벗어나 국민의 삶과 직접적으로 연관이 있는 고용 중심으로 경제 운영의 틀을 전환하고, 인적자본과 과학기술을 중심으로 하는 사람 중심의 질적 성장을 추구한다. 단기적 성과보다는 지식기반의 지속 가능한 중장기 성장을 도모하는 것이다. 창조경제는 과학기술이나 일부 첨단 영역에만 한정되는 것이 아니다. 전통적 경제부문 안에서도 상상력과 창의성에 기반을 둔 지식 창조와 혁신을 통해 '생산방식의 근원적인 변화'와 '새로운 가치 창출'을 추구한다.

이러한 창조경제를 구현하기 위해서는 창의적인 젊은이들이 도전하고 실패해도 다시 도전할 수 있는 환경은 물론 창업과 벤처기업이 활성화되고, 창의적 아이디어가 사업화될 수 있는 인프라 조성이 무엇보다 중요하다. 이러한 창조경제에 관한 논의의 핵심이 개별 경제주체들의 창의와 경쟁을 보장하면서도 개별적 주체의 이익 극대화보다는 자발성에 기초한 공동 이익 추구를 통해 경제사회 전반의 발전이 가능한 새로운 시스템 구축이 되어야 한다. 구체적으로는 산업별 생태계의 경쟁력과 혁신 역량 확보에 중요한 역할을 담당할 플랫폼 (또는 공동 자산 common asset)에 대한 투자를 촉진하는 여건 조성 및 제도 개선 등의 노력도 필요하다. 다만, 우리 경제산업의 글로벌화 수준과 협소한 내수시장을 고려할 때 향후 창조경제의 구현을 위한 성장동력 발굴과 성장전략을 효과적으로 추진하기 위해서는 글로벌 트렌드와의 정합성, 미래 성장동력시장의 규모와 성장성, 국내 기술개발 및 혁신 역량(R&D 능력과 인적자원) 등 몇 가지 필수적 요소는 지속적으로 검토되어야 할 것이다.

중장기 창조경제 활성화 대책[10]

창조경제는 궁극적으로 양질의 일자리 창출을 통한 국민 행복 실현을 목표로 하고 있다. 실물경제 차원의 발전전략과 정책은 투자와 고용의 핵심 주체인 기업의 관점에서 접근하는 것이 긴요하다. 창조경제의 이행은 창의적 아이디어와 상상력, 기술 간 융합과 산업 간 융합 등 지금까지와는 다른 성장 원천과 방식으로 일자리 창출이라는 실질적인 성과까지 요구하기 때문이다.

따라서 이러한 창조경제로의 이행에서는 기존 주력 분야 기업의 새로운 분야로의 진출과 투자, 창의적 사업 아이디어를 지닌 청년과 중소 및 벤처기업, 창업 등이 활성화될 수 있고, 기업가정신이 자유롭게 발현될 수 있는 비즈니스 여건 조성이 무엇보다 중요하다고 하겠다. 특히 창조적 기업이 새로운 분야로 진출하는 경우 누구든지 창의적 아이디어로 새로운 상품과 서비스를 개발하는 데 수반되는 높은 위험과 불확실성을 완화하고, 시행착오가 사회적으로 용인되어 재도전이 가능하도록 법 제도를 정비하고 규제를 개선하는 것이 필요하다.

창조경제의 구현을 위해서는 글로벌 금융위기 이후 새롭게 전개되는 산업 여건의 변화에 주목하여 우리 기업의 창의적 기업 활동 과정에서의 새로운 투입 요소 확충과 비용 효과적 성과 도출 방안, 성과 창출 과정의 제약 요인 해소에 중점을 둘 필요가 있다. 글로벌 금융위기 이후 새로운 산업 여건 변화로는 글로벌 밸류 체인의 부상과 글로벌 소싱의 확대로 인해 과거 특정 산업 수준이 아니 가치사슬 수준의 경쟁우위에 기반을 둔 글로벌 비즈니스 생태계 경쟁력 확보가 관건이 되는 상황이 전개되고 있다.

이미 선진국 기업들은 이러한 새로운 여건에서 새로운 성장 원천으로 지식집약자본—종전의 무형자산, 정보, 디자인, 대규모 DB, SW, 콘텐츠에 주목하고 이들 지식집약자본 축적을 위한 투자에 주력하는 한편 미래의 성장동력으로 기존의 첨단기술보다는 이들 기술 간의 융합과 최근의 지식집약자본을 기반으로 3D 프린팅과 같은 미래 제조업_future of manufacturing_에 주목하고 이러한 미래 제조업이 활성화될 수 있는 기업의 미래 투자 여건 조성에 주력하고 있다.

다음으로 기업의 다양한 창의적 활동과 투자의 결과로 양질의 일자리 창출 성과를 담보할 수 있는 발전전략과 정책 입안, 제도적 개선 노력이 필요할 것이다. 특히 새 정부에서 강조하는 과학기술의 전산업 분야의 융합·확산을 통한 양질의 일자리 창출과 같은 경제적 성과를 조기에 가시화를 위해서는 과거 5~7년 전부터 추진해온 기존 성장동력 분야의 정부 R&D 결과(특허와 상용화 기술 등)의 상용화 R&D 또는 기존 성과 계승 및 융합 확산이 필요하며, 이들 성장동력의 산업화 초기 단계의 기업 진출과 투자 여건 조성에 더 주력할 필요가 있다.

한편 중장기 이후 미래 시장 선도형 핵심·원천기술 기반의 신성장 동력의 경우 향후 5년 내 일자리 창출과 같은 경제적 성과를 기대하기 어려우므로 그러한 경제적 성과보다는 관련 분야의 인력 양성과 핵심 기술 특허, 우수 논문 등 미래의 성장동력 발전의 기반 구축 차원에서 R&D 과제를 추진하되 특정 분야 이외에 여러 분야에 적용될 수 있는 기술이나 소재·부품, 특히 대기업과 중소기업의 공동 R&D 추진이나 수요 연계형 소재–부품–장비 개발 차원의 R&D 투자와 연구 여건 조성에 주력할 필요가 있다.

마지막으로 그동안 간과되었던, 대기업과 중소기업 간 동반 성장, 협업을 통한 미래 경쟁력 확보, 대기업과 중소기업 간 불균형 문제 등 창조경제의 활성화를 제약하는 구조적 문제에 대한 해소 방안도 마련되어야 할 것이다.

특히 새 정부가 강조하는 중소·중견기업 발전형 신성장동력의 기획·발굴에 있어서는 대기업이 중장기 신성장동력 분야의 진출과 관련 해당 분야의 통합적 관점의 R&D 투자 로드맵을 제시한 후 관련 소재, 부품, 장비, 시스템, SW 개발에 대해 대기업의 미래 수요를 전제로 혁신형 중소기업, 대기업 연구소, 학계 등으로 구성된 사업단을 구성, 융합 개방형 혁신 방법으로 공동 프로젝트를 추진하고 정부가 이를 지원하는 방안도 검토할 필요가 있다. 이는 대기업의 입장에서도 기업의 사회적 책임, 동반 성장, 공유 가치 창출 등의 요구에 부합하면서도 최근 불가피해지는 융합 및 개방형 혁신의 효율성과 비용 효과적 R&D 등 신사업 진출의 실효성 제고 차원에서도 바람직한 것이므로 적극 참여할 필요가 있다고 할 것이다.

김주한

한국 산업 발전을 위해 30여 년 이상 연구에 매진한 산업 분석 전문가이다. 고려대학교 공대를 졸업하고 동 대학원에서 박사학위를 취득했다. 산업연구원에 입사하여 30여 년 이상 근무하고 2012년 선임연구위원으로 퇴직했다. 연구원 재직 시 소재산업팀장, 소재산업실장, 소재환경산업실장, 지역발전연구센터 소장 등을 역임했다. 고려대학교 산업대학원과 홍익대학교에서 후학을 양성하는 데도 힘썼다. 현재 산업연구원 위촉 선임연구위원으로 근무하고 있다.

신성장동력 확보와 창조경제, 그리고 동아시아 부가가치사슬 속
한국의 역할은 무엇인가?

시계 반대방향으로 흐르는 동아시아의
부가가치 사슬,
그리고 한국의 역할은?

박승록(한성대학교 경제학과 교수)

한중 경제관계 속 부가가치사슬 구조

한중 경제관계는 세계 어떤 나라와의 경제관계보다 밀접하다. 양국
모두 상대국으로부터 많은 중간재를 수입하여 가공·조립생산을 하여
수출함으로써 밀접한 산업 협력관계를 유지하고 있다. 중국은 한국의
첫 번째 교역 상대국이 된 지 오래다. 한국 역시 중국의 3~4위 교역 대
상국이 되었다. 이런 과정에서 산업 측면을 보면 한중 경제관계는 협
력과 경쟁이 공존하면서 더욱 복잡하고 다양하게 전개되고 있다.

이 글에서는 국제무역에 있어서 최근 새롭게 등장하고 있는 글로벌
밸류 체인 분석 방법론을 이용하여 한국과 중국의 부가가치 무역과 경
쟁력 및 부가가치(밸류) 체인의 현황과 그 움직임을 분석했다.

기존의 통관 기준 수출입 통계를 이용한 무역, 경쟁력, 산업 협력의 모습과 이 글에서 살펴본 글로벌 밸류 체인 분석에 의한 부가가치 무역, 경쟁력 등은 상당한 차이가 있다. 한국과 중국의 경제관계를 새롭게 인식하고, 한국경제의 미래를 위해 새로운 관점의 정책과 기업전략을 고민해야 할 필요성을 이야기하고 있다.

첫째, 한국은 중국에 비해 글로벌 밸류체인에 대한 참여도가 높다. 참여도를 구성 요인별로 볼 때 한국은 수출을 통해 외국에 부가가치를 창출해주는 정도가 중국보다 크다. 반면 외국의 수출에 의해 한국 내에 창출되는 부가가치의 비중은 중국보다 작다. 글로벌 밸류 체인에 대한 참여도는 한국과 중국 모두 2000년대 중반까지 증가했으나 이후 다소 주춤한 상황을 보여주고 있다.

한국의 산업구조 상 일본 등 외국 중간재를 활용한 가공무역은 불가피한 측면이 있다. 글로벌 밸류 체인 참여도가 중국보다 높다는 사실 역시 우리 산업구조 상 어쩔 수 없다. 다만 외국 부가가치를 수입하는 비율이 국내 부가가치를 수출하는 비율보다 높다는 점에서 중간재로 활용되는 부품, 소재, 자본재 부분의 획기적인 발전이 필요하다. 따라서 외국 중간재에 의존하는 정도를 낮추고, 외국에 더욱 많은 중간재를 수출할 필요가 있다. 이를 위해 부품, 소재, 자본재 부문의 수입 대체와 더 나아가 수출 증대를 위한 산업 발전이 필요하다.

둘째, 한중 간 부가가치 무역수지는 통관 기준 무역수지의 20% 정도에 불과하다. 중국 또는 일본으로부터 수입된 중간재를 활용해 생산된 상품이 중간재 또는 최종재로 중국에 수출되는 과정에서 한국 내

[그림 1] 무역통계의 형태별 한중 무역수지 현황과 추이

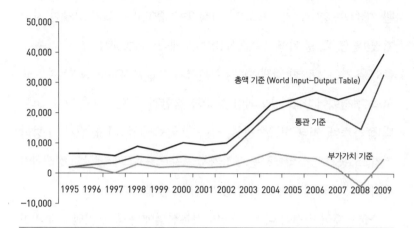

에서 창출된 부가가치가 작기 때문이다. 통상적으로 알려진 한국의 대
중국 통관 기준 무역 흑자 규모는 지속적으로 큰 수준을 유지해왔지
만, 부가가치 기준으로 볼 때 이런 상식은 맞지 않다. 한국경제가 위기
에 처해 경기가 나빠질 경우 중국과의 부가가치 무역은 적자일 가능성
도 있다. 실제 2009년 세계금융위기 당시에는 약 47억 달러의 적자를
보았다.

대 중국 통관 기준 무역 흑자는 매우 크지만, 부가가치 무역 흑자가
작다는 것은 한국의 중국에 대한 수출이 '속빈 강정'이라는 점을 나타
낸다. 중국 수출에서 한국 내에서 추가된 부가가치량을 늘리기 위해서
는 전술한 바와 같이 부품·소재·자본재산업의 발전이 필요하다. 이는
현재 이들 산업에서 매우 높은 일본 의존도를 극복하는 것이 중요하다
는 점을 의미한다.

셋째, 부가가치 수출 기준으로 측정된 현시 비교우위지수를 보면 통관 기준 수출액을 기준으로 한 경쟁력 수준이나 추세와 상당한 차이가 있다. 펄프, 종이 및 인쇄, 석유, 화학제품 산업에서는 통관 기준 수출액을 기준으로 한 경쟁력보다 부가가치 수출을 기준으로 할 경우 중국의 경쟁력이 더욱 강화되어 한국과 경합관계에 놓이게 된다. 고무 및 플라스틱, 기타 비금속광물, 금속 및 금속제품, 기계, 전기 및 광학기기, 수송기기 산업에서는 부가가치 기준으로 할 때 한국의 경쟁력이 강화되어 중국에 대해 오히려 경쟁우위에 있게 된다.

중국경제의 발전에 따라 한국의 전통산업에서 중국 기업의 추격이 매우 위협적이라는 점에 의문의 여지는 없으나 양국에서 창출된 부가가치 수출을 기준으로 평가할 때 주요 산업에서 한국의 경쟁력은 여전히 중국에 상당한 비교우위를 가지고 있다. 전통산업에서 경쟁우위 확보를 위한 지속적인 노력 역시 필요하다고 할 수 있다.

넷째, 주요 산업에서 한국의 대 중국 수출에 의한 중국의 최종재에 대한 부가가치 기여는 1% 내외에 불과하다. 매우 미미한 수준이다. 전기 및 광학기기 산업에서만 2.6%의 기여를 하고 있다. 그나마 한국의 대 중국 수출에 대한 부가가치 기여는 2006년을 고점으로 점차 하락 추세에 있다. 이는 중국에 대한 중간재 수출을 통해 중국의 부가가치 증가에 기여하는 데 있어서 한계에 도달했다는 것을 의미한다. 반면 중국은 한국의 수출에 대해 부가가치 기여도가 높고 그 수준을 점차 증가시키고 있다.

이런 사실들은 한중 간 경제관계에서 상황이 한국에 불리해지고 있

[그림 2] 중국 산업별 최종재 수출에서 한국의 부가가치 구성 추이

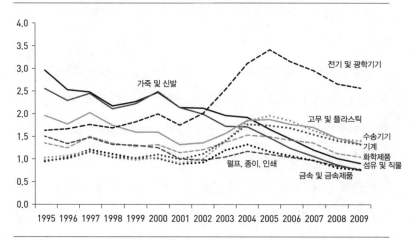

자료: World Input—Output Database(WIOD) 자료를 이용하여 계산

[그림 3] 한국 산업별 최종재 수출에서 중국의 부가가치 구성 추이

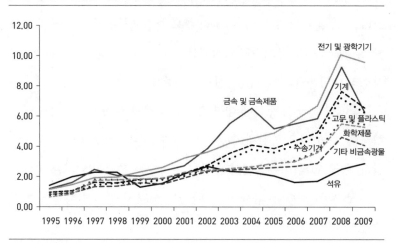

다는 것을 의미한다. 물론 이런 현상의 이면에는 자동차·전자산업 분야에서 수출을 대체하여 외국 직접투자가 일어나고 있다는 점이 간과되고 있기는 하다.

하지만 다양한 분야에서 수출을 통한 중국 진출 방안 외에도 중국에 대한 국외투자 역시 우리 기업들의 전략으로서 매우 중요하다. 중간재 분야뿐만 아니라 최종재 분야에서 대 중국 직접투자를 통해 중국의 내수시장을 활용할 필요가 있다는 점을 시사한다.

한국과 중국 간의 경제관계를 글로벌 밸류 체인의 관점에서 분석한 결과는 그동안 한중 경제관계에 대한 현황과 관점을 달리할 필요가 있다는 점을 역설한다.

대 중국 무역 흑자의 상당 부분은 중간재 거래에서 발생하는 2중 계산의 문제를 안고 있다. 이 글에서 밝힌 바와 같이 부가가치 무역은 크게 줄어들고 있다. 이는 한중 통상 교섭에서 한국에 유리한 상황을 조성하는 데 활용될 수 있다. 아울러 주요 산업에서 중국의 경쟁력이 크게 향상되었지만, 부가가치 관점에서 볼 때 중국의 경쟁력은 현재까지 다소 과대평가되고 있다는 사실도 보여준다.

그럼에도 한국의 중국에 대한 활발한 중간재 수출의 이면에 중국의 한국에 대한 많은 중간재 수출과 이를 통한 부가가치 기여는 간과돼 왔다. 향후 한국의 수출에서 중국이 기여하는 부분이 커지는 상황이 지속될 경우 한중 무역거래에서 한국이 상당히 불리한 상황에 처할 수 있다.

한일 경제관계와 시계 반대방향으로 흐르는 부가가치 사슬, 그리고 한국의 산업발전 전략은?

이상의 글로벌 밸류 체인 분석 결과는 향후 한국의 산업 발전전략 측면에서도 시사하는 바가 크다. 한국이 중국보다도 다른 나라, 즉 일본에 대한 높은 부품·소재·자본재 의존으로 인해 많은 부가가치를 일본에 만들어주는 경제구조라는 점은 앞으로 한국의 지속적인 산업 발전을 위해 대일 중간재 의존도를 낮추는 것이 긴요하다는 것이다.

이는 결국 일본에 대한 중간재의 수입 대체가 절대적으로 필요하다는 것을 의미한다. 궁극적으로 이는 중국의 수출에 있어서 한국의 부가가치 기여를 높이는 방법으로 작용할 것이다. 따라서 부품·소재·자본재 분야에서의 극일을 통해 중국시장에서 한국의 위상을 높일 수 있다.

한국의 중국 최종재 가치에 대한 부가가치 기여도가 점차 하락하고 있는 것은 반도체, 노트북 등 가전제품과 자동차의 중국 현지 진출도 큰 이유가 된 것으로 보인다. 중국 중간재산업의 경쟁력 역시 지속적으로 개선되고 있으므로 한국의 중간재 직접 수출보다는 우리 기업의 중국 현지 진출, 현지 중간재 조달이 필요하게 된 시점이 되었다는 것을 의미한다.

한국의 중국에 대한 부가가치 기여가 점차 하락하고 있다는 사실은 동남아시아 등 새로운 신흥시장에서 부가가치 기여를 높여야 할 것이라는 점도 시사하고 있다.

박승록

고려대학교 경제과를 졸업하고 미국 노던일리노이대학교에서 경제학 박사학위를 받았다. 산업연구원, 한국경제연구원 등에서 한국과 중국의 산업과 기업의 생산성, 경쟁력에 대한 연구를 했다. 중국 베이징사회과학원 수량경제기술경제연구소 방문학자로 중국의 실물경제를 연구하기도 했다. 현재 한성대학교 경제학과에서 산업조직과 법경제학을 강의하고 있다. 다양한 연구활동으로 제31회 매경이코노미스상(2001년), 제4회 매경비트학술상(2005년)을 수상했다.

05 | 금융 생태계의 근본적인 결함, 대책은 없나?

최공필 (금융연구원 상임자문위원)

금융기관이 적정한 수익을 올리고 이를 기반으로 기업과 시민의 필요에 맞게 자금을 지원하고 남는 이익으로 사회에 공헌해야 사회 전체가 선순환할 수 있다.

금융기관이 사회적 책임을 다하려면 기본적으로 건전성을 갖추고 적정 수준의 이익을 내야 한다. 또한 이를 위해서는 금융기관의 주인의식이 가장 필요한데, 금융산업 중 특히 은행산업은 주인이 없는 경우가 많아 장기적인 경쟁력을 높이기 위한 투자를 충분히 하지 않는다. 그 결과 금융산업의 경쟁력이 낮아 국외 진출 시 손실이 발생하고 있으며 국내에서도 증권시장에서 국부유출이 발생하는 원인이 되고 있다.

금융 생태계의 근본적인 결함, 대책은 없나?

금융 생태계의 근본적 결함과 대책

폐쇄적·획일적 환경

우리나라의 금융 생태계는 지배체제의 낙후성으로 인해 환경 변화에 적응하지 못하면서 폐쇄적인 공급자 위주의 비효율적 시스템에서 벗어나지 못하고 있다. 실질적 이해관계자가 복잡다기한 경로로 영향력을 행사함에 따라 시장 기능이 종종 차단되면서 잠재적 부실이 커지고 금융서비스 제공 역량이 후순위로 밀리고 있다.

정치적 요인을 무시할 수 없는 환경에서 생존 차원의 내부 조직 결속력이 강조되다 보니 외부 환경 변화에 적응할 수 있는 개방성이나 사회적 적합성은 원천적인 한계를 보이고 있다. 무엇보다도 '모아서 버리는' 사회적 비용화에 익숙한 폐쇄·보호 환경은 금융의 기능 저하를 통해 현 가계부채, 산업구조의 편중화 문제 등 경제 현안을 확대재생산하고 있다.

결국 우리나라 금융체제의 가장 근본적인 문제는 금융의 자원 배분 기능이 우선시되는 대신 폐쇄적인 지배구조의 지대 추구로 인해 시장이 제 기능을 못하고 금융 시스템을 유지하고 있는 납세자와 금융 이용자가 제대로 대접을 받지 못하는 데 있다. 또한 금융정책과 감독 업무가 혼재되면서 시장 규율이 약화되고 과도한 규제나 방만한 배임이 공존하는 혼란 상태가 전개되고 있다.

무엇보다도 상업성과 공공성이라는 양면적 기능을 수행하는 금융의 기본 역할에 대한 혼선이 장기화되면서 한국의 금융산업은 자생적 발전 모멘텀 확보에 어려움을 겪고 있다. 과거 산업 지원 역할 이후의 환골탈태 과정이 거듭된 위기로 생략됨에 따라 초래된 공백을 새로운 동력으로 채우지 못했기 때문이다. 국내 은행들은 협소한 국내시장 중심으로 10년 이상 주택담보 등 위험기피적 대출을 통해 시장점유율을 제고하는 데 치중했다. 이에 따라 성장기반 다변화에 기여하지 못하여 자체 생존기반마저 위축되었다. 《더 뱅크The Banker》에 따르면 2012년 세계 은행 순위(기본자본 기준)에서 국내 은행 중 가장 순위가 높은 곳은 KB지주로 68위에 불과하다. 100대 은행에 포함된 국내 은행은 KB지주(68위), 산은지주(69위), 우리지주(72위), 신한지주(73위), 하나지주(81위), 농협지주(83위) 순이다.

외국에서 새로운 금융시장을 개척하기보다는 기존 시장에 안주한 결과 국내 은행의 국외 수익 비중은 7.6%(2012년 기준)로 전체 수익에 비해 아주 미미하다. 이에 따라 국내 은행의 글로벌화 수준을 보여주는 TNI지수Transnationality Index는 2013년 상반기 현재 4.8%로 전 세계 주요 은행에 비해 현저히 낮은 것으로 나타났다. 전 세계 주요 은행 TNI지수[1]는 2012년 말 기준 HSBC 64.7%, CITI 43.7%, 미쓰비시 UFJ 28.7%이다.

무엇보다도 금융의 경쟁력 저하와 함께 잦은 금융 사고의 발생은 금융 소비자들의 신뢰를 저하시키고 있다. 반복되는 금융 부실, 불완전 판매 등으로 2003년 카드 사태, 2008년 키코 사태, 2011년 저축은행 영업 정지, 2013년 동양 CP 투자자 피해 등 금융 소비자 피해가 연이어 발생하고 있다. 2008~2012년 동안 금융권의 내부 직원 횡령·사기 등 금융 사고는 976건에 이른다. 금융회사 또는 금융소비자에게 손실을 초래한 피해 금액은 1조 1,234억 원에 달한다.

우리나라 금융 생태계를 근본적으로 변화시키기 위해서는 현 금융 생태계의 가장 큰 문제인 폐쇄성과 획일성을 극복하면서 개방성과 다양성이 숨 쉬는 자생적인 생태계를 조성해야 한다. 이를 위해서는 국내 고객의 금융 수요뿐 아니라 전 세계를 대상으로 금융서비스를 공급할 수 있는 기초 역량이 구축되어야 하며 이는 결국 우리나라 금융산업에 대한 전반적인 시장 신뢰가 확보되어야 가능하다.

불행하게도 현실은 늘어나는 다양한 금융서비스에 대한 수요에 대해 제대로 대응하지 못하고 있다. 금융산업은 오히려 성장을 저해하는 요인들을 스스로 만들고 있는 상황이다. 기존 담보대출의 질적 저하를 막기 위한 노력이 주를 이루고 있으며 새로운 성장동력 발굴은 여전히 답보 상태이다. 특히 미래 준비가 중요시되고 있는 상황에서 은퇴 수요나 고령화 관련 수요 증가에 대비하기 위한 금융 측면의 대비는 여전히 미흡한 상황이다. 시장의 흐름을 읽고 나름대로의 전략을 구사하면서 적절한 상품을 개발할 수 있는 자발적인 여건 자체가 제대로 정착되지 못하고 있다.

금융산업에 대한 신뢰 회복은 지배체제에 대한 객관적 평가에서부터 찾을 수 있다. 대외 충격에 그대로 노출된 채로 국익 차원의 정책 구사가 우선시되는 환경에서 장기적인 외국 자금의 유치는 불가능하다. 남의 돈이 자기 돈처럼 관리될 수 있는 객관적 믿음을 조성하는 것이 금융산업 발전의 초석이다. 엄격한 적격성이 입증된 신규 민간 참여의 확대를 주축으로 외국 자본을 포함한 다양한 잠재적 민간투자 주체들이 공히 참여할 수 있는 장을 만들어주어야 한다. 공정한 경쟁환경에 대한 믿음만 확보되면 다양한 투자자들과 금융 이용자들의 관심이 높아질 것이며 우리나라의 금융산업이 성장할 수 있는 밑거름이 조성될 것이다. 반면 폐쇄적 환경에서 정치적 연관이 강조될수록 어떤 개선도 이루어지기 힘들다.

지주회사체제

현 지주회사체제는 거대 금융기관으로서의 위험 부담 외에도 그룹 계열사 간 또는 지주사와 계열사 간 다양한 형태의 위험 전가로 인해 역할과 책임 소재 파악이 어렵다는 점이다. 투명성 제고에 한계가 있고 책임경영체제가 구축되기 어려운 여건에서 당장 문제가 되지 않는 부분에 대해 적극적인 위험 관리를 통해 선제적으로 대응하려는 유인은 약화될 수밖에 없다.

결국 우리나라의 상부지배체제에서 지주회사 형태의 운영은 시스템 차원의 위험 관리 면에서 뚜렷한 한계를 보일 수밖에 없다. 따라서 우선적으로 대표이사의 실질적 책임경영이 가능한 여건을 만드는 것이 중요하다. 또한 상부구조 이해관계자들 간의 이익을 우선적으로 절충하기에 앞서 공공서비스 측면의 배려가 명시적으로 이루어져야 한다. 즉 공급자 중심의 시너지 효과보다 금융서비스 이용자들의 입장과 혜택이 우선 강조되어야 한다. 또한 지주사 내의 포트폴리오를 특정 기준으로 최적화하기에 앞서 소비자에게 제공되는 금융서비스의 질을 개선하기 위한 인수·합병이 적극 권장되어야 한다. 시너지의 측정과 평가에 있어서도 자의적인 기준 대신 소비자의 만족도를 높이는 측면이 강조되어야 한다.

포괄적 감독체제

개방된 시장과 합리적인 제도 외에도 금융산업 성장에 필수적인 요건은 포괄적인 금융감독과 규제이다. 현재 지배체제의 마찰 요인을 관리하면서 패러다임의 업그레이드 과정에서 불가피한 상충관계를 조율하기 위한 범정부적 기구가 신설될 필요성이 제기된다.

즉 개별 기구 차원의 칸막이식 모니터링에서 간과되기 쉬운 위험 관리를 위해 대통령 직속 별도 기구systemic risk oversight council(서별관 회의의 기구화)로 설치하고 운영해야 기존 정부 부서와 감독 당국의 책임 있고 원활한 역할 수행이 가능하다. 어디선가 기존 장벽을 넘어 커질 수 있는 위험을 적극적으로 관리해주어야 다양한 산업 간의 융합을 촉진하면서 납세자의 이익을 보호하기 위한 전략이 구사될 수 있기 때문이다. 지금의 상태로는 창조경제 구현에 필요한 융합이 실제로 일어나기 힘들다. 막상 융합과 연관되어 기존 법체제에서 다루기 어려운 부분에 대한 논의와 준비가 가시적으로 이루어져야 한다.

금융 생태계를 진단한다

우리나라 금융 생태계의 근본 결함은 성장 및 개방 과정과 밀접한 연관을 가진다. 초기에는 산업 지원을 위한 역할에 충실했으나 급작스런 개방과 위기를 경험하면서 실제 주인 역할을 제한적인 책임만을 감수하는 대리인에게 맡기는 구조로 변형되었다. 이는 금융권의 자체적인 민간 인력 형성이 지연된 데다 관료들의 고유 역할마저 과도한 위험 부담에 따르는 책임소재 문제로 희석된 결과이다. 문제가 터지면 소방수 역할을 하는 정도의 소극적이고 피동적인 역할로 일관하다 보니 선제적인 부실 관리나 구조조정 드라이브는 찾아보기 어렵게 되었다.

이러한 지배구조 상의 한계는 개방 환경으로 위험 관리가 어려워진 상황에서 금융 기능의 위축과 왜곡을 초래했고 그 결과 주택담보대출 위주의 안이하고 편중된 신용 배분이 주를 이루게 되었다. 또한 정책 기조는 절충적·소극적 점진주의discretionary incrementalism로 일관할 수밖에 없게 되었다. 소위 2000년대 본격적으로 자리 잡은 대완화기간great moderation 중의 이러한 모습은 현 지배구조 상의 문제를 드러나지 않게 하는 배후 원인으로 작용하였으며 이제 우리는 낙후된 지배구조를 가지고 엄청난 도전을 이겨내야 하는 상황에 직면하게 되었다.

주지하다시피 지배구조의 형성에는 장기간의 시간과 다양한 참여자가 필수적이지만 우리는 철저하게 폐쇄적이고 기득권 보호 우선 모드로 변모한 현 금융 지배구조의 한계 때문에 향후 상당한 문제에 봉착할 것으로 보인다. 결과적으로 우리나라 금융 생태계의 문제점은 섣부른 개방에 따른 기형적 지배구조의 형성으로 '그들만의 세상league of their own'으로 변모한 폐쇄성과 획일성으로 요약할 수 있다. 우리는 취약해진 지배구조로 지탱되고 있는 금융산업에 의존하여 미래를 준비해야 하는 매우 어려운 상황에 봉착해 있다.

은행산업의 구조적 개편과 경쟁력 강화 방안

은행산업의 구조개편은 금융 생태계 변화의 초석으로 간주할 수 있다. 특히 은행 중심의 금융산업 구조를 보이고 있는 우리나라의 경우 은행부문의 대대적인 구조개편을 통한 경쟁력 확보가 필요하다. 많은 재원을 들여 유지하고 지탱하는 금융 시스템의 핵심인 은행산업의 낙후성으로 인해 납세자들은 미래 준비마저 불투명해지는 상황을 피하기 어렵기 때문이다. 국내 은행의 총자산 대비 원화대출 비중은 2000년 3월 말 40.4%에서 2013년 6월 말 61.5%로 증가하여 여전히 대출자산 위주의 성장 모델을 지향하고 있는 것으로 나타났다. 국내 은행의 이자수익에 대한 의존도는 90.9%(2012년 기준)로 미국 상업은행 이자수익 의존도(62.2%)에 비해 지나치게 높다. 지금과 같은 저금리 환경에서는 예대마진을 통해 수익을 창출하는 국내 은행들의 영업 방식은 더는 통용되기 어렵다.

정부는 2013년 11월 '금융업 경쟁력 강화 방안'에서 규제 완화에 따른 업무 영역 확대, 국외 진출 등을 통해 은행이 글로벌 경쟁력을 확보할 수 있도록 제도를 정비했다. 주요 내용은, 첫째, 은행의 자산관리업 Private Banking 활성화 기반을 조성하기 위하여 은행 PB와 증권 PB 간 연계 원활화를 통해 효과적인 PB 서비스를 제공할 수 있게 했다. 둘째, 은행 부수·겸영 업무 확대로 수익원을 다변화하기 위해 은 취급 업무(실버 바 판매 대행, 은 적립 계좌 매매)를 추가하고, 기업에 대한 다른 금융회사의 대출·예금중개, 기업 외국 법인에 대한 장외 파생상품(이자율·

통화) 중개 업무 등을 허용했다. 셋째, 은행 외국 지점의 영업활동에 대한 규제를 완화했다. 구체적으로 외국 지점의 경우 국내법에서는 허용되지 않으나 현지법이 허용하는 업무는 겸영 업무를 할 수 있게 허용하여 외국 지점이 현지 수요에 맞는 지역 밀착형 서비스를 제공함으로써 현지 경쟁력을 확보할 수 있도록 했다. 또한 국내 은행이 현지 은행지주회사를 인수할 수 있도록 허용하고 외국 점포의 현지 경영을 유도하기 위해 현지화 수준과 은행 전체적인 국제화 수준을 평가하기로 했다.

그러나 이러한 정부안은, 첫째, 대부분의 금융서비스 이용자를 위한 양질의 금융서비스 제공 차원에서 우리 금융산업의 근본적 문제를 간과한 측면이 있으며, 둘째, 지주회사 위주로 운영되는 자본시장통합법 통과 이후의 현 금융체제 개편에 대한 검토가 생략되었고, 셋째, 비트코인bitcoin이나 모바일 결제와 같은 기술적인 발전에 대해 소극적 자세에서 벗어나지 못하는 공급자 위주의 정부 주도 전략이다.

즉 민간 전문가들의 다양한 의견을 수렴하여 수립된 전략이라기보다 현 기득권의 이익 보호가 우선시된 소극적이고 현상유지적인 전략의 나열로 볼 수밖에 없다. 사실상 누구도 기초적인 부분에 손을 대기 어려운 전례 없는 혼란기이지만 위기를 거치면서 드러난 현 체제의 문제점을 개선하려는 구체적인 고민과 노력은 미흡하기 때문이다. 무엇보다도 다양한 자금이 원활하게 순환됨으로써 창조경제를 실질적으로 뒷받침할 수 있는 근본 차원의 개혁 노력이 아쉽다. 이러한 제반 현상은 전략 수립에서도 일관되게 관찰되는 우리나라 금융산업의 폐쇄성과 획일성의 결과이다.

실질적으로 은행산업이 경쟁력을 가지기 위해서는 새로운 수익원 발굴 이전에 은행산업의 구조적 혁신이 선행되어야 한다. 은행산업은 과거의 패러다임에서 벗어나 창조경제를 뒷받침할 수 있을 만큼 환골탈태해야 한다. 지나치게 느슨한 규제나 과도한 규제의 양극단을 횡보하는 정책 노력의 큰 스윙, 부동산 담보 위주의 안이한 관행, 시스템 위험 관리가 간과되는 도덕적 해이 및 대마불사 방지책에 대해 시장 신뢰를 얻을 수 있을 만한 개혁이 선행되어야 한다. 더불어 기존의 가계 및 기업 여신 중심의 성장전략에서 탈피하고 새로운 가치 및 고용 창출 기반의 발굴에 은행산업이 더욱 적극적 역할을 수행할 수 있도록 장기적 안목과 환경을 고려한 포용적 성장inclusive growth 지원 패러다임으로의 전환이 요구된다.

무엇보다도 요구되는 변화의 핵심은 장기적 위험 감수와 주변에 대한 환경적 고려이다. 현 금융산업의 가장 심각한 문제는 주변과 미래를 충분히 고려하지 못함에 따라 지속가능한 성장에 절대적으로 필요한 투자를 지원하지 못하는 현실이다. 특히 새로운 투자 기회를 창출하려는 노력 대신 현상유지 차원의 단기적 지대 추구가 우선시되면서 자산 구성의 다양성은 오히려 저하되고 쏠림 현상은 심화된 것이다. 한국의 단기대출(잔존 만기 1년 이하 대출) 비중은 54.9%(2012년 말 기준)로 은행 중심의 금융 시스템이 정착되어 있는 유럽(15.0%), 일본(26.6%)에 비해 과도하다.

구체적인 미래 수익원은, 첫째, 지적재산권intellectual property과 같은 무형 자산intangible asset에 대한 담보 인정을 통해 금융의 지평을 넓혀가는 것이다. 둘째, 녹색금융과 같이 미래 기후변화에 대응할 수 있는 투자 프로젝트의 추진을 위해 금융이 필요한 모든 여건을 제공할 수 있어야 한다. 민관 협력체제PPP: Private-Public Partnership의 투자 방식을 구체화할 수 있어야 점차 위험 감수가 어려운 투자가 실현될 수 있는 여건이기 때문이다. 셋째, 사회적 기업의 육성이나 서민금융 관련 생태계 조성을 위한 금융의 역할이 제고되어야 한다. 사실 서민금융이나 정책금융이 강조되고 있는 이면에는 기존 금융기관들이 금융소외 현상을 극복하는 데 충분한 역할을 하지 못하는 현실이 자리·잡고 있다. 여전히 지역 밀착형 금융기관들의 영역과 국제적 업무기준이 중시되는 영역 간에 겹치는 부분이 방치되고 있다.

결국 금융 배제financial exclusion 현상을 심화시켜 대부업체나 유사 금융기관의 서비스에 의존하게 하는 원인으로 작용하고 있다. 기존이나 현행 바젤 기준의 금융만으로는 우리나라와 같이 기초 여건이 열악한 생태계의 획일성을 극복할 수 없으며 사회적 양극화에 대해서도 속수무책이다. 따라서 금융 생태계에서도 다양한 채널의 신용 흐름이 가능하도록 자율적인 자생적 환경이 보장되어야 한다.

결론적으로 본격적인 지식기반사회knowledge based society에 진입하면서 금융의 지평을 넓히는 지재권, 사회적 가치가 존중되는 서민금융과 같은 분야와 장기적인 미래 대비 투자를 위한 녹색금융 분야에 적극 진출해야 성장 모멘텀을 확보할 수 있다. 예대마진 외에도 다양한 수익 기반을 확보하면서 자원 배분의 효율화를 기할 수 있는 금융의 새로운 모습이 은행들의 자발적 변화에서부터 관찰되어야 한다.

우선적으로 미래의 금융 패러다임은 다양한 위험 요인들을 평가하고 선제적으로 자체 관리할 수 있는 역량을 속히 갖추어야 한다. 이러한 기능이 구비되지 않을 경우 지속가능하고 효율적인 자원 배분이 불가능하다. 특히 기존 은행들의 영업 방식에서는 담보 능력이 부족한 지식재산 집약형 중소기업은 기술력·사업성이 있더라도 자금 조달에 어려움을 겪을 수 있다. 담보 능력이 부족한 경우 신용대출을 받아야 하지만 중소기업은 재무 정보의 신뢰도가 낮고 산업·경영·영업 위험 등 비재무 정보에 대한 평가체계도 미흡하여 객관적인 신용평가에 어려움이 있다.

불행히도 우리의 새로운 성장동력이 발굴되어야 하는 중소기업이나 서민경제 분야에 있어 기존 금융기관들은 위험기피적 자산건전성 기준으로 인해 제 역할을 할 수 없는 실정이다. 보완적 금융 기능을 수행해야 할 지역 밀착형 회사들마저 혼란스런 환경에서 역할 모색이 어려운 실정이다.

은행들은 민생경제에 실질적으로 도움이 되는 분야에 대한 금융서비스 강화를 기본으로 더욱 창조적인 활동에 나서야 한다. 그간의 환경 프로젝트 수행을 위해 발전되었던 녹색금융green finance과 새로이 도입되고 있는 지재권금융IP finance은 주변에 대한 충분한 배려 없이 단기 실적에 치우친 현 금융의 한계를 극복하기 위해 필요한 금융의 중추적 기능을 보완하는 데 도움이 될 수 있다. 또한 주변과 미래를 명시적으로 고려하면서 자생적인 서민금융체계를 확립하여 장기적이고 안정적 자금 조달을 가능하게 하기 위한 보완적 차원의 노력도 구체화될 수 있다. 무엇보다도 새로운 금융의 역할 모색을 통해서만이 융합·창조 환경에 기초한 창조경제 구현의 핵심적 요건을 충족시킬 수 있는 기반 조성이 가능하다.

특히 녹색금융과 사회적 기업, 그리고 지재권 금융을 지원하기 위해 은행들은 투자형 은행 기능과 역할을 강화하는 방향으로 변화해야 한다. 기존 담보대출 위주의 창업 기업 지원체계를 매칭 펀드 등을 통해 더 적극적이고 지속적으로 투자금융을 확대하는 방향으로 변모시킴으로써 최적의 투·융자 포트폴리오, 금융서비스 칵테일을 이룰 수 있도록 해야 한다.

이를 개선하기 위해 은행들은 녹색금융의 사업성과 지식자산의 가치를 평가할 수 있는 새로운 기업평가 방식을 도입할 필요가 있다. 또한 앞으로 창조경제 지원 관련해서 상당한 도전에 직면한 은행산업은 모험자본 육성과 사모펀드의 활성화와 연계하여 좋은 서비스를 제공할 수 있도록 더욱 적극적인 자구 노력을 강화해야 한다.

금융 전문인력 육성 방안

세계적인 금융 혼란기에 상대적으로 낙후된 분야의 생산성 제고를 위해서는 우리나라의 여건에 부합하면서도 창의적인 시도가 민간 차원에서 자발적으로 이루어질 수 있어야 한다. 서민금융, 녹색금융, 지재권금융과 같이 금융의 지평을 확대하고 미래의 성장동력을 발굴하기 위해서는 금융 전문인력 육성에 집중할 필요가 있다. 실제로 우리나라는 미흡한 기초 여건 중에서도 금융발전을 이끌 수 있는 인력 풀의 부족 문제가 가장 심각한 발전 장애 요인으로 부각되고 있다.

IMD(2013)의 「세계경쟁력 평가」에서 우리나라는 금융인력 구인 가능성financial skills availability 항목에서 39위로 최하위를 기록했다. 주변 국가의 경우 홍콩 3위, 대만 19위, 일본 31위로 나타났다. 금융위원회·한국직업능력개발원(2012)의 「금융인력 기초통계 분석 보고서」에 따르면 현재 각 금융사에서 일반 직무 그룹 외에 별도로 관리하는 인력 Specialist에 대한 비중은 전체 인원 대비 3.73%로 매우 낮은 수준이다. 반면 앞으로 10년간 리스크 관리, 투자은행 등 비교적 업무 난이도가 높은 분야에 현원 대비 약 3,500명가량의 스페셜리스트가 추가적으로 필요한 것으로 전망되었다.

현재 금융 전문인력을 양성하기 위한 교육 시스템은 상당히 미흡하다. 금융협회 산하 전문 연수기관의 경우 현 추세 반영 면에서 낙후되었고 공급자 중심으로 운영되고 있어 고급 전문인력 양성에 근본적인 한계를 나타내고 있다. 금융업 종사자의 교육훈련은 단기 직무연수 성격이 강하며 1개월 이상의 심화과정은 20% 이하로 주로 대학에 의존하고 있다. 2006년 KAIST 금융전문대학원 운영을 시작으로 금융에 특화된 한국형 금융 MBA 과정들이 운영되고 있지만, 교과서적 전문 능력과 실무 능력에 대한 괴리를 좁혀야 하는 한계를 가지고 있다. 이에 따라 업무수행 면에서의 실질적 개선에 필요한 다양한 지식기반의 활용 가능성은 간과되고 있는 실정이다.

앞서 살펴본 바와 같이 기존 금융 전문인력 육성 프로그램들은 지역적 격차와 교육 프로그램 상의 문제, 전달체계의 낙후성으로 시대 흐름에 맞는 지식과 경험 공유에 뚜렷한 한계를 노정하고 있다. 따라서 이러한 일련의 제약을 극복하고 금융산업의 지속적 발전을 위한 인적 투자 프로그램의 일환으로 미래 지향적인 창의적 인력 양성을 위한 전문 연수기관의 설립이 필요하다. 이 연수기관은 기술적으로 첨단인 동시에 미래 지향적인 인적자원 개발에 특화된 시대적 필요를 충족해야 한다. 적어도 금융 관련 역량 구축 의사가 있는 모든 사람에 대해 클라우드-빅 데이터cloud-big data 기반의 서비스 네트워크를 구축하여 배움의 기회에 대한 형평성을 제고할 필요가 제기된다.

한편 전략적인 사고의 결여는 세계적인 흐름에 단절된 우리나라의 지식체계와 연관되므로 강사진에 외국 전문인력을 충분히 활용할 필요가 있다. 이를 위해 세계적인 석학 및 금융기관 실무 전문가 등 국외 네트워크의 강사진과 국내 금융환경 여건에 맞는 교육을 할 수 있는 국내 강사진으로 짜인 하이브리드 체계로 구성할 수 있을 것이다.

요컨대 우리나라의 금융 생태계는 태생적 한계와 환경적 요인으로 인해 폐쇄적이고 획일적인 모습을 갖게 되어 환경 변화에 스스로 적응할 수 있는 능력을 상실했으며 그 결과 고유 기능 수행과 거리가 먼 안타까운 양상을 보이고 있다. 현재의 교착 상태를 벗어나 금융 본연의 역할을 수행하기 위해서는 지배구조의 낙후성을 과감하게 극복하고 새로운 인력의 진입을 적극 수용하면서 다양한 미래 수익 기반을 확충하는 데 있어 더욱 적극적인 자세 전환이 절대적으로 필요하다.

지주회사 위주의 지배구조를 개편하여 자발적인 업무 개발 환경을 허용하고 더불어 책임소재 파악이 명확하고 자체적 위험 관리가 가능한 구조로 전환하는 동시에 신규 인력 진입을 대폭 확대하여 납세자들이 자기들도 모르는 위험에 노출되지 않도록 감독 기능을 강화해야 한다. 그리고 새로운 분야의 진출에 대한 자체적인 전략 수립이 강조되는 환경을 조성하여 앞으로 전개될 구조적 침체기structural stagnation를 벗어날 수 있는 성장동력을 스스로 갖추어 나갈 수 있어야 한다.

최공필

미국 버지니아대학교 경제학 박사로서 대부분의 경력을 대우경제연구소와 금융연구원에서 보냈으며 미 샌프란시스코 연방은행 조사부와 은행감독국에서 조사 활동과 실무 경험을 쌓았다. 한때 우리금융지주에서 전략 담당 전무를 역임했으며 국가정보원 경제 담당 정보관 경험도 가지고 있다. 많은 보고서와 저서가 있으며 2000년에 '매경이코노미스트상'을 수상한 바 있다.

현실의 벽을 넘으려면:
정치·정책 프로세스의 생산성을 높여야

정덕구(NEAR재단 이사장)

또 하나의 벽: 경제적 의사결정 메커니즘의 혼란

2013년 우리가 직면하고 있는 벽을 넘어서기 위해서는 과거 위기 극복때와 같은 많은 희생과 노력 그리고 새로운 기회의 창출이 필요할 것이다. 이러한 벽은 내과적 처치만으로는 뛰어넘을 수 없다. 외과적 수술도 함께 요구된다. 이렇듯 구조적인 벽을 넘기 위한 처방을 실행에 옮기기 위해서는 다양한 이해집단과 기득권자들의 이해 조정과 시장이 수용할 수 있는 실행 방안이 필요하다. 그리고 이러한 요소들을 용해할 수 있는 정치·정책 결정 메커니즘의 마련이 필수적이다.

지금까지 많은 전문가가 이러한 한국경제 내부 관계의 문제들을 제기하고 다양한 대안도 제시했다. 그러나 현실에서의 실천이 고질적 문제가 되었다. 이런 정책 대안을 현실에 적용하려 해도 장애물에 막혀 좌절되거나 제대로 된 성과를 얻기 어려웠다. 경제적 의사결정 메커니즘이 낙후되었고 정치·정책 프로세스의 난맥으로 추진력과 생산성이 심각하게 약해져 있기 때문이다.

앞에서 밝힌 것과 같이 전문가들의 견해는 구조적인 차원을 다루고 있으며 해결 방안이 정치적 결단을 요구하는 내용이 많다. 그러므로 이 책에 제시된 벽을 뛰어넘는 과제를 실행하기 위해서는 이를 정치·정책 프로세스가 수용해야 한다.

구조의 문제와 속도전

지난 50여 년간의 한국경제 개발과 발전의 성공 요인을 꼽는다면 우리 여건과 환경에 맞는 개발 기획력, 국민의 마음을 하나로 묶는 단순하고 분명한 미래 방향 제시 그리고 어떤 난관이 있더라도 그 목표를 달성하려는 추진체제의 우수성을 들 수 있다.

이런 우수한 추진체제에서는 경제정책의 의사결정이 내려지면 물 샐 틈 없이 이해당사자들에게 신속하게 그 취지가 전달되고 도움이 필요한 곳에 신속한 지원이 이루어지는 속도전이 가능했다. 그리고 중앙정부 내부뿐만 아니라 국회나 집행을 맡은 지방자치단체와도 신속한 의사소통이 있었다. 비록 덜 민주적이긴 했지만, 국회나 지방자치단체와의 관계가 한국경제 성공을 위한 속도전을 펼칠 만한 수준이 되었다.

이제 수십 년이 흐른 이 시점에서 그러한 속도전이 가능할까? 또한 그것이 바람직한가? 하는 논란이 있을 수 있다. 그러나 경제정책결정 과정이 현재와 같이 지속된다면 심각한 문제가 있음이 틀림없다.

정치·정책환경은 어떻게 변화해왔는가?

지금과 같은 한국경제의 저성장 기조가 계속될지 모른다는 비관적 우려가 나오는 것은 내부의 구조적 문제 때문만은 아니다. 경제사회의 바닥에 깔린 정치·사회적 환경 요소가 큰 걸림돌로 작용하고 있다.

첫째, 국가가 경제정책을 통하여 달성할 수 있는 역할이 점점 제한 되고 있다. 이는 2만 달러에서 3만 달러로 넘어가는 중견국가 국민이 갖는 욕구체제의 상향 이동으로 나타난 현상이다. 이와 함께 사회구조 와 동인이 크게 변하여 경제문제와 사회문제의 교호성이 점점 더 강해 진 데서도 원인을 찾을 수 있다. 경제학자들의 전망에서 빈번하게 예 측 오차와 추정 오차가 나타나는 이유는, 경제 현상이 사회 현상과 중 첩되고 경제이론은 사회 현상을 다루는 데 한계가 있기 때문이다. 거 시정책이 세계경제와 국내경제의 상황을 잘 가늠하고 미시정책이 가 계나 기업의 행동을 잘 뒷받침한다 해도 그 바탕이 되는 정치·사회적 여건이 수용하지 않으면 경제정책이 실패할 수 있다.

둘째, 정치적 정책결정 과정 자체가 경제사회 여건 변화를 따라가지 못하고 있다. 개방경제에서 국내에서만 통하는 전통적 사고와 관념을 고집하면 안 된다. 여기에서 벗어나 세계에서 통하는 사고와 제도를 받아들여야 경쟁력을 유지할 수 있다. 이제는 시야를 국제사회의 기준에 맞출 수 있도록 넓혀야 한다. 그리고 세계와 경쟁하고 이길 수 있도록 제도와 틀을 개선해야 한다. 따라서 정치적 정책결정 과정도 이러한 여건의 변화를 수용해야 한다.

셋째, 지금은 과거와 달리 지방자치제도의 실행과 민주화의 진전으로 국가권력의 분권화가 심화되고 있는 상황이다. 그러나 경제적 의사결정 과정과 정치적 정책결정 과정은 이러한 여건의 변화에 부응하지 못하고 과거의 경제적 의사결정 메커니즘에 머물러 있다. 우리는 과거 박정희 정부 개발 모형의 성공 요인을 세 가지 삼각형으로 설명한다.

외자 – 내자 – 기업가정신의 효율적 배합
정치 – 관료 – 기업의 트로이카 체제가 이루는 견제와 균형
우리 민족의 대륙성 – 해양성 – 유목민 DNA의 농축에서 나오는 상황 적응력

그러나 과거 수십 년간 이러한 성공 요인들이 많이 퇴조하고 더는 현실에서 잘 통하지 않게 되었다. 특히 정치권과 관료 그리고 재벌기업 간의 협업체제, 견제와 균형은 박정희 대통령 서거 이후 무너지기 시작했다. 정치, 관료, 기업 모두가 진화했을 뿐 아니라 상호관계도 크게 달라졌다.

권력의 수평적 이동과 수직적 이동을 주시하며

그동안 국내 정치는 민주화가 진전되고 권력 분립이 심화되었다. 대

통령의 권력이 수평적으로는 의회 권력으로, 수직적으로는 지방 권력으로 이동했다. 다만 이러한 권력의 수평적·수직적 이동 과정에서 인재의 이동이 아직 원활하지 못한 상황이다. 그래서 이동된 권력의 상당 부분이 중앙 권력, 중앙 관료제의 영향력 아래에 있는 것 또한 현실이다.

관료 사회는 이러한 환경 변화에 따라 매우 격동적으로 변모해왔다. 예전에는 관료가 국민경제의 모든 분야를 책임졌고 관료가 추구하는 가치는 매우 공공적이었다.

때로 필요할 때는 국가와 공공이익을 지키기 위해 장렬하게 전사하겠다는 의식이 깊게 배어 있었다. 국가는 인재들을 노동시장에서 비교적 싼 값으로 고용하여 가치적 양식만 가지고도 그들을 헌신하게 만드는 데 성공했다.

그러나 시간이 흐르면서 그들의 역할과 기능은 변화했다. 국민의 일상생활을 도와주고 통제하고 규제하던 관료의 위치는 점점 후선으로 이동하게 되었다.

이러한 가운데 재벌기업의 정치·사회·경제적 위치는 덜 견제 받은 파워 그룹으로 격상되었다. 생존을 위해 분투하면서 성공한 재벌은 그 활동 영역을 세계시장으로 넓혔다. 정치권이 민주화 과정을 거치며 아직 덜 정리된 세력으로 남고, 관료들이 후선으로 이동하고 있을 때 성공한 재벌기업들은 기존의 트로이카체제에서 전면으로 부상했다.

약한 대통령, 나약한 관료, 의회 정치의 낮은 생산성

1997년 동아시아 위기 이후 생존한 기업들은 스스로 경쟁력을 키우며 정치와 관료의 간섭에서 점점 멀어져왔다. 5년 단임 대통령제의 축적된 학습 효과는 대통령의 리더십에 대하여 덜 집중하는 경향도 생성시켰다. 장렬하게 전사하면서까지 국가 이익을 지키려 했던 다소 무모하리만큼 헌신적이었던 관료사회의 행동윤리도 기대하기 어렵게 변했다. 이와 함께 대통령제의 정치 리더십도 점점 제한되면서 한국경제의 의사결정 메커니즘도 생산성을 잃게 되었다. 어찌 보면 이것은 당연한 일일 수 있다.

이렇게 대통령의 정치 리더십, 관료의 장악력이 약해진 상황 속에서 우리는 의회 권력의 견제 기능에 순응하고 기업이나 국민의 사적 가치 영역이 확장되는 것을 불가피하게 받아들여 왔다.

그러나 뿌리 깊은 구조적 문제나 병리 현상이 벽으로 다가왔을 때 그 벽을 돌파하기 위하여는 사적 가치의 자기 조절 능력에 맡기기 어렵다고 판단한다.

이제는 이렇게 약한 추진 동력을 역동적 사회지배구조로 일신시키는 데 국민적 합의가 필요한 시점이다.

국회와 지방자치단체는 구태를 벗어야

이제 정치권력의 수평적·수직적 이전을 받은 국회와 지방자치단체에 관심이 집중되고 있다. 이들의 공공 의사결정의 생산성이 떨어지면 국가적 지향점을 잃거나 경제·사회적 병리 현상을 장기간 방치하며 국가경쟁력을 상실하게 될 것이다. 그러므로 우리는 한국경제의 내부관계의 개선책뿐 아니라 경제정책 의사결정 메커니즘의 생산성 수준을 향상시켜야 한다.

이제는 국가권력의 수평적·수직적 이동과 분업체제에 익숙해져야 한다. 분권화된 권력의 주체들과 인식을 공유하는 가운데 그들을 경제적 의사결정의 내부자로 포용해야 한다. 그러나 그 전제는 의회권력과 지방권력이 구태의 때를 벗고, 경제적 의사결정의 내부자로서 자격을 갖출 만큼 성숙해야 한다는 점이다. 그렇지 못하면 쉽게 정쟁에 휩싸이고 경제적 의사결정은 늦어지고 장기 표류하기도 한다. 대통령 중심제 하에서도 의회와 지방권력이 경제적 의사결정의 내부자로서 충분한 기능을 발휘한다. 국가의 미래를 기약하기 위해서는 선출직인 의회권력과 지방권력 행사에 있어서 높은 생산성이 요구된다. 그러나 안타깝게도 우리의 현실은 그렇지 못하다.

5년 단임제에서 대통령은 의회의 도움을 적시에 받기 어려운 형편이다. 대통령이 의회를 잘 설득하고 활용하는 데 능란하기도 쉽지 않아 보인다. 우리의 의회정치는 아직도 과도기적 전환기 상황에서 벗어나지 못하고 있다. 정당이 중심이 되어 정책 기능을 주도하고 개별 의원들의 정책 의지는 무시되기 일쑤다. 정당의 정책 활동은 이념적 편향에 따라 자주 흔들리며 정책보다는 정쟁으로 변질되기도 한다. 물론 의원 입법이 늘어나고 있고 긍정적인 진전도 엿보인다. 하지만 아직도 지역구나 이익집단의 수요를 충족시키려는 내용의 발의가 많다.

경제적 의사결정은 경제 전반, 특정 경제주체의 막힌 부분을 뚫고 새로운 활로를 열어주거나 사회의 병리 현상을 치유하기 위한 사전적·사후적 처방이 주안점이어야 한다.

국회의원들이 학자 그룹과 다른 점은, 국회의원들은 국정 수행 결과에 정치적 책임을 지지만 학자들은 개인의 인격을 담보로 책임을 진다는 것이다. 또한 그 성공과 실패의 파장에서도 큰 차이가 있다. 그러나 이 두 그룹은 자주 자신을 혼동한다. 특히 국회의원들이 이상론에 빠지거나 지역이나 이익집단에만 이익이 되는 논리의 함정에서 헤어나지 못하는 경우가 많다. 따라서 의안 발의 내용에 대한 여러 겹의 검증 절차가 필요하다.

새로운 정치·정책 프로세스의 구상

정치·정책 프로세스의 선진화를 위해 다음과 같은 방안을 제시한다.

첫째, 권력분립체제의 변화를 수용하여 분권적 권력기관이 내부자로 포함되는 정책 협의 절차가 필요하다. 정부·여야 연석회의가 그것이다. 또한 정당정책에 크게 관련되지 않는 민생법안 등에 대해서는 별도 합의 절차를 국회법에 규정함으로써 신속 처리 절차fast track에 따라 경제적 의사결정의 생산성을 높여야 한다. 최근에 논의되고 있는 국회 선진화법이 수정될 때 민생법안의 신속 처리 절차에 대하여 새로운 발전이 있어야 할 것이다.

둘째, 국회의원 입법의 남발을 막아야 한다. 그것이 민생 증진에 필요한지 여부, 영향을 받는 국민의 수, 재정 수요 등에 대한 종합적인 검증 절차가 필요하다. 국회 사무처 입법조사회의 기능을 더욱 활성화하여 이것이 준 독립적으로 운영되는 방안을 검토해야 할 것이다. 이 경우에도 민생과 직결되는 법안 여부를 판단하여 신속 처리 절차로 회부하도록 규정하는 것이 바람직하다.

셋째, 민감한 정책의 경우 의사소통과 의견 조정을 원활하게 하는 장치가 필요하다. 발의 후 일정 기간 내에 정부와 여당과 야당 그리고 이해당사자 대표가 모이도록 하는 이해조정기구를 두고 준청문회 방식을 상례화하는 방식이 좋겠다. 이때 이해조정기구가 승인한 안건을 각 정당이 번복하거나 반대하더라도 국회 심의에 상정하도록 해야 한다.

넷째, 대통령과 여야 대표 사이의 빈번한 정책 토의와 의사소통이 정례화될 필요가 있다. 이러한 정책 토의 문화는 정치 지도자들의 만남이 특정 정책 안건만을 위한 만남으로 제한됨으로써 성숙해질 수 있다. 이러한 영수 간 정책 토의는 교착 상태에 빠진 민생 문제 처리를 신속히 매듭짓는 계기를 만들 수 있다.

다섯째, 한국경제의 구조적 문제나 병리 현상의 치유를 위한 중장기적 과제를 토의할 때 전문가들의 검토 보고서를 채택하여 판단의 오류나 착오를 미연에 방지하도록 해야 한다.

경제적 의사결정 생산성을 높이기 위한 정치·정책 선진화 방안은 국민적 공감대가 형성돼 간다고 생각한다. 이 문제에 관하여 대통령, 국무총리, 국회의장단이 함께 모여 좋은 방안을 합의할 것을 제안한다.

행정부 내부의 토론과 의견 수렴

지금까지 권력분립의 심화 과정에서 낮아진 대통령의 정책 추진력을 보완하기 위한 방안을 제시했다. 그다음으로는 행정부 내부의 경제적 의사결정 메커니즘의 변화를 논의하고자 한다. 대통령의 정치적 리더십, 관료제도, 국책연구기관의 형태 변화 등으로 이런 변화의 필요성이 높아졌기 때문이다.

대통령 산하의 행정부 내부가 높은 생산성을 보이지 못하고 민생부문에 대한 감응도가 신속·정확하지 못하다는 평가가 많다.

대통령실과 총리, 부총리, 각료 그룹 그리고 시장·도지사 등 지방자치단체 사이의 의사소통과 정책결정과정이 지나치게 청와대 위주로 움직이고 있다. 아직도 톱다운Top-Down 방식의 발제와 지시가 많은 비중을 차지하고 행정부 내부에서의 정책 토의가 활발하지 않다는 지적이 많다. 기획과 발제 그리고 집행 과정에서 상향식과 하향식의 배합이 다양하게 이루어져야 한다. 이러한 문제점을 해소하기 위해서는 다음과 같은 개선 방안을 고려할 필요가 있다.

상향식, 하향식, 수평적 토론문화의 창출

첫째, 사안별로 국무총리와 부총리의 역할을 더욱 제도적으로 활성화하는 방법을 모색해야 한다. 경제문제를 제외한 사안에 대해서는 국무총리가 중심이 되어 각료, 전문가 집단, 이해관계자 대표들을 모아 비공개 또는 공개 토론을 주재하고 그 결과를 대통령에게 보고하는 기능을 강화해야 한다. 청와대의 하향식 발제보다는 총리를 통한 상향식 발제가 활성화되는 것이 바람직하다. 경제문제에 대해서는 더욱 전문성을 지닌 경제 부총리가 책임질 수 있도록 하여 경제적 의사결정의 생산성을 높일 필요가 있다.

둘째, 중견 간부(국장, 차관보 등) 레벨에서 부처 간 정책 토론이 더 활발해져야 한다. 이를 통해 시장에서의 수용 가능성 여부가 판가름날 수 있다. 그리고 청와대의 하향식 정책 제시의 오류나 현실 불감증을 걸러낼 수 있다.

셋째, 정책 기획 단계에서부터 중앙정부와 지방자치단체 간 정책 협의를 정례화할 필요가 있다. 중앙정부는 정책 집행의 실효성을 높이기 위해 정책 수요자와 접점에 있는 지방자치단체를 정책 파트너로 인정해야 한다. 그리고 지방자치단체는 지역 이기주의에서 벗어나는 대범함을 보여줘야 한다. 이러한 노력이 없다면 앞으로 무상 복지 중단 사태와 같은 일이 재발할 소지가 매우 높다.

이상과 같은 다층 토론 절차를 활성화하면 경제적 의사결정의 실효성과 생산성이 높아질 것이다. 그리고 정책 오류를 사전에 걸러낼 수 있다. 그뿐만 아니라 결국은 의회에서의 정치적 합의를 더욱 간편하게 할 수 있다.

권력의 수평적·수직적 이동 과정과 5년 단임 대통령제의 한계를 모두 수용하고 행정부 내에서의 정책 토론을 활성화하는 여러 가지 방안을 검토했다. 그러나 이러한 방안들을 통해 정부, 여당, 야당, 지방자치단체, 이해집단, 전문관료 그룹, 이해관계 집단들의 의견을 용광로에 넣고 끓여서 하나로 되게 하기 위해서는 특별한 노력이 필요하다. 국회 개혁, 행정 개혁, 정부 직제 개편 등 형식적인 체제 개편과 함께 대통령의 의지와 의회 지도자들의 현실 인식이 뒤따라야 한다.

지금까지 우리나라 경제가 넘어서야 할 현실적인 벽 중 하나인 정치·정책 프로세스의 생산성 저하에 대처하기 위한 구체적인 방향과 대안을 제시했다.

이러한 입체적 토론 과정을 거쳐서 우리 정치·경제·사회에 지난 50여 년간 생성·농축돼온 압축 성장, 압축 고도화, 압축 근대화, 압축 민주화, 압축 고령화 현상에서 비롯된 많은 정책 현안과 구조적인 벽을 넘어설 수 있으리라 기대한다.

생존방정식과 통일방정식을 풀며

이 책을 마무리하면서 우리나라가 지구 상의 많은 나라 중에서 가장 살만한 나라 중의 하나로 남기를 염원한다. 국가 공동체의 번영과 독자 생존력의 확보와 함께 공동체 구성원인 국민의 지속가능한 행복을 동시에 추구하는 나라가 될 것을 기대한다. 그러기 위해서는 우리 경제성장력의 장기추세선 하락이 계속되어 취약한 선진국으로 추락하지 않도록 정책 노력을 다해야 한다.

우리는 독자 생존력의 확보를 위한 생존방정식과 우리나라가 주도하는 통일방정식을 연립방정식으로 풀어내는 것이 우리 세대에 부여된 책무라는 것을 잊지 말아야 하겠다.

앞에서 경제 전문가들이 제시한 장기추세선 하락을 막는 구체적인 경제정책 방안과 함께 정치적 정책결정 과정의 생산성 향상이 우리 경제의 미래를 밝게 비춰줄 것으로 기대한다.

아무쪼록 이 책 전체에 흐르는 정신과 정책 방향이 독자 여러분이 우리의 경제사회 현실을 입체적으로 이해하는 데 기여하기를 기대한다. 이 책을 읽는 분들에게 앞으로의 발전을 위한 진심 어린 충고와 조언을 부탁드린다.

NEAR재단 주최
'2014 한국경제 전망과 정책 과제'
핵심 5가지 주제에 대한 패널 토론

일시: 2013년 11월 10일

좌장: 김용덕(고려대학교 초빙교수, 전 금융감독위원장)

참여자: 정덕구(NEAR재단 이사장)

현정택(국민경제자문회의 부의장)

정은보(기획재정부 차관보)

김준일(한국은행 부총재보)

김정식(연세대학교 상경대학장, 한국경제학회 차기 회장)

윤창현(한국금융연구원장)

오정근(아시아금융학회 회장)

핵심 5가지 주제:

- 2014년 경제팀이 해야 할 최우선 역점정책은 무엇인가?

- 2014년 정부가 가장 해서는 안 되는 일은 무엇인가?

- 2014년 이후 위기 촉발 요인은 무엇인가?

- 2014년 한국경제가 일본형 장기 저성장, 디플레이션, 경제구조 노쇠화 현상을 따라갈 것인가?

- 2014년 정치권이 경제를 위해 해야 할 일과 해서는 안 되는 일은 무엇인가?

(1) 2014년 경제팀이 해야 할 최우선 역점정책은 무엇인가?

정은보(기획재정부 차관보)

우선 이런 자리를 만들어주신 NEAR재단에 감사의 말씀을 드립니다. 현재의 세계경제와 우리 경제를 개관하는 기회의 장을 펼친 것으로 보입니다. 일단 거시적으로 상황을 말씀드리겠습니다.

기획재정부는 2013년 성장률을 2.7%로 잡고 있었습니다. 3분기까지의 추세를 고려할 때 2.7% 달성은 큰 문제가 없을 것으로 보입니다. 4분기에 0.4% 정도의 성장률만 보여도 2.7%는 달성 가능합니다.

2014년 성장률은 지금까지 예산을 편성하는 과정에서 볼 때 3.9% 정도로 예측하고 있습니다. 최근 여러 기관이 3.6~4.0% 수준을 예상하고 계신 것으로 알고 있습니다. 2014년 정책 방향을 설정하고 이를 발표하면서 성장률에 대한 공식적인 최종 전망을 확정하도록 하겠습니다.

기획재정부가 거시경제를 운영해오는 과정을 보며 많은 분이 여러 가지 지적을 해주셨습니다. 확실히 한국경제에 구조적인 변화가 필요한 시기인 것 같습니다. 패러다임 시프트shift가 있어야 하는 시점에 놓여 있지 않나 고민되는 것 또한 사실입니다.

이러한 고민을 하게 된 이유는 다음과 같습니다.

첫 번째, 저금리 수준의 유지가 계속되면서 GDP 대비 5~6%에 달하는 경상수지 흑자가 나고 있습니다.

두 번째, 부동산시장이 있습니다. 우리는 항상 부동산가격이 오르는 것만 생각해왔습니다. 하지만 현재 부동산시장은 상당히 안정화되어 있습니다. 이제는 가격에 대한 기대 심리가 거의 없어진 것이 아닌가 싶을 정도로 안정되지 않았나 생각합니다.

세 번째, 저출산·고령화 등 인구구조적 측면이 있습니다. 인구의 고령화 현상으로 복지 수요가 폭발적으로 증가하고 있습니다. 사실 이런 영역들은 저희가 경제정책을 결정하는 상황에서 실감을 못 했던 부분들도 많지만, 최근 들어 문제점들이 분명하게 나타나고 있습니다.

박근혜 정부의 2년 차 경제정책 방향을 설정함에 있어 이러한 거시적인 경제구조적 문제들을 고민하고 있다는 점을 먼저 말씀드립니다.

정책을 집행하는 과정에서 자세히 말씀드리기가 쉽지 않은 점들이 존재하기 때문에 원론적인 이야기를 드릴 수밖에 없을 것 같아 송구스럽습니다.

2014년 우리 경제가 해야 할 최우선 과제는 당연히 일자리를 창출하고 경기를 활성화시켜 경제성장의 동기를 제공하는 것이라고 봅니다. 이것을 바탕으로 전반적인 민생 안정에 노력을 가해야 합니다. 우리나라는 개방된 경제로서 외부로부터 영향을 많이 받고 있기 때문에 대내외적인 리스크를 잘 관리해나가야 합니다. 대내적으로는 가계부채와 기업부채 문제가 지적되고 있습니다. 부채나 재정이 있어서 안정적 관리가 필요하다고 생각합니다.

김준일(한국은행 부총재보)

제가 생각하는 2014년 최우선 역점 과제를 말씀드리겠습니다. 한편으로는 경제 활성화를 위한 거시정책 운용과 또 다른 한편으로는 구조적인 문제를 해결하려는 노력이 있어야 한다고 생각합니다.

다만 우리는 재정적인 딜레마에 주의를 기울어야 할 필요가 있습니다. 2013년과 2012년에는 정부가 상당히 노력하여 추경을 편성하면서까지 재정 확대를 추진했었습니다.

사실 한국은행이 판단하기에도 이것이 경제가 회복되는 데 크게 기여한 것 같습니다. 지금 재정정책 기조를 보면 정부가 적자를 내가면서까지 경기 대응을 민감하게 하고 있습니다.

통합 재정수지 면에서는 궁극적으로 민간수요부문이 중요합니다. 통합수지는 3년간 GDP 2% 정도 흑자입니다. 정부부문의 관리 대상에서는 크게 적자입니다. 그러나 국민연금이나 기금 쪽에서 그 적자를 넘어서는 대규모 흑자를 내면서 민간의 수요를 위축시키고 있다고 할 수 있습니다.

재정 건전성 면에서는 흑자가 바람직하지만, 경기 활성화라는 단기적 목표에서 본다면 상충되는 측면이 있습니다. 따라서 재정 운영에 상당한 어려움이 있을 것이라고 보고 있습니다.

그래서 이런 생각을 해봤습니다. 국민연금을 위해 내는 돈을 3년간 유예하고 앞으로 경기가 좋아질 때 5년 정도 그동안 내지 않은 돈만큼 더 내는 방법을 도입하는 것은 어떤가 하고 말입니다. 또는 국민에게 선택권을 주어 경기가 어려울 때 3년간 덜 내고 나중에 받는 돈에서 조금 깎는 방법도 있습니다. 이렇게 여러 가지 방법이 있을 수 있습니다. 하지만 이러한 방안들이 정치적으로 국회에서 통과되기란 어렵다고 생각합니다.

어쨌든 재정 면에서 상충되는 분석이 있다는 것을 말씀드립니다.

김정식(연세대학교 상경대학장, 한국경제학회 차기 회장)

2014년 경제팀이 가장 역점을 두어야 할 정책은 당연히 일자리 창출입니다. 그러나 일자리 창출은 쉬운 일이 아닙니다. 일자리 창출을 위해서는 기업투자가 늘어나야 합니다만 현재 기업투자가 늘어나는 데는 구조적인 문제들이 가로막고 있습니다. 임금이 높다거나 노사분규가 심한 것이 가장 큰 요인이지만 이는 단기간에 해소되기가 쉽지 않습니다.

현재 정부가 추진하고 있는 시간제 일자리 확대 등은 올바른 정책이라고 생각합니다. 다만 이런 미시적인 정책 방안도 중요하지만 좀 더 거시적으로 보는 것이 바람직하다고 봅니다. 경제민주화보다는 기업투자 활성화를 적극적으로 추진하는 것이 일자리 창출에 훨씬 도움이 된다고 생각합니다.

그다음 미국의 출구전략과 관련해 한국은행이 어떻게 금리정책을 수립하는지가 매우 중요한 과제입니다. 그런데 여기에 대해 많은 논란이 있는 것 같습니다. 일부에서는 금리정책의 기업투자 효과가 미미하고 미국 금리 인상에 따른 자본 유출을 막기 위해서 금리를 높여야 한다는 주장이 있습니다. 반대로 금리를 내려야 한다는 의견도 존재합니다.

그렇지만 가계부채의 부실을 막고 내수를 부양시키며 수입을 늘려 경상수지 흑자 폭을 줄이기 위해서는 금리를 내리거나 적어도 금리를 급격히 높이지 않는 정책을 쓰는 것이 바람직하다고 봅니다.

또 다른 중요한 부분은 환율정책입니다. 2014년 경제에도 수출이 큰 역할을 할 것이기 때문에 환율 역시 매우 중요합니다.

미국은 1995년과 2005년에 금리를 높인 적이 있습니다. 이때 엔화 환율과 원화 환율이 어떻게 되었습니까? 달러화가 강세가 되면서 엔화는 바로 약세로 접어들었고, 원화는 반대로 강세가 되었습니다. 그러다 2년이 지나면 우리 경제는 수출 감소로 어려움을 겪었고 원화가 크게 약세로 바뀌는 추세를 보였습니다.

그래서 우리는 일본 학자들과 미국 금리 인상 때에 엔화와 원화의 변동 방향이 반대가 되는 이유가 무엇인지 토론해보았습니다. 왜 원화와 엔화는 같이 움직이지 않는지, 엔화는 달러 강세에 바로 약세를 보이는 반면 원화는 강세를 보이는가에 대해서는 학계에서 조금 더 연구를 해봐야 할 것 같습니다. 그러나 원화는 국제적으로 사용할 수 없는 비교환성 통화이고 엔화는 교환성 통화이기 때문이라고 추정할 수 있습니다. 그 외에도 한국의 외국인 주식투자자금의 비중이 더 높고 한국으로 더 많이 유입되고 있기 때문이라고 볼 수 있습니다.

이러한 측면에서 보면 미국이 출구전략을 쓸 경우 2014년에는 우리가 큰 걱정을 하지 않아도 될지 모릅니다. 하지만 1~2년 이후에는 어려움을 겪을 수 있습니다. 이를 고려해서 환율정책을 쓸 필요가 있다고 생각합니다.

부동산정책 또한 빼놓을 수 없습니다. 저는 수도권의 미분양 문제와 전세가격 대란은 교통 문제와 밀접한 관계가 있다고 생각합니다. 일본의 사례를 보면 요코하마와 도쿄 사이에는 급행 지하철이 개통되어 있습니다. 그래서 요코하마가 일본의 국제도시로 발전할 수 있었습니다. 기존 지하철에 급행 라인을 설치하거나 현재 지하철 시스템만의 수용능력으로 역부족이라면 새로운 지하철을 건설하는 여러 가지 방안들을 검토해야 할 것입니다.

많은 서민이 거주하는 수도권에서 서울까지 통근하는 데 한 시간 이상이 걸립니다. 만약 수도권에서 직장이 있는 서울까지 급행 지하철이 개통된다는 뉴스가 나오면 미분양 아파트들이 모두 분양될 수 있을 것이라 생각합니다.

윤창현(한국금융연구원장)

이번 동양 사태를 바라보면서 세상은 참 쉽지 않구나 하고 느낍니다. 잘 아시는 대로 주 채무계열을 통해 은행 중심 구조조정을 할 때 은행이 기업을 들여다보며 문제가 생기면 즉시 조치를 하는 제도가 있습니다. 이 제도는 참 귀찮고 힘든 듯 보입니다.

동양은 은행 채무를 줄여서 전체 채무의 1/1,000 이상 되는 30여 개의 주 채무계열 기업에서 빠졌습니다. 은행들은 동양을 소홀히 보게 되었습니다. 그런데 돈이 어디서 났을까요? 동양은 금융시장을 통해 회사채를 발행한 돈으로 은행채무를 갚았던 겁니다.

문제는 동양이 잘못되어 투자자 3만 명 이상이 손실을 보게 된 것입니다. 누가 책임을 질 것이냐는 말이 나옵니다. 차라리 주거래 은행이나 주 채무계열로 들어가 있었다면 상황이 이렇게까지는 되지 않았을 겁니다. 아마 대비할 기회가 더 있지 않았을까 하는 생각이 듭니다.

시장 중심 금융과 소위 기관 중심 금융은 각각 장단점이 있습니다. 마치 대통령제와 내각책임제처럼 서로 맞물리는 경향이 있습니다. 금융이 구조조정 면에서 어떤 역할을 해야 할지 고민해야 될 때가 온 것 같습니다.

구조조정에는 주 채무계열을 통한 방법도 있고 자유협약도 있고 워크아웃도 있고 법정관리도 있습니다. 이러한 제도들도 있지만, 시장과 PEF(사모펀드)를 통해 관리하는 방식에도 장점이 많습니다. 기업들이 안 좋아져서 주가가 떨어질 때 펀드들이 나서서 기업들을 인수하고 구조조정을 하여 정상화시키는 것이 PEF의 장점입니다.

기업들이 직접 구조조정하기는 매우 어렵습니다. PEF는 누군지 잘 모릅니다. 구조조정을 해도 노조가 어디 가서 항의해야 할지 애매합니다. PEF가 확실하게 정리한 다음에 점잖은 회사한테 파는 것이지요. 이것이 시장의 역할입니다. 하이에나 같은 역할을 하는 겁니다.

저는 하이에나가 왜 있어야 하는지 요즘 와서 깨달았습니다. 역시 정글에는 사자와 얼룩말뿐만 아니라 하이에나도 살아야 합니다. 하이에나가 정글을 청소해주기 때문입니다. 비유하자면 시장에서 저절로 구조조정이 이루어지는 겁니다.

하지만 현재 우리나라에는 PEF가 잘 육성되지 않다 보니 자꾸 은행과 정부가 나섭니다. 어쩔 수 없는 부분이지요. 이번 구조조정을 통해 금융 시스템 정비가 화두가 되었습니다.

앞으로 구조조정 대상으로 여러 기업이 언급되고 있습니다. 그런데 지금은 금융 쪽에서 어떤 역할을 해야 할지 많은 고민이 필요하다고 봅니다.

다행 중 하나는 외국 자본의 유출 문제가 불거지지 않았다는 점입니다. 우리 경제에서 2013년 1월에서 6월까지 10조 원의 자본이 빠져나갔는데 7월부터는 오히려 자본이 유입되었습니다. 버냉키 쇼크 이후 소위 'Fragile 5(고위험 5개국)'로 불리는 다섯 나라에서 돈이 빠져나갔습니다. 그런데 그 돈의 일부가 우리나라로 들어오는 바람에 7월에서 10월까지 16조 원이 유입되었습니다. 지금 현재 시장이 괜찮습니다. 외국 자본이 빠져나갔더라면 힘든 일이 벌어졌을 텐데 다행히 유입되었습니다. 경상수지 흑자, 외환 보유고, 단기 외채 비율 등도 양호한 상황입니다. 2013년 후반기가 아주 부드럽게 넘어가는 것을 보면 우리나라가 좋은 평가를 받는구나, 급격한 피해를 피해 갈 여지는 있구나 하는 생각이 듭니다.

2014년에도 구조조정을 잘하고 건실한 기업들을 잘 키운다면 상황이 나쁘지 않을 것이라 봅니다. 우리 연구원은 2014년 경제성장률을 4.0%로 발표했습니다. 정부는 3.9%라고 발표했는데 저희는 4.0%로 발표한 것입니다.

물론 2014년이 고점이 될 가능성도 높습니다. 이에 대해서 저도 걱정이 많이 됩니다. 지표상 대략 2012년 9월이나 10월 정도에 저점을 찍은 상황입니다. 확장기 평균기간이 30개월이니까 고점은 2015년 초에 올 가능성이 있습니다. 2014년 4.0%가 달성된다 하더라도 이것이 고점일 가능성이 있습니다. 여의도 증권사 리포트를 구해봤습니다. 리포트 중 몇 개에서 주식을 상고하저로 전망해놓았습니다. 주식이 실물보다 6개월 정도 빠르게 간다는 것을 고려해보면 저희 연구원에서 2014년 말에서 2015년 초에 고점이 올 것이라고 예측한 것과 주식시장의 생각이 맞아떨어졌다는 생각이 듭니다.

2014년은 조금 따뜻해질 것 같은데 그것이 끝이라는 의미도 됩니다. 봄이 오더니 바로 가을로 가는 식입니다. 그러므로 이런 상황에서 정부정책의 최우선 역점은 역시 창조경제 활성화입니다. 단기적으로 고점 가능성에 대비해야 합니다.

오정근(아시아금융학회 회장)

두 가지만 말씀드리겠습니다. 하나는 이번에 일어난 중견기업 부도 사태입니다. 이는 간단한 문제가 아닙니다. 1997년의 많은 중견기업 부도를 연상하게 합니다. 저는 우리가 금융위기를 겪으면서 부채 비율을 200%로 낮추기 위해 많은 희생을 감수했는데 왜 다시 부채 비율이

700%로 올랐는지 금융 당국의 반성이 필요하다고 생각합니다.

다음으로 가계부채나 부동산 측면에서 심각한 부채 디플레이션 문제가 생기고 있습니다. 어빙 피셔는 부채 디플레이션이 대공황의 원인이라고 했습니다. 일본 장기 불황의 원인도 이 때문입니다. 그런데 현재 우리나라의 가계부채는 여전히 증가하고 있고 부동산시장 또한 회복되지 않고 있습니다.

(2) 2014년 정부가 가장 해서는 안 되는 일은 무엇인가?

정은보(기획재정부 차관보)

1997년 외환위기의 원인은 기업부채 때문이었습니다. 2003년과 2004년에는 카드 문제가 발생했습니다. 2008년 미국에서 일어난 위기의 원인은 가계부채였고 2010년 일어난 문제의 원인은 국가부채였습니다. 그러므로 부채관리를 하는 데 있어서 절대로 소홀해서는 안 됩니다.

최근 어느 분야든 간에 복지지출 측면에서 사회적 요구가 많은 것 같습니다. 그런데 재정 건전성이 쉽게 간과됩니다. 물론 정부지출을 급격히 확대해서 처리할 수밖에 없는 그런 재정적인 요구들이 있습니다. 하지만 그런 부분들에 대해서 결국 저희 기획재정부가 잘 관리해야 한다고 생각합니다.

정부가 가장 경계해야 할 부분은 이 요구들이 짧은 시간에 과도하게 받아들여지거나 관리하는 과정에서 문제를 유발하는 것입니다. 만약 정부가 이러한 정책을 취하게 된다면 한국경제가 큰 복병을 만날 것입니다. 이런 류의 정책이야말로 2014년 정부가 가장 해서는 안 되는 일입니다.

김준일(한국은행 부총재보)

현재 여러 가지 정책을 통해 중소기업이나 소상공인, 가계에 상당한 금융을 지원하고 있습니다. 이 과정에서 인위적인 규제 유예regulatory for balance가 일어납니다. 의도적으로 자금을 동원해 필요한 부분에 순환 배치하고 배분하고 있기 때문입니다. 이런 규제 유예가 어느 정도 필요성이 있다는 것은 인정합니다. 하지만 지나치게 이런 규제 유예 등을 통해 자금을 확충한다면 나중에 우리 금융부문의 부실로 이어질 수 있습니다. 따라서 현재의 필요성과 미래의 부실 가능성 사이의 균형을 맞추는 것이 필요하다고 생각합니다.

(3) 2014년 이후 위기 촉발 요인은 무엇인가?

정은보(기획재정부 차관보)

2014년 이후 위기 촉발 요인이 있다면 역시 대외적인 위기와 대내적인 위기를 들 수 있습니다. 우선 대외적인 위기는 미국을 중심으로 한 양적완화 축소와 현재 진행되고 있는 신흥국의 금융시장 불안을 들 수 있습니다. 대내적인 리스크 요인은 말씀드린 바와 같이 가계부채 문제, 기업 구조조정 문제, 그리고 정부의 채무 문제 등이라 봅니다.

김준일(한국은행 부총재보)

2014년 잠재적 위기 촉발 요인 중 하나는 미 연준의 양적완화 축소 정책입니다. 지금 아직 시작도 안 되었는데 시장이 상당히 출렁입니다. 그런데 실제로 진행되면 더 큰 충격이 올 수 있다는 우려가 있습니다. 저는 여기에 한편으로 동의하면서 한편으로는 그러지 않을 수도 있다고 생각합니다. 두 가지 측면이 모두 가능성이 있습니다.

조금 밝은 측면을 말씀드리겠습니다. 금융시장은 본질적으로 기대에 의해 움직이기 때문에 테이퍼링에 대한 사안이 일정 부분 이미 시장에 반영되었다고 봅니다. 지난 몇 개월간 국제금리 상승에 대하여 시장이 일부 조정을 했습니다. 포트폴리오도 조정했습니다. 그래서 실제로 시작되면 충격이 있겠지만, 관리 가능한 수준이 될 수 있다는 희망적인 관측을 해봅니다.

오정근(아시아금융학회 회장)

2014년에 가장 중요한 문제로 두 가지가 있습니다. 하나는 이번에 발표된 미국 재무부 보고서가 간단하지 않다는 점입니다. 매년 10월에 한 번 보고서를 내고 4월에 보완 보고서를 내고 있는데 이번 보고서는 상당히 의미가 크다고 봅니다.

미국에서 출구전략이 고려되고 달러 강세가 계속되면서 경상수지 적자가 5,000억 달러 정도 납니다. 그래서 흑자국인 중국, 한국, 일본에 대한 대응이 간단치 않을 것이라 예상됩니다. 1998년과 같은 일이 반복될 수도 있습니다.

우리는 여기에 대비해야 합니다. 미국의 보고서를 훑어봤더니 매년 6월 나오는 IMF 평가 보고서를 인용하고 있었습니다. 정부와 한국은 행이 이를 검토해서 적극적인 대응을 할 필요가 있습니다. 이것이 하나의 대비책이 될 수 있습니다.

그다음 중요한 문제는 2014년 미국이 출구전략을 실시하면 신흥시장국 위기가 심각해질 수 있다는 점입니다. 2013년 6월 미국에서 로드맵을 발표했을 때 인도네시아 사태로 240bp_{basis point}까지 올라가면서 인도네시아와 인도가 금리를 올린 적이 있습니다. 우리나라는 그 정도는 아니었습니다. 평상시 우리가 40bp 정도인데 그때 140bp까지 올라갔습니다. 막상 출구전략을 시행하게 된다면 상당한 비상 상황이 발생할 수 있습니다. 미리 대비해야 합니다.

(4) 2014 한국경제가 일본형 장기 저성장, 디플레이션, 경제 구조 노쇠화 현상을 따라갈 것인가?

정은보(기획재정부 차관보)

우리 경제가 일본의 장기 저성장 구조를 따라갈 것인가에 대한 논의가 분분합니다. 여러 지표상으로 봤을 때, 현 단계에서는 아니라고 생각합니다.

일본은 1990년대부터 버블이 깨지기 시작했습니다. 한국경제의 경우 2007년과 2008년에 잠시 부동산시장에서 버블이 있었습니다. 하지만 선진국들의 부동산시장이 20~25% 수준의 가격 하락을 겪었던 것에 비교하면 우리의 부동산 버블은 3~4% 정도 수준의 부동산가격 하락으로 일단락되었습니다. 아직 한국경제에 특별한 버블이 있다고 판단하지 않습니다.

또한 한국은 유동성 측면에서 충분한 외환을 보유하고 있습니다. 재정적인 측면에서도 다른 OECD 국가들에 비해 상대적으로 건전하게 운영되고 있습니다.

그리고 기획재정부가 실물경제 측면에서 성장잠재력을 3.6% 수준으로 추정하고 있습니다. 성장잠재력의 하향 추세 이유를 분석할 때 여러 가지 원인 분석이 나올 수 있습니다. 하지만 당장 우리 경기가 하향 추세 궤적을 따라가지는 않을 것이라 판단하고 있습니다.

다만, 학계에서 지적하듯이 한국도 저출산 고령화가 진행되는 과정에 있습니다. 이러한 가운데 성장잠재력이 점진적으로 하향 조정되고 있습니다. 장기적으로 봤을 때 장기 저성장 기조를 따라갈 요인들이 없다고는 할 수 없습니다. 따라서 건전한 재정 운영이나 투자 활성화 등 실물경제에 대한 성장잠재력 확충을 통해서 가능한 한 잠재성장률을 유지할 수 있도록 노력하는 것이 중요하다고 생각합니다.

김준일(한국은행 부총재보)

일본형 장기 저성장 디플레이션을 따라갈 것인가 하는 점에서는 정 차관보님의 말씀에 대부분 동의하는 편입니다.

한국경제가 지난 5년간 저성장을 기록했다는 사실만 놓고 봤을 땐 예전 일본의 상황과 같습니다. 우리나라 경제 내부의 구조적 변화로 잠재성장률이 구조적으로 낮아졌을 가능성도 배제할 수는 없습니다.

하지만 지난 5년간 우리 경제를 둘러싼 세계경제의 상황이 굉장히 열악했다는 점에 주목해야 합니다. 선진국 경제가 침체에 빠져 있었습니다. 세계 금융위기라는 큰 충격이 있었고, 곧이어 유럽에서 재정위기가 터졌습니다. 그다음 또 미국에서 위기까지는 아니지만 위험한 상황이 연출되었습니다. 우리 경제에 부정적인 영향을 줄 수 있는 세계경제의 파장들이 끊임없이 찾아왔던 셈입니다. 따라서 지난 5년간의 저성장 기조를 보고 구조적인 잠재성장률 하락이라고 단정 짓는 것은 이르다고 생각합니다.

물론 소득이 늘어나면서 우리의 잠재성장률이 점차적으로 하향될 것이라는 전망을 할 수 있습니다. 하지만 지난 5년간의 저성장을 평가하는 데 있어서 세계경제환경이 과거 어느 때보다도 열악했었다는 점을 고려할 필요가 있다고 생각합니다.

가계부채는 잠재성장률과 직결되어 있지만, 가계부채 관리에도 주의할 점이 있습니다. 미국이 심각한 경제 침체를 겪은 원인은 금융 부실 때문이었습니다. 하지만 이후 실물경제가 침체에 빠졌던 직접적인 이유는 미국의 가계가 과도한 부채를 줄이는 과정 때문이었습니다. 가계부채를 줄여야 하기 때문에, 즉 소위 디레버리지deleverage를 해야 하기에 금융기관도 부채를 줄였습니다. 부채를 줄이려면 소비를 덜 하고 저축을 해서 빚을 갚아나가는 수밖에 없습니다. 상당한 저축이 이뤄졌기 때문에 미국은 가계부채를 줄이는 데 성공했습니다. 앞으로의 경기 회복 발판을 마련했다고 볼 수 있습니다. 하지만 이는 지난 5년간 미국경제 침체의 가장 큰 원인이 되었습니다. 바로 디레버리지를 위한 저축이 침체를 초래한 것입니다.

한국은 세계경제의 영향을 많이 받는 나라이기 때문에 지난 5년간 세계경제 침체에 따른 영향을 많이 받았습니다. 하지만 상대적으로 세계 금융위기로부터 빨리 회복했습니다. 만족할 만한 수준은 아니지만, 한국이 어느 정도 성장을 이어가고 있는 가장 큰 이유 중 하나는 가계부채가 늘어났다는 점입니다. 즉 우리 국민이 무차별적으로 저축하지 않고 불경기 속에서도 소비를 해준 것이 성장의 발판이 된 것입니다. 다시 말해 가계부채가 늘어남으로써 심각한 경제 침체에 빠지지 않게 방지해주었습니다.

이는 세계 금융위기 이후 지난 5년간 미국 등 선진국이 밟아왔던 경로와는 다른 길이었습니다. 만일 우리도 미국처럼 금융위기가 발생한 후 여러 정책을 동원해 가계의 상당한 부채조정을 했다면 엄청난 침체기를 맞았을 가능성이 큽니다.

따라서 가계의 경제적 부실을 판단할 때에는 가계부채의 전체 규모가 아닌 GDP 대비 또는 소득 대비 가계부채 규모를 분석해야 합니다. 이 소득 대비 가계부채 규모를 계산할 때, 분자가 가계부채인데 만일 이를 줄였다면 분모인 소득도 줄어들어서 비율이 현재의 비율과 차이가 크게 나지 않았을 가능성도 큽니다.

요지는 이제 가계부채의 순기능이 한계에 왔고 가계부채 규모가 상당히 높아졌기 때문에 가계부채 역기능이 발생할 수 있다는 점입니다. 그동안에는 가계부채가 소비를 뒷받침해왔습니다만 이제부터는 지나친 가계부채를 줄여가는 것이 바람직합니다. 하지만 이 과정에서 소비가 위축될 수 있는 점을 간과해서는 안 됩니다.

2008년과 2009년 미국에서 시행했었던 것처럼 우리가 무리하여 급격하게 가계부채를 줄인다면 살아나는 경제에 결정타를 날릴 수도 있습니다. 이 때문에 가계부채는 긴 안목을 가지고 점진적으로 줄여야 하며 상당한 기간 가계부채를 머리에 이고 살아야 한다는 말씀을 드리고 싶습니다.

김정식(연세대학교 상경대학장, 한국경제학회 차기 회장)

부동산 버블과 물가 등을 봤을 땐 정 차관보께서 말씀하신 대로 우리의 저성장 기조가 일본형은 아니라는 점에 어느 정도 공감합니다.

하지만 우리나라 경제의 성장률은 이미 저성장 기조에 들어가고 있고, 일본의 장기 불황 패턴을 따라갈 가능성이 충분히 존재한다고 생각합니다.

일본형 장기 불황 패턴에 들어가는 것을 막기 위해서는 지금의 주력 산업을 대체할 수 있는 신성장동력을 정부 차원에서 육성해야 한다고 봅니다. 글로벌 금융위기 이후 산업정책이 더욱 중요해지고 있습니다. 과거 박정희 정부 시절의 산업 및 과학기술 육성정책을 참고해야 할 것입니다.

더욱이 경제성장이 장기적으로 정체 국면으로 들어가는 이 시점에서, 잠재성장률을 높이기 위해서는 새로운 제도들이 필요합니다.

이러한 모든 것들은 정부 차원의 중장기정책을 통해서 시행할 수 있습니다. 우리나라는 과거와 달리 어느 정도 규모가 큰 경제이기 때문에 나라의 기술을 단기간에 전환하기는 어렵습니다. 중장기정책을 통해 점진적으로 전환해나갈 때 일본식 장기 불황 패턴에서 벗어날 수 있다고 생각합니다.

오정근(아시아금융학회 회장)

물론 우리가 일본을 따라가서는 안 됩니다. 일본의 경우를 보면 1973년까지 8.9%의 성장을 했습니다. 그리고 1974년도부터 1991년까지 4.1% 중성장기로 있다가 1992년부터 지금까지 0.75%의 저성장구도로 떨어졌습니다. 한국은 1963년부터 1991년까지 9.5%의 고성장기를 갖고 1992년부터 2011년까지 평균 5.1%의 중성장기를 겪었습니다. 그리고 2012년, 2013년 그리고 2014년의 평균은 2.7%입니다(2014년 전망을 3.8% 정도로 보더라도). 하버드대학교의 로고프Rogoff 교수를 이야기를 빌리자면 위기를 겪으며 성장률을 반 토막 낸 셈입니다. 과거의 9.5% 성장률에서 5.1%로 그리고 이제는 2.7%로 떨어진 것입니다.

이제 정부가 나서야 합니다. 약 20년 전인 1992년부터 일본은 0.75%의 저성장시대로 들어섰습니다. 일본이 0.75%인 데 비해 우리는 아직 2%대라고 안심하면 안 됩니다. 일본과 한국은 경제구조부터 다릅니다. 더는 일본을 따라가서는 안 된다는 경각심을 가지고 대비를 해나가야 한다고 생각합니다.

(5) 2014년 정치권이 경제를 위해 해야 할 일과 해서는 안
되는 일은 무엇인가?

정은보(기획재정부 차관보)

기획재정부가 최근에 경제 활성화와 투자 활성화를 위해 제출한 법
안 중에 102개 정도가 국회에서 계류되고 있습니다. 그중에서 특히
15개 정도는 경제 활성화를 위해서 조속히 처리해주었으면 합니다. 이
점을 국회에 부탁드리고 싶습니다. 이렇게 경제 활성화를 위한 제도들
이 차질없이 진행될 수 있도록 정치권에서 도와주시는 것이 중요하다
고 봅니다.

해서는 안 될 일은 대중의 인기를 등에 업은 정책 또는 법안의 무모
한 추진입니다. 좀 더 깊은 성찰을 통해서 신중을 기해야 한다고 생각
합니다.

윤창현(한국금융연구원장)

최근 여의도 정치를 보면 너무하다는 생각이 듭니다. 1년 내내 댓글
얘기만 하고 있는데 이제는 정치가 경제를 위해서 뒤돌아보기보다는
앞을 내다볼 상황이라고 봅니다. 참으로 실망스럽다는 생각을 많이 합
니다. 정 차관보께서 국회에 계류하고 있는 법안들이 많다고 하셨는데
국회에서 법안 통과가 될 수 있는 다양한 방법들을 연구해봐야 한다
고 생각합니다.

정덕구(NEAR재단 이사장)

오늘 진지하게 속에 있는 얘기를 담대하게 펼쳐주신 국내 석학들께 감사의 말씀을 드립니다. 우리나라에 두 가지 현상이 있는 것 같습니다.

첫째는 국민은 노령화하고, 기업은 노쇠화하고 있다는 점입니다. 둘째는 국내의 수요나 물가 등이 디플레의 초기 현상을 보이고 있다는 점입니다. 우리나라의 단기적인 잠재성장률이 올랐다 내렸다 하겠지만, 무엇보다도 장기추세선이 하락하는 것이 우려됩니다. 이러한 현상이 10년, 20년 지속된다면 어떻게 될지 참으로 걱정입니다.

우리나라가 선진국이 되기는 하겠지만, 아주 취약한 선진국이 되지 않을까 생각합니다. B 클래스, C 클래스 선진국이 될 수도 있다는 말씀입니다. 강대국의 흥망성쇠를 보면 역사적으로 항상 어떠한 천장에 부딪혔음을 알 수 있습니다. 포화 상태, 인적·물적 인프라로는 어쩔수 없는 어떠한 역량의 한계에 봉착할 때 이것을 뚫고 나가는 무언가가 있어야 합니다. 우리 한국경제의 지난 50년간도 어떠한 포화 상태에 다다르면 새로운 돌파구를 찾아 해결해왔습니다. 중동 붐을 일으켰었고, 베트남전을 겪기도 했으며, 중화학이나 IT 등을 발전시켜 어려움을 돌파해왔습니다. 하지만 최근에는 어떤 돌파구가 뚜렷이 보이지 않습니다.

결국엔 노쇠 현상이 다가오는 것 아닌가 생각합니다. 이런 어려움을 뚫고 나가려면 구조 변화가 필요합니다. 이런 구조 변화를 허용할 수 있는 분위기를 마련하는 것이 먼저입니다. 무엇보다도 정치·정책 프로세스가 생산성이 높아야 합니다. 정은보 차관보님을 비롯해 여러분이 말씀하셨지만, 우리나라의 정치·정책 프로세스의 생산성은 매우 낮은 것 같습니다. 이제 우리는 새로운 경제적 의사결정 모형을 추구해야 합니다.

가계부문의 회생과 기업들이 어려움에 봉착해 어쩔 줄 모르고 있는 현실 등 여러 문제를 해결하기 위해서는 정부가 리더십을 보여줘야 한다고 할 것입니다.

2014년의 경제 흐름 분석 등 단기적인 문제들도 중요합니다. 하지만 더 긴 안목에서 우리가 취약한 선진국으로 가지 않기 위해서는 무엇을 해야 할지 심각하게 고민해보아야 한다고 봅니다.

2부 2014 한국경제 전망과 단기 경제정책 과제

01 2014년 한국경제, 호전인가 정체인가?

1) 한국은행에 따르면 내수의 성장기여율은 2012년 35.0%, 2013년 42.9%, 2014년 47.4%로 지속 상승.

2) 기획재정부, 「2013~2017년 국가재정운용계획」, 2013.9.

3) 통계청, 가계동향.

4) 2014년 최저임금은 2013년보다 7.2% 오른 5,210원.

02 2014년 우리 경기 활성화될 수 있을까?

02-01 2014년 기업투자 살아날 것인가?

1) 설비투자 조정 압력(%p) = 제조업 생산증가율(%) − 제조업 생산능력증가율(%). 양(+)일수록 투자 전망이 밝고 음(−)일수록 투자 유인이 적음.

2) 경제적 규제란 경제·산업·금융·중소기업·공정거래·부동산 관련 규제를 뜻함. 한편 사회적 규제란 보건·의료·복지·식품·안전·환경·고용·교육 관련 규제를, 행정적 규제는 행정·치안·인허가·절차 관련 규제를 뜻함.

02-02 일자리정책의 평가와 과제는 무엇인가?

1) 이명박 정부 5년 동안 보건복지서비스에서 65만 9,000개의 일자리가 창출되었다. 이는 전체 일자리 창출의 절반이 넘는 52.8%에 달한다. 특히 노인장기요양보험제도의 도입, 무상보육서비스의 확대 등이 이에 기여했다.

2) 현재 휴일근로는 주 12시간 이하인 연장근로 한도에 포함되어 있지 않다. 따라서 정규근무시간 40시간, 연장근로 12시간, 주말근로 16시간 등 총 68시간 동안 근무할 수 있다. 만약 주말근로가 연장근로에 포함된다면 1주에 근로할 수 있는 시간은 68시간에서 52시간으로 줄어든다.

3) 정규직과 비정규직 구분 없이 근로시간에 비례하여 임금, 상여금, 유급휴가·휴일 등을 제공하는 차별 해소 조치다.

4) 2013년 영유아 보육 및 교육을 위한 중앙정부 예산만 11조 원이 넘는다.

5) NEET는 'Not in Employed, Education, and Training'의 약자로 청년 유휴 인력의 규모를 측정하는 하나의 지표이다.

03 2014년 올바른 부동산 경기 활성화 대책은 무엇인가?

1) 아파트 가격을 기준으로 할 때, 수도권은 2008년 9월 가격 정점 이후 2013년 11월 현재까지 11.2% 하락한 것으로 나타나고 있다. 반면 비수도권은 같은 기간 중 35.7% 상승한 것으로 나타나고 있다(한국감정원 아파트매매가격지수).

2) 미분양 주택 통계가 공표된 이후, 수도권의 미분양 주택 수가 비수도권의 미분양 주택 수를 초과한 것은 이번이 처음이다.

3) 임대인이 전세에서 월세로 전환할 때, 임대인은 몇 가지 리스크를 안게 된다. 그중 하나는 월세 체납 리스크이고, 또 다른 하나는 공실 리스크이다. 이런 리스크 때문에 대출이자율이 전-월세 전환율보다 낮다 하더라도 그 차이가 이런 리스크를 커버할 정도가 아니면 임대인은 전세에서 월세로 전환하지 않는다. 현재는 전-월세 전환율과 대출이자율의 차이가 월세 체납 및 공실 리스크를 커버하고 남을 정도로 크기 때문에 임대인들이 전세에서 월세로 전환하고 있는 것으로 보인다. 특히 보증부 월세의 경우 월세 체납 리스크와 공실 리스크가 완전 월세보다 크지 않기 때문에 전세에서 보증부 월세로의 전환은 쉽게 일어나고 있는 것으로 보인다. 이에 대해서는 이용만, 「전·월세 시장의 변화에 대한 이론적 분석과 정책적 시사점: 임차인의 관점을 중심으로」, 「글로벌 금융위기 이후 주택정책의 새로운 패러다임 모색(하)」, KDI, 2012 참조.

4) 주택금융신용보증기금의 전세자금대출 보증 잔액은 2009년 말 75조 원이었는데, 2013년 11월 말 현재 206조 원에 이르고 있다.

5) LH공사가 설정한 희망임대주택 리츠는 1차 사업에서 508호의 하우스푸어 주택을 매입하였고, 2차 사업에서 또 500호의 하우스푸어 주택 매입을 추진 중이다.

6) 주거비용이 소득의 일정 수준 이내인가 여부를 따지는 것을 주거의 지불 가능성(affordability)이라고 부른다. 일반적으로 자가 거주자는 모기지 (mortgage) 원리금 지급액이, 그리고 임차인의 경우 월세 지급액(또는 전세금의 이자비용)이 가계소득의 30%~40% 이내이면 지불 가능성이 있다고 본다. 이 비율이 낮을수록 지불 가능성이 높다고 부른다.

7) 미국의 샌프란시스코 시와 샌디에이고 시는 주택도시개발청(HUD)의 지역개발자금을 이용하여 저소득 가구에서 주택가격의 15% 한도 내에서 이자율이 0%인 수익공유형 모기지를 제공하고 있다. 자기 자본이 부족한 저소득가구는 주택구입자금의 5%만 가지고 주택을 구입할 수 있다(일반 모기지로 주택구입자금의 80%를 조달하고, 15%는 이자율 0%의 수익공유형 모기지로 자금 조달). 그러나 실제 모기지의 원리금 지급은 일반 모기지에 대해서만 이루어진다.

3부 한국경제 구조적 과제, 장기추세선 하락을 우려한다

04 신성장동력 확보와 창조경제, 그리고 동아시아 부가가치 사슬 속 한국의 역할은 무엇인가?

04-01 신성장동력 확보와 창조경제 어떻게 구현할 것인가?

1) 황수경 외(2013.5), 「창조경제 구현을 위한 서비스산업 발전전략과 정책 과제」, 한국개발연구원.

2) 제러미 리프킨(1995), 『노동의 종말』, 민음사.

3) 한국은행(실질 GDP) 및 통계청(고용활동인구조사) DB에서 산출

4) 장인성(2013), 「총요소생산성의 추이와 성장률 변화 요인 분석」, 국회예산처.

5) 김기호(2010), 「한국의 성장잠재력 제고를 위한 전략과 정책 과제」, 다산경제연구원 정책포럼.

6) UNCTAD DB(2013).

7) 정은미 외(2011), 「신성장동력의 산업화 조건과 정책 과제」, 산업연구원.

8) 서동혁 외(2013), 「창의적 융합을 통한 제조업의 성장동력 육성전략」, 인문경제사회연구회 창조경제시리즈2.

9) http://www.creativekorea.or.kr

10) 장석인(2013. 4), 「창조경제 구현을 위한 산업생태계 구축방안」에 주로 의존 정리.

05 금융 생태계의 근본적인 결함, 대책은 없나?

1) TNI지수는 전체 자산, 수익, 인력 중에서 국외부문의 비중이 어느 정도인지를 종합해 계산된다.

KI신서 5421

한국경제, 벽을 넘어서

1판 1쇄 인쇄 2014년 1월 7일
1판 1쇄 발행 2014년 1월 13일

지은이 NEAR재단
펴낸이 김영곤 **펴낸곳** (주)북이십일 21세기북스
부사장 임병주 **출판사업부문이사** 주명석
미디어콘텐츠기획실장 윤군석 **인문기획팀장** 정지은
책임편집 장보라 **디자인** 네오북
마케팅영업본부장 안형태
영업 이경희 정경원 정병철 **마케팅** 김현섭 송효진 최혜령 김홍선 강서영
출판등록 2000년 5월 6일 제10−1965호
주소 (우 413−756) 경기도 파주시 회동길 201(문발동)
대표전화 031−955−2100 **팩스** 031−955−2151
이메일 book21@book21.co.kr **홈페이지** www.book21.com
트위터 @21cbook **블로그** b.book21.com

© NEAR재단, 2014

ISBN 978−89−509−5363−8 03320
책값은 뒤표지에 있습니다.